第24卷

刑事法判解

人民法院出版社

北京大学犯罪问题研究中心 主办

主编◎陈兴良 车浩

执行主编◎邹兵建

图书在版编目（CIP）数据
刑事法判解. 第24卷 / 陈兴良，车浩主编 ；邹兵建
执行主编. -- 北京 : 人民法院出版社，2025. 1.
ISBN 978-7-5109-4226-6
Ⅰ. D924.05
中国国家版本馆CIP数据核字第2024GP9807号

刑事法判解（第 24 卷）

陈兴良　车　浩　**主编**

邹兵建　**执行主编**

北京大学犯罪问题研究中心　**主办**

责任编辑　丁塞峨
出版发行　人民法院出版社
地　　址　北京市东城区东交民巷 27 号（100745）
电　　话　（010）67550656（责任编辑）　67550558（发行部查询）
65223677（读者服务部）
客服 QQ　2092078039
网　　址　http://www.courtbook.com.cn
E－mail　courtpress@sohu.com
印　　刷　河北鑫兆源印刷有限公司
经　　销　新华书店

开　　本　787 毫米×1092 毫米　1/16
字　　数　289 千字
印　　张　17
版　　次　2025 年 1 月第 1 版　2025 年 1 月第 1 次印刷
书　　号　ISBN 978－7－5109－4226－6
定　　价　68.00 元

本卷撰稿作者（以文章先后为序）

蔡　桑　北京林业大学人文社会科学学院讲师，法学博士。

邱鹏宇　河北省石家庄市新华区人民检察院综合业务部副主任，二级检察官，全国检察理论研究人才，法学硕士。

姚万勤　西南政法大学法学院副教授，西南政法大学人工智能法律研究院研究员，法学博士。

李　勇　江苏省南京市人民检察院法律政策研究室主任，全国检察业务专家，法学博士。

方　军　中国社会科学院大学法学院副教授，法学博士。

史令珊　中南财经政法大学国家治理学院讲师，法学博士。

魏　东　四川大学法学院教授、博士生导师，法学博士。

庄绪龙　苏州大学王健法学院暨公法研究中心副教授，苏州大学仲英青年学者，法学博士。

李　鹏　中国政法大学刑事司法学院博士研究生，天津市高级人民法院四级高级法官，天津市社会治理研究中心特约研究员。

柏浪涛　华东师范大学法学院教授、博士生导师，法学博士。

赵冠男　湖南师范大学法学院副教授，法学博士。

吴情树　华侨大学法学院副教授，法学博士。

王昭武　云南大学法学院教授、博士生导师，日本同志社大学法学博士。

【卷首语】

〉〉〉邹兵建

本卷是《刑事法判解》的第24卷。在我国传统文化中，24是一个有特殊寓意的数字，代表了圆满和完整，同时也预示着新的开始。自本卷起，《刑事法判解》将在人员设置、栏目安排、选稿方式等方面作出重大调整。在人员设置方面，成立编辑委员会，由陈兴良教授、车浩教授担任主编，由编辑委员会的其他成员轮流担任执行主编。在栏目安排方面，对以往设置的诸多栏目进行精简，只保留【本卷专题】【法律适用】【判例研究】【域外传译】四个栏目。在选稿方式方面，由以往单一的自由投稿改为自由投稿与定向约稿相结合。作出这些调整，归根到底是为了进一步提升《刑事法判解》的文章质量，更好地实现为刑事实务提供理论指导这一宗旨。本卷所涉主题极为丰富，在总论层面涉及共同犯罪、防卫限度、被害人同意等问题，在分论层面涉及帮助信息网络犯罪活动罪、财产犯罪、强奸罪等罪名，在刑罚论层面涉及缓刑适用、涉案财物处置等问题。相信这些文章能够引起实务界的关注和理论界的思考。

【本卷专题】研讨的主题是“帮助信息网络犯罪活动罪的理解与适用”，共收录了三篇文章。近几年，伴随着“断卡”行动的开展，帮助信息网络犯罪活动罪的案件数量急剧增加，排名跃居前三。这一现象引起了学界和司法实务界的普遍担忧。在这个背景下，提出合理限缩帮助信息网络犯罪活动罪适用范围的理论方案，便成了目前对帮助信息网络犯罪活动罪展开理论研究的主要目标。这三篇文章都是围绕这一目标展开的。

北京林业大学人文社会科学学院蔡桑博士的《帮助信息网络犯罪活动罪的不法判断与处罚范围》一文在将帮助信息网络犯罪活动罪理解成量刑规则的基础上，尝试从罪名关系的角度限缩帮助信息网络犯罪活动罪的适用范围。文章认为，只有在以下两种情形下才能适用帮助信息网络犯罪活动罪：其一，行为人的帮助行为同时成立被帮助犯罪的共犯和帮助信息网络犯罪活动罪，对共犯的处罚低于帮助信息网络犯罪活动罪，且正犯的法定刑高于帮助信息网络犯罪活动罪；其二，行为人的帮助行为溢出了共犯的处罚范围但又有实质可罚性。不过，对于第二种情形只能予以例外地、个别性地处罚。该文深化了对帮助信息网络犯罪活动罪的不法的理解，厘清了帮助信息网络犯罪活动罪与相关罪名的关系，丰富了量刑规则说的内涵，具有很高的理论价值。

河北省石家庄市新华区人民检察院邱鹏宇检察官的《实质刑法视野下帮助信息网络犯罪活动罪的限缩适用》一文在将帮助信息网络犯罪活动罪理解成实质预备犯的基础上，尝试从办案思路的角度限缩帮助信息网络犯罪活动罪的适用范围。文章立足于实质刑法观和客观主义的基本立场，提出在实体层面应注重对预防必要性的审查、注重对罪数问题的妥善处理，在程序层面应谨慎适用推定规则、合理降低反证的证明标准等一整套的限缩方案。该文呈现的是基层实务工作者为防止帮助信息网络犯罪活动罪沦为口袋罪而作出的思考，其所提出的办案思路不仅可以适用于帮助信息网络犯罪活动罪，也可以适用于其他罪名，因而具有超越个别罪名的重要意义。

西南政法大学法学院姚万勤副教授的《帮助信息网络犯罪活动罪中“明知”认定的教义学分析》一文在将帮助信息网络犯罪活动罪理解成帮助行为正犯化的基础上，以帮助信息网络犯罪活动罪的“明知”这一关键要素作为限缩帮助信息网络犯罪活动罪适用范围的着力点，从多个角度对帮助信息网络犯罪活动罪“明知”的内涵外延进行了界定。文章提出，在内涵上，帮助信息网络犯罪活动罪中的“明知”应限定为“知道”与“应当知道”，不包括“可能知道”；在认识对象上，帮助信息网络犯罪活动罪的“明知”仅要求行为人认识到被帮助者实施了符合构成要件的不法行为即可；在类型上，帮助信息网络犯罪活动罪的“明知”不包括有意思联络的应当知道。该文思考全面，观点鲜明，深化了学界对帮助信息网络犯罪活动罪“明知”要素的理解。

以上三篇文章对帮助信息网络犯罪活动罪的理解各不相同，所提出的限缩方案也大相径庭，可谓八仙过海，各显神通。至于哪种方案最为可取，尚有待理论逻辑与实务效果的双重检验。但可以肯定的是，在当前的司法环境下，努力限缩帮助信息网络犯罪活动罪的司法适用范围这一目标设定是妥当的，应予以坚持。

本卷【法律适用】栏目共收录了六篇文章。江苏省南京市人民检察院法律政策研究室李勇检察官的《防卫限度双阶层认定模型之提倡》一文对防卫过当的成立条件作了深入研究，主张将“明显超过必要限度”与“造成重大损害”理解成阶层递进关系，以建立阶层递进式的司法认定模型，发挥过滤出罪功能。文章观点新颖，论述充分，有很强的说服力。关于“明显超过必要限度”与“造成重大损害”之间的关系，学界此前曾有单一条件说与双重条件说之争。随着理论研究的不断深入，双重条件说逐渐得到了学界的普遍认可，并被司法解释所接受。不过，双重条件说只是强调“明显超过必要限度”与“造成重大损害”是两个相互独立的条件，需要分别判断，并没有阐释对这两个条件的判断应按照什么顺序或位阶展开。由此可以认为，防卫限度双阶层论是对双重条件说的进一步发展。值得注意的是，该文作者是一名司法实务工作者，却对阶层论思想青睐有加。这也从侧面说明阶层论思想在我国司法实务中具有广阔的适用前景。

中国社会科学院大学法学院方军副教授的《从实务案例检视共谋共同正犯与共犯的区分》一文对共谋共同正犯概念作了研究。文章认为，既有的理论方案无法准确区分共谋共同正犯与共犯，而造成这一困境的根源是共同共谋正犯这一概念本身，因而不应承认共谋共同正犯概念。该文的论证角度非常新颖，让人眼前一亮。共谋共同正犯是日本刑法学特有的一个概念。这个概念的创设初衷，主要是解决那些不符合正犯成立条件但又在共同犯罪中发挥了很大作用因而需要受到严惩的行为人的量刑难题。这个难题之所以会出现，是因为在德日刑法学中，正犯与共犯这一对范畴既承担定罪功能又承担量刑功能。但是，在我国刑法学中，除了有正犯与共犯这一对范畴外，还有主犯与从犯这一对范畴，前者只承担定罪功能，后者只承担量刑功能。我们只需要把那些在日本刑法学中被视为共谋共同正犯的情形理解为主犯即可，因而不需要共谋共同正犯的概念。当然，该文主要是从无法准确区分共谋共同正犯与共犯的角度论证不应承认共谋共同正犯概念，为否定论提供了一个新的论证角度。该文也提示我们，在学习借鉴域外刑法学知识的过程中，要对域外概念能否适用于我国刑法学作审慎判断，不能想当然地照搬照抄，囫囵吞枣。

中南财经政法大学国家治理学院史令珊博士的《诈骗行为构造与非法占有目的的认定》一文结合诈骗行为的构造对诈骗罪的非法占有目的作了类型化的研究。作者曾在第四届全国青年刑法学者实务论坛上对该文初稿作过报告，获得了与会学者的好评。文章认为，在交易型诈骗的场合，交易对价的基础事实对于非法占有目的认定具有决定意义；在使用型诈骗的场合，应重视考察行为人取得财物后的用途和资金走向；在传销型诈骗的场合，应同时考虑多层级返利机制和销售活动的真实性。诈骗罪中的非法占有目的的认定问题，历来都是理论研究和司法实务中的疑难问题。相较于以往的一元化的处理方案，该文提出的类型化的处理方案更能契合具体案件的特点，具有更强的可操作性，值得充分肯定。

四川大学法学院魏东教授的《纯正轻罪缓刑适用条件的解释适用》一文采用解释论融贯性视角对我国刑法规定的缓刑适用条件进行了规范解读，认为纯正轻罪的缓刑适用条件由预防刑除外条件、特殊预防刑实质条件、一般预防刑实质条件三部分组成，进而对作为一般预防刑实质条件的“宣告缓刑对所居住的社区没有重大不良影响”作了规范阐释。该文视野开阔，论证严密，是一篇刑罚论领域的法教义学佳作。众所周知，我国学界向来重视对犯罪论的研究而轻视对刑罚论的研究，从而导致司法实践中的量刑环节缺乏理论指导。在这个背景下进行评价，应当认为，该文不仅在内容观点上有很高的指导价值，而且在问题意识上也有很强的示范意义。

苏州大学王健法学院庄绪龙副教授的《共同犯罪退赃退赔的实践困境与理论重塑》一文对共同犯罪案件中的退赃退赔问题作了研究。文章在批评连带责任说、按份责任说、实际获利说等学说的基础上，提出共犯退赃退赔的立场选择与有无直接被害人、犯罪系谋利还是致损以及主从犯区分等要素密切相关，进而依次为无直接被害人的共同犯罪、有直接被害人的谋利型共同犯罪、有直接被害人的致损型共同犯罪这三种不同的案件类型设计了场景化的退赃退赔规则。共犯退赃退赔问题位于刑法、刑事诉讼法、民法三者的交叉领域，问题虽小却不简单。该文既有对理论的深入思考，又有对实务的深刻观察，还有对规则的类型化建构，是一篇理论性与实践性都很强的力作。

中国政法大学刑事司法学院李鹏博士的《有组织犯罪涉案财物认定处置公权力运行的路径优化》一文从公权力运行的角度研究了有组织犯

罪涉案财物的认定处置问题。文章认为，应全面更新用权主体的执法司法理念，从制约、比例、开放、专业等方面系统提升相关公权力自身的运行功效，并且从法秩序统一性的角度完善优化相关公权力依托的规范体系。近年来，伴随着社会经济的不断发展，有组织犯罪的经济属性日益凸显。相应地，对有组织犯罪涉案财物进行准确认定与妥当处置，便成为办理有组织犯罪案件过程中的一项重要任务。不同于以往学界从程序、规则的角度讨论有组织犯罪涉案财物的认定处置问题，该文另辟蹊径，从公权力运行的角度讨论这个问题，角度新颖，所得出的结论亦有很强的启发性。

本卷【判例研究】栏目收录了三篇文章。华东师范大学法学院柏浪涛教授的《非法充值与盗窃债权》一文以“电影卡充值案”为引子对非法充值并使用的行为如何定性的问题作了研究。文章认为，非法充值是凭空为自己增设债权，为他人增添债务，构成盗窃罪，属于非转移占有型盗窃；后续使用行为导致实际财产损失，属于客观处罚条件，若仅有非法充值行为，不具有需罚性。该文涉及盗窃罪与诈骗罪的区分这一财产犯罪领域的经典难题，文章观点新颖，且有化繁为简的效果，在一些案件中有很强的解释力。但也不难预料，可能有学者会批评这个观点有重构盗窃罪的法教义学结构的风险。不过，法教义学的魅力就在于允许不同观点进行平等交锋，鼓励在争论中抵近问题的本质。因此我相信，该文所讨论的非法充值并使用的行为如何定性的问题，将会引起更多学者的关注和讨论，这当然也是该文的一个贡献。

湖南师范大学法学院赵冠男副教授的《刑事之“重”与行政之“轻”——生产、销售有毒、有害食品罪的入罪矛盾与化解》一文从多个角度对涉减肥药型生产、销售有毒有害食品刑事案件的定罪量刑问题进行了深入剖析。文章认为，对“有毒、有害的非食品原料”的认定应坚持实质判断，在明知的认定上应严格限制推定的适用并允许反证，对不符合本罪成立条件的案件可以考虑认定生产、销售伪劣产品罪，在量刑时应合理认定从犯与适用缓刑。应当说，该文所揭示的涉减肥药型生产、销售有毒有害食品刑事案件在定罪量刑过程中存在的一些问题，并非这类案件所独有，它们同样存在于其他的行政犯案件之中。该文对司法者的最大启示是，在对行政犯案件进行定罪量刑的过程中，不仅要进行形式判断，而且还要进行实质判断。

华侨大学法学院吴情树副教授的《网络隔空强奸（预备）案的教义学分析——以情节恶劣为视角》一文结合一起真实案件对《最高人民法院、最高人民检察院关于办理强奸、猥亵未成年人刑事案件适用法律若干问题的解释》第二条第七项的内容作了研究。该项规定，“对强奸、奸淫过程或者被害人身体隐私部位制作视频、照片等影像资料，以此胁迫对被害人实施强奸、奸淫，或者致使影像资料向多人传播，暴露被害人身份的”，属于强奸罪情节恶劣的情形。文章认为，该解释中的“被害人身体隐私部位制作视频、照片等影像资料”需与强奸罪存在直接关联性，即要么是行为人在实施强奸或者奸淫的实行行为过程所拍摄的影像资料，要么是被行为人拿来用以胁迫被害人以对其实施强奸、奸淫的影像资料。该文既属于对案例的研究，也属于对司法解释的研究，逻辑严谨，论证充分，结论有很强的说服力。该文实际上引出了一个超越个别罪名的一般性问题——刑法上“情节恶劣”的评价对象是否仅限于着手之后的情节？这个问题还有进一步研究的余地。

本卷【域外传译】栏目刊发了日本学者山口厚教授所著、云南大学法学院王昭武教授翻译的《法益关系错误说在解释论上的意义》一文。文章立足于法益关系错误说的立场，阐释了法益关系错误说的法理依据，厘清了法益关系错误的判定标准，分析了法益关系错误说的适用情境。在德日刑法学中，关于被害人的认识错误是否会影响被害人同意的效力问题，主要存在全面无效说与法益关系错误说之争。近几年，这一争论也引起了我国学者的关注和讨论。这篇译文对法益关系错误说作了全面深入的阐释，有助于深化我国学界对法益关系错误说的理解，当然也有助于加深我国学界对日本刑法学界的认识和了解。

承蒙两位主编陈兴良教授、车浩教授的信任，本卷的执行主编由我担任。于我而言，这既是一项荣誉，也是一份责任。所幸在两位主编的悉心指导下，在各位作者（译者）与编辑老师的共同努力下，本卷得以顺利出版，我也得以长出一口气。像很多深爱《刑事法判解》的读者朋友一样，我也是《刑事法判解》的忠实读者。但除此之外，我内心对《刑事法判解》还有一份特殊的感情——我的第一篇论文就发表于此。学术出版物的使命，不仅在于传播学术观点，也在于发掘学术新人。在这一点上，《刑事法判解》为我们树立了很好的榜样，所以我期待并且有充足的理由相信，《刑事法判解》会越办越好。

2024 年 7 月于南开大学津南校区

目　　录

【域外传译】

帮助信息网络犯罪活动罪的不法判断与处罚范围*

蔡 燊**

关键词

帮助信息网络犯罪活动罪 不法判断 处罚范围 量刑规则 帮助犯正犯化

内容摘要： 帮助信息网络犯罪活动罪在司法实践中存在适用刑法第二百八十七条之二第三款较少、加速口袋化等适用异化问题，这是本罪的不法判断路径不清所致。现有理论中的法益理论、中立帮助行为理论、客观归责理论、不作为犯理论、累积犯理论、最小从属性理论都不是本罪适格的不法判断工具。本罪的不法判断应当从刑法谦抑性的立法

* 本文获国家建设高水平大学公派研究生项目（项目编号：留金欧〔2022〕621 号）资助。

** 北京林业大学人文社会科学学院讲师，法学博士。

正当性出发，落脚于共犯框架的量刑规则说。在量刑规则说分析框架下，本罪的处罚范围分为两大类。第一大类是按照被帮助犯罪的共犯处罚低于帮助信息网络犯罪活动罪，且其正犯法定刑高于本罪法定刑时，根据刑法第二百八十七条之二第三款以帮助信息网络犯罪活动罪定罪处罚。第二大类是溢出共犯处罚范围但具有实质可罚性的帮助行为，应例外、个别性地处罚，现阶段除了司法解释列举的情形之外，还应包括多名被帮助者罪量不足、帮助认识错误和实质预备帮助等行为类型。

一、问题的提出

2015 年《刑法修正案（九）》新增刑法第二百八十七条之二“帮助信息网络犯罪活动罪”，宏观上，本罪承载保护创新活力与打击违法犯罪的双重职责。从司法实践来看，由于 2019 年 10 月 21 日最高人民法院、最高人民检察院发布《关于办理非法利用信息网络、帮助信息网络犯罪活动等刑事案件适用法律若干问题的解释》（以下简称《办理帮助信息网络犯罪活动案件解释》），明确了本罪“情节严重”的具体标准，从 2020 年起本罪的适用数量得到极大幅度提升。观察本罪的适用情况，发现司法实践中在适用本罪时存在两个明显问题。

首先是适用刑法第二百八十七条之二第三款较少，间接造成裁判不统一。案例 1：刘某明知他人利用信息网络实施犯罪，仍按照买家要求在网上购买源代码、域名、服务器后搭建虚假贷款 App，并以每个几千元至 1 万余元不等的价格出售给买家，共计获利 20 万余元。法院认为，被告人构成帮助信息网络犯罪活动罪，判处有期徒刑九个月，并处罚金 3 万元。[①] 案例 2：刘某帮助陈某开发某虚假农产品买卖平台，陈某通过打电话、QQ 聊天吸引被害人进入平台后，在后台控制涨跌，以小额投资获利为诱饵，在被害人大额投资后反向操作，造成亏损获利。二审法院认为，根据刑法第二百八十七条之二第三款“同时构成其他犯罪的，

---

① 参见贵州省六盘水市钟山区人民法院（2020）黔 0201 刑初 277 号刑事判决书。

依照处罚较重的规定定罪处罚”，刘某为陈某实施诈骗提供网络技术支持，共计获利20万余元，以诈骗罪共犯论处，判处有期徒刑五年。[①] 上述两个几乎完全相同的案例，却因为罪名认定不同，导致最终量刑结果差距巨大。这一问题可以归结于司法实践普遍虚置刑法第二百八十七条之二第三款。刑法第二百八十七条之二第三款“同时构成其他犯罪”暗含法院应当确认被帮助者所犯罪名，然后“依照处罚较重的规定定罪处罚”。然而司法解释实际将“应当确认”改为了“可以确认”，《办理帮助信息网络犯罪活动案件解释》第十三条规定：“被帮助对象实施的犯罪行为可以确认……”由于实践中不同法院对于“可以确认”的具体把握尺度不同，导致帮助信息网络犯罪活动罪案例中裁判不统一。

其次是加速“口袋化”。与虚置刑法第二百八十七条之二第三款可能造成的轻纵犯罪相对应，实践中还出现一种本罪的司法扩张，即加速“口袋化”问题。帮助信息网络犯罪活动罪具有“主观明知认定模糊、客观帮助行为定义不清以及入罪门槛较低”的“口袋化”基因。[②] 案例3：被告人曾某平、陈某伟在海南省东方市八所镇陈某伟家中开设“黑网吧”，对上网人员不进行任何登记，无人在场管理、不使用任何视频监控管理设备、网吧客户机均采用“无盘工作”方式，逃避监管，规避调查，且提供上网方式明显异常。2019年9月27日，他人在曾某平、陈某伟所开的“黑网吧”内使用QQ诈骗被害人刘某人民币32997.24元。[③] 有学者指出，本案中的“网吧管理者既无法益保护义务，也无危险源监督义务，提供的上网服务，属于典型的中性业务行为”[④]。实践中不乏存在本应判决无罪的案件，最终往往被套以本罪“主观明知+客观帮助”的简单定式而入罪，而该案并非个例。

---

① 参见新疆生产建设兵团第六师中级人民法院（2016）兵06刑终22号刑事裁定书。

② 参见刘艳红：《帮助信息网络犯罪活动罪的司法扩张趋势与实质限缩》，载《中国法律评论》2023年第3期。

③ 参见山西省山阴县人民法院（2020）晋0621刑初50号刑事判决书。

④ 陈洪兵：《帮助信息网络犯罪活动罪的“口袋化”纠偏》，载《湖南大学学报（社会科学版）》2022年第2期。

刑法分则个罪的处罚范围是围绕其实质不法确定的，出现上述问题，根源是本罪的实质不法内涵界定不清、不法判断模糊。反过来说，只有厘清本罪的不法本质与不法判断结构，才能明确本罪的处罚范围。传统上，刑法将法益理论作为个罪不法判断的工具，然而，当前帮助信息网络犯罪活动罪不法判断的研究中并未依赖法益甄别不法，相反研究现状的特征恰是法益理论缺位。本罪不法判断中忽视法益的原因是什么？舍弃法益后又有哪几种不法判断路径？它们能否承担起本罪不法判断的任务？究竟应当采用何种不法判断工具才能准确认定本罪的处罚范围？以上就是本文探讨的主要内容。

二、现有不法判断理论存在的疑问

（一）法益理论缺位的原因

相比分则其他罪名，帮助信息网络犯罪活动罪的构成要件解释常求诸规范属性而非法益。本罪的解释结论基本出自规范属性，例如，帮助犯正犯化下，教唆本罪行为成立教唆犯。在量刑规则下，教唆本罪行为成立帮助犯。又如，罪量位于不法阶层，帮助犯正犯化下，成立本罪不需要下游正犯达到罪量。量刑规则坚持本罪行为是下游正犯的帮助犯，根据限制从属性，必然要求下游犯罪达到罪量。法益如何甄别不法集中体现于结果无价值的主线逻辑，本罪中法益甄别不法的失效，源于本罪立法特征与法益不法判断逻辑的不符。

其一，本罪法益确定困难、集体法益解释力不足。首先，网络犯罪的特征导致传统法益确定方法在本罪中无从展开。例如，就强调行为对利益的危害而言，本罪帮助行为距法益侵害较远，利益受损不明显。就强调下位行为归纳而言，本罪罪状并未深入描述构成要件，无法得出有益的法益结论。其次，从体系位置看，本罪法益应是集体法益，但集体法益解释机能不彰，相比个人法益入罪风险更大。本罪实体法益的缺失冲击法益不法判断的逻辑，逻辑起点即法益侵害客观可视即被动摇。

其二，本罪实行行为指向的法益多元。不同于传统口袋罪，本罪中不仅“帮助”行为过于宽泛，其实行行为指向的法益也具有多元性。传统口袋罪如非法经营罪、以危险方法危害公共安全罪的实行行为也较为宽泛，但其法益指向相对单一。若认为本罪中帮助行为从属正犯行为，帮助行为侵犯的法益取决于正犯，正犯指向的法益多元，对本罪法益可能无法解读，或只能解释为行为规范类型的法益。若认为帮助行为即是正犯行为，可将法益理解为公共秩序类法益如“网络技术不被非法滥用的”，但如前所述，集体法益本身的解释机能不彰。

其三，本罪的不法判断资料依赖主观不法。网络时代任何网络帮助行为都可能被用于犯罪，单纯从外观上判断不法趋于失效，不法判断资料依赖主观。有学者提出本罪“归责依据在于网络服务提供者对所传输涉罪信息的特殊认知”①，进而极力限制主观不法、明知的内容。但即使如此，且不说依然将最终判断交付主观，不可忽视的是本罪法益依据其体系位置是公共秩序法益，主观不法与集体法益结合，处罚范围进一步扩张。

（二）中立帮助行为理论的疑问

多数研究将本罪的不法归责导向中立帮助行为理论，但其作为归责依据本身值得斟酌。中立帮助行为是客观上促进他人犯罪同时有正常业务、日常活动的行为。中立帮助行为研究均致力于限缩可罚性，区分可罚与不可罚的中立帮助行为。根据陈洪兵教授的总结，中立帮助行为的限缩路径可分为主观说与客观说。主观说下，只有帮助者明知正犯实施犯罪行为而提供帮助，才具备可罚性。若只是大体上估计对方可能实施犯罪，日常生活行为不宜认定为帮助犯。② 客观说则从客观处寻找限制可罚性的依据，主要有行为的社会意义、考虑假定的替代原因、对潜在帮助者的行为自由与被害人的利益保护之间进行权衡、通过法益衡量否

① 王莹：《网络信息犯罪归责模式研究》，载《中外法学》2018 年第 5 期。

② 参见张明楷：《刑法学》，法律出版社 2021 年版，第 570 页。

定帮助行为可罚性。[①] 本罪在研究中新近发展出两条辨别可罚与不可罚的中立帮助行为的进路：一是张明楷教授主张的情节严重说，即情节严重的中立帮助行为才成立犯罪；[②] 二是刘艳红教授提出的犯罪意思联络说，即只有“明知且促进型”才具有可罚性，“明知非促进型”不具有可罚性。[③] 上述各种进路都存在不同程度的疑问。

其一，传统中立帮助行为理论无法解释一些问题。在 Jakobs 的溯及禁止论下，如果帮助行为本身具有独立社会意义，禁止将正犯结果回溯至事前帮助行为。但单纯以社会意义否定帮助犯将导致中立帮助行为都不能处罚。[④] 中立帮助行为本就被定义为外观上无害，甚至属于履行民事义务的范畴，行为多面性并不鲜见，不能以民事合法否定刑事归责。Frisch、岛田聪一郎、黎宏教授的假定的替代原因考虑说着眼正犯是否容易从第三人处得到同样帮助。其违背帮助行为考虑贡献而不考虑阻碍原则。Hefendehl 的利益衡量说权衡潜在帮助者的行为自由与被害人的法益保护。[⑤] 但利益权衡如何实际操作未有合理说明。陈洪兵教授否定中立行为的相当因果关系路径，主张采取形式标准，只要符合相关法律、法规、行业规范要求，就应尊重公民的交往自由。但问题正是如何具体判断“符合相关法律、法规、行业规范要求”。例如，出租车司机明知乘客乘车去杀人而欣然应允并将乘客送往目的地，究竟是否违背“相关法律、法规、行业规范要求”，本身恐怕亟须进一步解释。

其二，新近的中立帮助行为理论无法解释一些疑问。情节严重说要求考虑帮助行为的促进作用。然而，现实中存在中立帮助行为对正犯的促进作用较大却不可罚的情形。例如，在日本的“汽油事件”中，“对于根据地方税法规定的不缴纳汽油交易税罪，从实施该罪的特别征收义

---

① 参见陈洪兵：《论中立帮助行为的处罚边界》，载《中国法学》2017 年第 1 期。

② 张明楷：《论帮助信息网络犯罪活动罪》，载《政治与法律》2016 年第 2 期。

③ 刘艳红：《网络犯罪帮助行为正犯化之批判》，载《法商研究》2016 年第 3 期。

④ 在“杀人犯讨债跑路案”中，周光权教授指出，仅以一方面看民事法律行为合法即动用法秩序统一性原理将其出罪化，会导致所有的中立帮助行为都不可罚。参见周光权：《客观归责论与实务上的规范判断》，载《国家检察官学院学报》2020 年第 1 期。

⑤ 参见陈洪兵：《论中立帮助行为的处罚边界》，载《中国法学》2017 年第 1 期。

务人处购买汽油的买主，即使推定其明知卖家不缴纳汽油交易税”，也不成立帮助犯。[①] 此种情形可谓没有帮助行为就没有正犯，却不处罚。可见，“情节严重”只是可罚性区分的背书，无法成为可罚性边界的标识。犯罪意思联络说以促进犯罪意思的有无区分可罚与不可罚的中立帮助行为，但促进犯罪的意思不太可能在客观上促进法益侵害，这一进路恐怕会落入“心情刑法”的批评。

其三，中立帮助行为客观说在本罪不法判断依赖主观不法的现状下无用武之地，主观说则会进入特别认知的视域。首先，本罪行为方式普遍无法从外观辨别，这本就是中立帮助行为概念的题中应有之义，再以客观判断，有循环论证之嫌。其次，中立帮助行为的主观说实质等同于下述客观归责中的特别认知。“以行为人对他人犯罪是否认识来界定中立帮助行为与帮助犯的区别”[②]，实质即强调通过考虑行为人主观的信息优势来判断客观行为性质。“不可能不考虑行为人的认识内容对一项危险是否存在作出评价。”[③] 具有特别认知的客观行为才该当构成要件，“行为人的特别认知可以决定行为的不法”[④]。有学者认为，特别认知“企图在有责性阶段找到出罪通道”，属于“客观不够主观补”。这可能误解了特别认知的体系地位，特别认知处于客观归责中的创造风险阶段，在构成要件行为中判断，因而才被认为是在客观中考虑主观的客观归责论的背之芒刺。

（三）客观归责理论的疑问

本罪中以客观归责理论限制处罚范围的意义有限。客观归责理论的一般原理“结合帮助行为形态，首先判断帮助行为是否创设法所不允许

---

① 参见［日］亀井源太郎：《Winny 事件日本最高法院裁决与“中立行为”论》，钱日彤译，载《法治社会》2021 年第 1 期。

② 欧阳本祺、王倩：《〈刑法修正案（九）〉新增网络犯罪的法律适用》，载《江苏行政学院学报》2016 年第 4 期。

③ ［德］路易斯·葛雷克：《客观归责领域的主观面：论特殊认知“问题”》，陈昕译，载《当代德国刑事法研究》（第 3 卷），法律出版社 2019 年版，第 9 页。

④ 许玉秀：《当代刑法思潮》，中国民主法制出版社 2005 年版，第 478 页。

的风险，进一步判断是否实现风险”①。然而，该路径下可能得出以下结论，例如，单纯提供物理入网服务的移动、电信等运营商，与法益侵害并无值得刑法评价的意义关联。又如，“若帮助信息网络犯罪活动罪的正犯不属于合法提供网络服务者，专门为他人实施犯罪提供帮助，对其应认定帮助行为引起了法所不允许的危险”②。上述结论与前述中立帮助行为的结论并无明显差别，对划定可罚与不可罚的边界助益有限。

除了客观归责一般原理，该路径下还有一种着眼主观不法的特别认知路径。王莹副教授指出本罪的不法重点是主观不法，根据特别认知原理，“正常提供网络服务一般并未创立法所不容许的风险，但如认识到某信息涉嫌犯罪却仍提供，具有特殊认知，可以归责”③。因为不法判断依赖主观不法，需限制特别认知。明知应是具体的认识且限制对明知的推定。在认识内容方面，除应认识事实因素外，还应认识规范性构成要件要素。然而，在特别认知下，本罪实质成了注意规定。因为按照客观归责这一一般归责原理，特别认知并非只在本罪中发挥作用，而是一般性地发挥作用。换言之，即使不规定本罪，就本罪描述的行为也应按照客观归责、特别认知解决，这可能间接支持了规范属性中将本罪解释为共犯方向的量刑规则说。但是，论者的论证逻辑是抛弃共犯框架。

有论者着重指出将帮助行为本身作为归责对象“第二百八十七条之二解决帮助行为本身的责任问题，不关心与他人犯罪的因果联系。只要主观上存在对他人犯罪的明知与客观上提供网络服务，即构成本罪。”④但如何理解帮助行为一方面具有事实从属性，另一方面又是立法上关于正犯的例外规定？这两种表述之间本身存在张力和矛盾。刘涛博士也认识到上述矛盾，其解决路径是改造特别认知的内容，通过最高人民法院、最高人民检察院于 2017 年 5 月 8 日发布的《关于办理侵犯公民个

---

① 王华伟：《网络语境中帮助行为正犯化的批判解读》，载《法学评论》2019 年第 4 期。

② 谭堃：《论网络共犯的结果归责——以〈刑法〉第 287 条之二为中心》，载《中国法律评论》2020 年第 2 期。

③ 王莹：《网络信息犯罪归责模式研究》，载《中外法学》2018 年第 5 期。

④ 王莹：《网络信息犯罪归责模式研究》，载《中外法学》2018 年第 5 期。

人信息刑事案件适用法律若干问题的解释》（以下简称《办理公民个人信息案件解释》）第五条第三项“情节严重”之“知道或者应当知道他人利用公民个人信息实施犯罪，向其出售或者提供的”没有要求类型和数量，得出该司法解释“更关注帮助者对直接侵犯公民个人信息实行人行为的特殊认知。特殊认知在司法解释上没有严格遵循共犯不法归责原则，以行为人所处的社会领域及其对相关违法犯罪活动起到的功能性影响来界定不法归责范围”这一结论。[1] 这一路径注意到网络帮助行为的功能性特点，对传统特别认知进行更靠近危险的功能性改造。但其论证逻辑中，《办理公民个人信息案件解释》规定的是实行行为而非帮助行为，而且将特别认知的内容改造为身份、身份的社会意义后，处罚范围急剧扩张。

（四）不作为犯理论的缺陷

不作为犯理论转换重心也回避了一些问题。阎二鹏教授认为事前提供网络技术支持服务的行为不是本罪设定的行为类型，事后仍继续提供网络技术支持服务的行为才是本罪的构成要件行为。前者“在既有共犯论下成立帮助犯或共同正犯等无异议，无须重复规定”[2]，后者才是不法归责的重点，本罪是不作为犯。

如前所述，中立帮助行为主观说路径会进入特别认知的讨论域。诚如 Jakobs 对 Roxin 的批评：“要求拥有特殊认知的行为人使用该认知以避免法益侵害，而又不存在行为人获取该认知的义务，自相矛盾。”[3] Jakobs 的行为归责理论即在原则上不考虑特别认知，除非能够确认特别认知具有义务来源。因而这一路径最终也导向追问作为义务的不作为犯

① 刘涛：《网络帮助行为刑法不法归责模式——以功能主义为视角》，载《政治与法律》2020 年第 3 期。

② 阎二鹏：《帮助信息网络犯罪活动罪：不作为视角下的教义学证成》，载《社会科学战线》2018 年第 6 期。类似立场参见马永强：《网络服务提供者的熔断义务与归责——以帮助信息网络犯罪活动罪为重心的展开》，载《中国刑警学院学报》2020 年第 1 期。

③ ［德］路易斯·葛雷克：《客观归责领域的主观面：论特殊认知“问题”》，陈晰译，载《当代德国刑事法研究》（第 3 卷），法律出版社 2019 年版，第 16 页。

路径。不作为犯的核心是作为义务，不作为犯路径绕回到了立法论上本罪的核心问题，即为何赋予公民作为义务。按照上述观点，应得出本罪是真正不作为犯。但在论证作为义务来源时，论者依然回到“现实困难→规范回应”的路径，回避了正当性问题。如果按不纯正不作为犯理解，相比中立帮助行为，不纯正不作为犯的理论争议更加复杂。作为义务来源经历实质化运动后并未结出太多硕果，至今的通说仍然是 Kaufmann 于 1959 年经归纳提出的区分保护保证人与监督保证人的功能二分说。在不纯正不作为犯的理解下，如何合理界定保证人地位存在论证障碍。要言之，这一路径反而使问题的解决方向更为抽象化，引入更加复杂的境地，而且该路径也违背了作为优先于不作为评价的基本原则。

（五）累积犯理论的疑问

累积犯模式存在难以回答的问题。有学者提出，应以累积犯理解本罪，“与累积犯同理，正是由于存在多频次、大批量的网络帮助行为才造成下游犯罪猖獗，应赋予网络帮助行为的独立可罚性”[①]。

问题有二：其一，累积犯的边界何在。理论上，累积犯将犯罪门槛下降至甚至没有法益侵害的行为，大为前置化处罚。例如，按照累积犯模式，帮助卖淫、吸食毒品等违法而不犯罪的行为累积后也具有法益侵害性。而违法行为类型众多，处罚范围实际上被扩大。其二，不累积的帮助行为无法处理。累积犯模式强调，可用共同犯罪中的帮助犯解决的犯罪行为并非本罪立法的关注点，值得关注的是社会危害性积微成著的帮助行为。[②] 但是，按此逻辑，一次帮助信息网络犯罪活动即案发的行为，却不能用本罪加以规制，这未免不合适。

① 郭玮：《累积犯视域下网络账号恶意注册行为的规制》，载《法学杂志》2020 年第 1 期。

② 江溯：《帮助信息网络犯罪活动罪的解释方向》，载《中国刑事法杂志》2020 年第 5 期。

（六）最小从属性理论的问题

最小从属性路径因小失大。限制从属性与最小从属性的对立在于共犯违法是否以正犯违法为前提，前者肯定，后者否定。主张最小从属性的学者认为，限制从属性下，网络犯罪中的帮助犯归责面临困境。理论上，被帮助者罪量不足无法归责帮助犯。实践中，帮助者被追诉但正犯众多反而未到案查清事实。若共犯无须从属正犯的违法，即使正犯罪量不足、未到案，只要查明正犯该当构成要件，共犯依然成立。由此，“共犯对正犯依存条件的减格为网络共犯异化带来的刑事归责困境提供了合理的解围之途”[①]。本罪罪名独立于实行行为罪名，但危害性判断上依然依托实行行为。王昭武教授则从更一般的理论层面指出：“坚持限制从属性的代价是要么对这种帮助行为束手无策，甚至主张不可罚；要么采取‘共犯正犯化’，放弃从属性，更大程度扩大处罚范围。最小从属性既能坚持共犯从属性，还能解决网络共犯异化带来的限制从属性的归责困境。”[②] 进而主张“新混合惹起说—行为共同说—最小从属性说”。新混合惹起说的“新”体现在只要求犯罪结果对共犯而言具有违法性，无须犯罪结果对正犯也具有违法性，但正犯行为必须是实行行为。

通说对最小从属性的经典批评是，A 教唆 B 杀 C 的场合，B 正当防卫杀死 C，按最小从属性，A 从属于 B 的实行行为，A 成立故意杀人罪教唆犯，B 无罪，出现无正犯的共犯现象。相反，限制从属性能得出 A、B 均出罪的结论。但王昭武教授对最小从属性作出辩护：“违法性判断是一种实质、非类型性、具体的价值判断，必须依赖特定场景对具体行为人的行为作出价值评价。只有正犯存在紧迫性而其他共犯不存在

---

① 王霖：《网络犯罪参与行为刑事责任模式的教义学塑造——共犯归责模式的回归》，载《政治与法律》2016 年第 9 期。

② 王昭武：《共犯最小从属性说之再提倡——兼论帮助信息网络犯罪活动罪的性质》，载《政法论坛》2021 年第 2 期。

紧迫性的场合，就有即便正犯阻却违法，共犯仍然违法的可能。”①

仅因为最小从属性能够看似解决部分问题就主张在网络犯罪甚至在一般犯罪中以其代替通说，恐怕因小失大，原因如下。

其一，正犯众多、未到案、无法查清事实等不能支撑最小从属性。帮助犯的成立以正犯着手为前提（共犯的实行从属性），并不一定要查清正犯具体是谁、是否到案、是否查明所有犯罪事实等问题，只要查明确有正犯着手实行犯罪且无违法阻却事由即可。因此，正犯未到案等情形并非支撑最小从属性的论证理由。

其二，教唆正当防卫案件中，教唆犯没有处罚必要性。首先，因为没有导致法益侵害结果，结果无价值论不认为教唆正当防卫案中，教唆犯有处罚必要性。行为无价值论强调发挥事前行为规范的作用，可能会支持该论调。即遵从王昭武教授的逻辑，在教唆正当防卫案中，从正当防卫的角度看，行为无价值下，A 无防卫意思、无正当防卫行为，应成立教唆犯。但是，这种从共犯角度单独判断违法性的方法本身存在问题，共犯的违法性不应脱离正犯单独判断。例如，在同样场合下，按照结果无价值论，A 具有积极加害的意思，阻却紧迫性，按此逻辑，也不成立正当防卫，成立教唆犯，但这一论证与结果价值论从事后客观判断是否具有法益侵害事实作为逻辑起点的判断方法根本不符。可见，只要进行单独判断，共犯都可能成立，这无疑扩张了处罚范围。

其三，《办理帮助信息网络犯罪活动案件解释》第十三条规定，被帮助的正犯人未达到刑事责任年龄也不影响本罪成立。“被帮助对象实施的犯罪行为可以确认，但尚未到案、尚未依法裁判或者因未达到刑事责任年龄等原因依法未予追究刑事责任的，不影响帮助信息网络犯罪活动罪的认定。”这相当于在立法层面肯定了限制从属性，否定了最小从属性。

总体来说，上述现有不法判断理论共同的缺陷是：一方面，欠缺研

---

① 王昭武：《共犯处罚根据论的反思与修正：新混合惹起说的提出》，载《中国法学》2020 年第 2 期。

究视角的下沉，即未精准对接司法实践的痛点、难点问题。只限于将本罪的不法判断与一些已有的不法判断模式相对接，而未能聚焦非设立本罪不能解决的问题。另一方面，更为重要的是，在立法正当性的问题上，实际上论者各有标准，而没有一个共同标准。因此，上述不法判断路径都无法在个案中精确判断不法，进而难以准确划定本罪的处罚范围。

三、帮助信息网络犯罪活动罪的不法判断应当回归共犯分析框架

前述各种不法判断路径，其背后是论者对立法正当性问题的莫衷一是。立法正当性、不法判断规则、处罚范围三个问题三位一体，以法益甄别不法为例，法益的立法批判机能、不法判断机能、构成要件解释机能在逻辑上呈先后关系，但在本体上也是三位一体的。因此，采用何种不法判断工具，实际上从侧面体现了对本罪立法正当性问题的理解。本罪的立法正当性正是思考其不法判断问题的起点。现有研究对本罪不法判断路径的疑惑也正是源于对本罪立法正当性问题的迷思。

（一）本罪的立法正当性来源：刑法谦抑性

“不再追问正当性如同放弃了刑法的信仰。”[①] 相比限于现有不法判断路径技术性的讨论，重新确认本罪的立法正当性根基进而推导正确的不法判断规则，或许才可能拨开本罪不法判断与处罚范围问题的迷雾。本罪的立法正当性体现了刑法的谦抑性思想。

刑法谦抑性的核心要义是控制处罚范围与处罚程度。具体来说，“凡是适用其他法律足以抑止某种违法行为、足以保护合法权益的，就不要将其规定为犯罪；凡是适用较轻的制裁方法足以抑止某种犯罪行为、足以保护合法权益的，就不要规定较重的制裁方法”[②]。刘艳红教

---

① 刘艳红：《刑法的根基与信仰》，载《法制与社会发展》2021 年第 2 期。

② 张明楷：《论刑法的谦抑性》，载《法商研究》1995 年第 4 期。

授指出了刑法谦抑性的法理意蕴：既然国家刑罚权源于公民的权利转让，因此，“刑法的根基是保障公民自由权利，刑法的信仰是罪刑法定主义”①。要让刑法成为真正的法益保障法，而非单纯的行为处罚法，更加不能遗忘刑事立法正当性源于控制处罚范围与处罚程度的刑法谦抑性思想。

值得指出的是，在帮助信息网络犯罪活动罪的研究现状中，前述法益理论存在缺位的现象并不意味着本罪没有保护法益，只是由于本罪保护的法益较为宽泛、不明确，无法成为适格的不法判断工具。否则，刑法没有理由容纳没有保护法益的犯罪。从逻辑上说，也只有本罪存在保护法益，才不能主张废除本罪，而是使用刑法谦抑性限制其处罚范围。首先，本罪在罪名体系上位于刑法分则第六章妨害社会管理秩序罪的第一节扰乱公共秩序罪中。虽然也能举出罪名位置不能完全决定保护法益的例证，但罪名体系位置毕竟为确定保护法益指明了方向。除非存在强有力的相反证据，本罪保护法益应是公共秩序型的集体法益。其次，按照罪状的表述，本罪的集体法益可被归纳为“网络技术不被非法滥用的秩序”。本罪罪状中，“为其犯罪提供互联网接入、服务器托管、网络存储、通讯传输等技术支持”直接将行为类型指向网络技术支持。而“提供广告推广、支付结算等帮助”在司法实践中，也有部分以网络技术支持为载体。② 因此，本罪的保护法益可被归纳为“网络技术不被非

① 刘艳红：《刑法的根基与信仰》，载《法制与社会发展》2021年第2期。

② 因为确实也有部分“提供广告推广、支付结算等帮助”行为是在线下实施的，因此将本罪法益归纳为“网络技术不被非法滥用的秩序”可能仍然存在缺陷。当然，由于被帮助的正犯一定属于“利用信息网络实施犯罪”，因此，从帮助犯的违法性从属于正犯的违法性，正犯不应非法滥用网络技术这一角度来看，将“网络技术不被非法滥用的秩序”全然作为本罪的保护法益，也未尝不可。纵观刑法分则，帮助信息网络犯罪活动罪和传授犯罪方法罪都是行为指向和法益指向不清晰的犯罪，归纳保护法益确实相当困难，而关于传授犯罪方法罪的保护法益，我国学界也几无讨论。如果将目光移向刑法第二百八十七条之一非法利用信息网络罪，无论将法益界定为公共信息秩序，还是信息网络安全管理秩序，抑或是信息网络纯净化、生态化以及文明化的公共秩序，也都无法解决这些法益解释力相对空洞进而引发本罪正在口袋化的问题。更重要的是，帮助行为与预备行为对法益侵害宽泛性的指向不同，虽同为纯正的网络犯罪，其法益确定亦无法为帮助信息网络犯罪活动罪的法益确定提供帮助。

法滥用的秩序”。

本文认为，在此类法益无法准确甄别不法的犯罪中，极力限缩处罚范围是贯彻刑法谦抑性思想的必然选择。刑法谦抑性并非不加辨别地一概主张出罪化，随着社会物质生活条件的变化，刑法的处罚范围也必然是变动的。“‘犯罪化’与‘非犯罪化’都是以犯罪的社会危害性的变化情况以及其他因素为根据的。”[①] 此前，这一辨别任务可以交由法益这一中介完成，因为法益被当作连接外部环境与刑法体系的沟通桥梁，围绕法益的实质解释，“应该在坚持法益侵害说背景之下，根据是否达到值得处罚的法益侵害程度来实质性地评价犯罪是否成立”。[②] 法益的本体随着社会物质生活条件的变化也是不断流动的，这就是“法益的社会根据”。然而，随着法益理论在一些新型犯罪中不法判断机能的失效，此类犯罪的处罚范围变得愈发扩张与不明确，此时必须从刑法体系内部出发寻找可以进行不法判断的工具，同时为了应对这种扩张与不明确，应当极力限缩处罚范围。

因此，帮助信息网络犯罪活动罪基于法益理论独立的不法内涵较为模糊。法益在本罪不法判断中趋于无效化，而从前述各种不法判断路径的现状来看，完成刑法体系内部与外部社会环境沟通这一任务的承载者依然未能找到。而且，模糊的不法内涵也正是实践中本罪裁判不统一、正在加速走向口袋化现象的重要原因。因此，本文主张本罪的不法内涵是由共同犯罪框架赋予的。在这种缺失与外部环境连接的罪名中，极力限制处罚范围可能是贯彻刑法谦抑性的唯一选择。在本罪不法判断不清的现状下，应该极力发挥刑法的谦抑性思想，限制处罚范围，最大限度地保障人权。在谦抑性刑法理念的指引下，本罪规范属性的量刑规则说具有合理性，能够作为本罪不法判断的工具，总之，本罪的不法判断应当回归共犯框架。

---

① 张明楷：《论刑法的谦抑性》，载《法商研究》1995 年第 4 期。

② 刘艳红：《实质出罪论》，中国人民大学出版社 2020 年版，第 433 页。

（二）刑法谦抑性指引下本罪量刑规则说的合理性

关于本罪的规范属性，学界存在帮助犯正犯化说和量刑规则说，前者是多数说。但是，当前本罪帮助犯正犯化说对量刑规则说的质疑不能成立，量刑规则说在处罚范围、处罚明确性、立法正当性解释上都具有理论优势。量刑规则说才是真正贯彻刑法谦抑性的关于本罪规范属性的学说。帮助信息网络犯罪行为的不法判断应当回归共犯框架下的量刑规则说。

1. 对量刑规则说质疑的回应

本罪的规范属性是量刑规则说的观点提出后受到诸多批评，然而批评未必合理。

其一，有学者指出，“正因为帮助信息网络犯罪活动罪是独立罪名才有独立法定刑。刑法规定独立法定刑以行为独立成罪为前提。独立罪名正是将信息网络帮助行为作为独立于被帮助的网络犯罪行为而设立的”[①]。简言之，若本罪仅是量刑规则，不应以本罪罪名定罪。

在“规范属性—罪名—法定刑”的结构中，量刑规则说强调“规范属性”与“罪名—法定刑”可以脱钩，“从属于正犯的帮助犯也是犯罪，不影响其具有独立法定刑”[②]。如刑法第一百零七条资助危害国家安全犯罪活动罪是帮助犯，但也有独立的罪名和法定刑。正犯化说则坚持三者必须挂钩，“刑法规定独立法定刑以行为独立成罪为前提”[③]。但是，罪名是由立法规定的，立法创设新罪名后，适用新罪名是罪刑法定主义的必然要求。立法创设的新罪名与正犯的独立不法内涵并不必然绑定，不能推导出“正犯—独立的不法内涵—罪名”与“帮助犯—间接的不法内涵—非罪名”的定式。帮助犯被独立创设为新罪名，不意味着不法内涵必然升高，其正犯性仍需独立判断。总之，罪名并不总与正犯

① 刘艳红：《网络犯罪帮助行为正犯化之批判》，载《法商研究》2016年第3期。

② 黎宏：《论“帮助信息网络犯罪活动罪”的性质及其适用》，载《法律适用》2017年第21期。

③ 刘艳红：《网络犯罪帮助行为正犯化之批判》，载《法商研究》2016年第3期。

相互绑定，量刑规则说与罪名的设置意义没有冲突。

其二，有学者提出，“如果量刑规则说仅为解决被帮助者没有利用帮助者提供的网络服务或者根本没有实施犯罪时不处罚帮助者的问题，则是多余之举”，因为将他人利用信息网络实施犯罪理解为客观处罚条件可以合理解释这一问题。①

但是，首先，不应将“他人利用信息网络实施犯罪”理解为客观处罚条件。一方面，客观处罚条件在构成要件之外，不是故意的认识对象，上述理解无法解释罪状中“明知他人利用信息网络实施犯罪”的表述；另一方面，论者在文章其后部分也提到“‘他人利用信息网络实施犯罪’作为本罪的构成要件要素必须为行为人所认识”，存在前后矛盾。其次，这一解释下明知时点较正犯化说被推后。因为只有他人着手相关犯罪，达成该客观处罚条件后，帮助者才能“明知”，明知时点较本来的正犯化说被推后。因此，其主张本质上也是共犯实行从属性，应归属于共犯方向，而非所宣称的“立法上例外规定的正犯构成要件”。

其三，有学者认为，帮助犯正犯化与帮助犯量刑规则的区分不明确。例如，资助恐怖活动罪的正犯化与帮助信息网络犯罪活动罪的量刑规则区分度不明显。②

然而，两者在实质可罚性上可作区分。首先，从行为指向上来看，恐怖活动犯罪作为一类罪名由刑法修正案（九）纳入刑法规制范围，其实行行为指向明确，相比行为指向分散的信息网络犯罪无疑具有更大可罚性，具备独立不法内涵。而帮助信息网络犯罪活动罪的独立不法内涵模糊。其次，从构成要件中的法益来看，构成要件发展史上，古典构成要件论出现之前，德国法学家费尔巴哈最早已将可罚性与构成要件联系起来，客观的可罚性就取决于犯罪的构成要件究竟是否存在。可罚性

① 参见王莹：《网络信息犯罪归责模式研究》，载《中外法学》2018 年第 5 期。

② 参见阎二鹏：《帮助信息网络犯罪活动罪：不作为视角下的教义学证成》，载《社会科学战线》2018 年第 6 期。

由违法性即法益侵害性决定，恐怖活动类犯罪法益指向明确，帮助信息网络犯罪活动罪法益指向不明确，因此独立不法内涵模糊。从保护法益与行为指向的双重不确定性来看，本罪类似于刑法第二百九十五条规定的传授犯罪方法罪。

其四，有学者质疑量刑规则说消解本罪的立法价值，帮助犯（从犯）原本具有内在合理且灵活均衡的“从轻、减轻或免除处罚”规则，另设立独立、相对僵化以及轻缓的刑罚适用规则没有实际意义。①

可是，若正犯化说的立法价值只在扩张处罚范围却未能指明其界限，这种不受拘束的立法价值恐怕才意义有限。正犯化说下，本罪的处罚范围边界模糊，这可能会消解本罪的立法价值。相反，量刑规则说的立法价值在于其为处罚范围划定了明确边界，既扩张了处罚范围，也有时实质限制了处罚范围。量刑规则说在扩张处罚范围的限度、处罚严厉化的明确性、立法正当性的解释成本等方面都有优势。

2. 量刑规则说判断不法的理论优势

既有的关于帮助信息网络犯罪活动罪的性质属于量刑规则的论证多是从体系解释的角度出发结合法益侵害性大小寻找实质根据。例如，有学者认为，既有的刑法中的共犯正犯化的具体犯罪都是法益侵害性极大、一般预防与特殊预防必要性极大，因此变帮助行为与法益侵害结果之间的间接联系为直接联系。但这并不适用于网络犯罪的帮助行为，其“一般具有中立性和业务性的特点，如果不依托于正犯的违法行为，其本身是无害的”②。本文希望立足于该罪处罚范围、处罚明确性、与追诉时效的关联的角度论证量刑规则说判断本罪不法的理论优势。

相比于正犯框架，将本罪的不法判断即构成要件解释纳入共犯框架的量刑规则说具有理论优势。

其一，共犯框架下，本罪的处罚范围最小，扩张处罚范围的限度明

---

① 参见王华伟：《网络语境中帮助行为正犯化的批判解读》，载《法学评论》2019年第4期。

② 钱叶六：《帮助信息网络犯罪活动罪的教义学分析——共犯从属性原则的坚守》，载《中外法学》2023年第1期。

确。共犯和正犯框架理解的本质不同最终应落脚于处罚范围的差异，如果最终的处罚范围差异不大，或都可以被正确解释，说明共犯框架与正犯框架的差异并非真正问题。整体来看，正犯方向的处罚范围扩张远大于共犯方向的处罚范围。值得一提的是，关于共犯方向与正犯方向的不法判断规则落脚于处罚范围上的差异，鲜有研究提出帮助犯在未遂犯中的可罚性。共犯方向，无论帮助未遂、未遂的帮助，都否定其可罚性。但正犯方向，由于本罪作为正犯，帮助信息网络犯罪活动未遂或未遂的帮助信息网络犯罪活动都具有可罚性。要言之，教唆帮助、未遂帮助、帮助未遂等情形即使仅具有理论上的可能，也无法否认量刑规则说更加限制处罚范围，更何况这些情形真实存在。

其二，在共犯框架下，本罪的处罚明确性程度最高。在扩张处罚范围的维度，量刑规则说下只有一种情况才会扩张处罚范围，即同时构成其他犯罪的帮助犯的法定刑低于本罪，且正犯法定刑高于本罪的法定刑，适用刑法第二百八十七条之二第三款，刑罚严厉化。相对地，在正犯原理下，同时构成其他犯罪的帮助犯法定刑低于本罪，且正犯法定刑低于本罪的法定刑，由于量刑不从属，按照本罪处罚，处罚结果较量刑规则说更重。因此，在量刑规则说下，处罚严厉化只体现在一种情况，而正犯化说则体现在两种情况，正犯化说的立法正当性论证成本更高。这一问题也涉及刑法第二百八十七条之二第三款的理解适用，即竞合关系论视阈下本罪的适用空间问题。

具体来说，关于刑法第二百八十七条之二第三款的理解适用，被帮助犯罪的帮助犯的法定刑及被帮助犯罪的正犯的法定刑都低于该条第一款法定刑，因为量刑规则说下的本罪行为的法定刑不可能高过正犯行为的法定刑，因此，在量刑规则说下，此种情形仍应按照被帮助犯罪的帮助犯处理，不适用该条第三款。但正犯说下，必然适用该款。总之，从适用刑法第二百八十七条之二第三款的角度看，只能出现三种情况：（1）帮助行为犯下游犯罪共犯的法定刑高于本罪的法定刑，例如，下游正犯系诈骗 50 万元以上，数额特别巨大，处十年以上有期徒刑，其帮助犯减轻处罚也在下一档三年以上十年以下有期徒刑处罚，那么无论量刑规则说，还是正犯化说，都直接以被帮助犯罪的帮助犯定罪处罚。（2）帮助行为犯帮助信息网络犯罪活动罪的法定刑低于被帮助犯罪的正犯的法定刑，但高于被帮助犯罪的帮助犯的法定刑，例如，下游正犯系诈骗10万元，数额巨大，处三年以上十年以下有期徒刑，其帮助犯减轻处罚在下一档三年以下有期徒刑处罚，当其低于帮助信息网络犯罪活动罪的处罚时，那么，无论量刑规则说，还是正犯化说，都适用刑法第二百八十七条之二第三款，直接以帮助信息网络犯罪活动罪定罪处罚。（3）帮助行为犯帮助信息网络犯罪活动罪的法定刑高于被帮助犯罪的正犯的法定刑，当然也就高于被帮助犯罪的帮助犯的法定刑，例如，下游正犯实施虚假广告犯罪行为，处二年以下有期徒刑。量刑规则说下，不适用刑法第二百八十七条之二第三款，应以被帮助犯罪的帮助犯定罪处罚。因为帮助犯的量刑不可能超过正犯，因此仍然成立虚假广告罪的帮助犯。但是，在正犯化说下，由于帮助信息网络犯罪活动罪本身即是正犯，可以直接适用刑法第二百八十七条之二第三款，成立法定刑更重的帮助信息网络犯罪活动罪。由此，正犯化说对处罚范围的扩张实际上体现在上述第二种、第三种情形，而量刑规则说对处罚范围的扩张只体现在第二种情形，量刑规则说的立法正当性解释成本较低。

可见，主张量刑规则说并不等同于建议废除本罪。虽然根据刑法谦抑性原则，处罚范围最小，看似最好的方案就是废除本罪。但是，根据刑法第二百八十七条之二第三款，通过“同时构成其他犯罪的，依照处罚较重的规定定罪处罚”实际上将上述第二种情形，即按照被帮助犯罪的共犯处罚低于帮助信息网络犯罪活动罪处罚，且其正犯法定刑高于本罪法定刑时，将本应判处的被帮助犯罪共犯的量刑提高到本罪。在此意义上，刑罚严厉化，本罪绝非无意义的立法。因此，即使不法内涵模糊，也不代表应废除本罪。

其三，在共犯框架下，本罪的追诉时效起算较为合理。由于帮助犯的不法从属于正犯的不法，追诉时效是时间层面实体不法的排除事由，“追诉时效标示着罪行的不法关联性的时间界限，追诉期限届满意味着相关罪行不再构成刑事不法”[①]，因此，帮助犯的追诉时效应自正犯行为结束后，正犯不法产生时起算。在帮助信息网络犯罪活动罪中，以帮助信息网络犯罪活动罪的情形为例，帮助犯正犯化说下，帮助行为成立帮助犯的追诉时效应当自被帮助的帮助信息网络犯罪活动行为结束时起算。但是，在网络帮助行为的语境中，如此计算的话，可能在帮助技术的存续期间届满或者自查明帮助信息网络犯罪活动罪的正犯结束犯罪行为时起算帮助犯的追诉时效，对帮助者可能造成无限期追诉的不公平现象。例如，帮助信息网络犯罪活动罪案件的下游大多存在多个正犯，并且由于网络技术的无限复制性，正犯可能源源不断产生，相应地，帮助作用一直有所体现，根据刑法第八十九条第二款，“在追诉期限以内又犯罪的，前罪追诉的期限从犯后罪之日起计算”，帮助犯的追诉时效可能永无止境。相反，量刑规则说下，帮助本就不成立犯罪，因此不必计算追诉时效。最终按照其他罪名的共犯定罪处罚时，只要已查明的正犯达到相应不法，即可起算追诉时效，不必等到帮助技术存续期间届满或者所有正犯结束犯罪时才起算追诉时效，避免了对被告人无限期追诉。

综上所述，共犯框架的量刑规则说能够回应各种质疑，而且共犯框架下帮助信息网络犯罪活动罪的处罚范围小，处罚明确性程度高，立法正当性的解释成本最低。共犯框架下的量刑规则说具有理论优势。

（三）量刑规则说的具体应用

相比着眼于限制帮助行为的中立帮助行为路径和客观归责路径，共犯框架下依据量刑规则说的不法判断除了罪状表述的“情节严重”外并不特别限制帮助行为，其对帮助构成要件涵摄范围的判断依赖共犯原理。在共犯框架下，本罪与下游犯罪帮助犯相竞合。

其一，关于专门对下游犯罪实施网络帮助行为的案件处理，以共犯思考更为便捷。在此类案件中，中立帮助行为和客观归责路径都是从帮助行为处入罪，认定非中立帮助行为或可客观归责，进而成立帮助信息

① 王钢：《刑事追诉时效制度的体系性诠释》，载《法学家》2021年第4期。

网络犯罪活动罪。同时，这类案件行为人构成下游犯罪的帮助犯。两条认定路线互相平行。最后依照刑法第二百八十七条之二第三款定罪量刑。但是，在共犯框架下，上述案件构成下游犯罪的帮助犯且“情节严重”，其必然构成帮助信息网络犯罪活动罪，则中立帮助行为和客观归责路径在帮助行为处判断本罪不法的路径没有必要。有实务观点认为：“由于互联网即时性、匿名性的特点，犯罪分子间往往互不接触且分工极细，共同故意认定难度极大。即使双方有意思联络，从侦查取证的角度来讲，能证明双方意思联络的证据也很难收集。”[①] 但成立共同犯罪并非以共同意思联络为绝对的前提，片面帮助犯的场合，即使只有物理帮助没有心理帮助的行为也成立帮助犯。

其二，关于被告人只是单纯提供技术支持或帮助，没有深入参与他人犯罪的案件处理，实践做法不合理，应认定为共犯。例如，在“何某颖等帮助信息网络犯罪活动案”[②] 中，就下游犯罪的帮助犯与帮助信息网络犯罪活动罪的判断标准，实践中的倾向是，被告人若只是单纯提供技术支持或者帮助，没有深入参与他人犯罪，则不以下游正犯的共犯论处。[③] 然而，实践中这种不作为共犯却作为帮助信息网络犯罪活动罪处理的做法并不合理，因为既然已经明知被帮助者利用网络帮助行为进行

---

① 吕晓华、黄海：《为犯罪提供技术帮助的行为分析——以为犯罪提供“秒拨”动态 IP 服务为视角》，载《中国检察官》2018 年第 6 期。

② 本案案情：王某伙同赵某某、曹某等人预谋在微信上运营“某牧场”游戏非法获利。被告人何某颖、姚某浩、刘某颖是东莞某公司的程序员，均听从赵某某的管理。从 2016 年 12 月开始，赵某某指令被告人何某颖、姚某浩、刘某颖等技术人员负责游戏程序的开发和维护，何某颖、姚某浩、刘某颖等人在明知“某牧场”游戏规则设计存在多级分销，可能被用于违法犯罪的情况下，仍然共同开发了该程序。王某等人以“某牧场”实施了诈骗、组织、领导传销活动行为。法院认为，王某等主要犯罪人员均证实只是让何某颖等技术人员开发、修改或维护游戏，未告知技术人员通过该游戏实施诈骗或传销等违法犯罪的情况。此外，本案中的三名被告人除了领取工资和开发游戏的补贴，也并未从犯罪所得中领取不合理的报酬。因此，三名被告人只是知道涉案游戏被用于犯罪却依然提供技术支持，但是主观上和同案人王某等人事先并无诈骗或者组织、领导传销活动的共谋，依法应当以帮助信息网络犯罪活动罪追究三人的刑事责任（参见广东省东莞市第二人民法院（2018）粤 1972 刑初 932 号刑事判决书）。

③ 类似判决书还可参见广东省台山市人民法院（2017）粤 0781 刑初 621 号刑事判决书、江苏省扬州市邗江区人民法院（2017）苏 1003 刑初 548 号刑事判决书等。

犯罪活动，即使在中立帮助行为主观说路径和客观归责的特别认知路径下，都很难不认定为帮助犯。正确的做法应是在判断“情节严重”的基础上，认定为下游正犯的共同正犯、帮助犯后，再适用刑法第二百八十七条之二第三款。

其三，关于“情节严重”的判断标准，司法解释发布前，司法实践正是以正犯的罪量标准判断本罪的“情节严重”。在《办理帮助信息网络犯罪活动案件解释》第十二条规定本罪“情节严重”的具体标准之前，司法实践往往将被帮助的正犯的情节视为信息网络犯罪帮助行为自身的情节。例如，在“刘某甲、苏某甲诈骗案”中，正犯未到案，法院查实诈骗金额110160元，以此认定两被告人“情节严重”，构成本罪。[①]“情节严重”的判断依赖被帮助的正犯，表明司法实践也支持本罪规范属性应朝共犯方向理解。帮助信息网络犯罪活动罪虽是独立罪名，但依然应以共同犯罪理论为其根据。

总之，本罪的不法判断工具应回归共犯框架下的量刑规则说，这也引出了本罪处罚范围的第一大类，即按照被帮助犯罪的共犯处罚低于帮助信息网络犯罪活动罪的处罚，且其正犯法定刑高于本罪法定刑时，根据刑法第二百八十七条之二第三款，以帮助信息网络犯罪活动罪定罪处罚。除此之外，本罪中确实还有其他一些明显溢出共犯框架但具有可罚性的行为。

四、共犯框架外应例外处罚的行为类型

除了前述共犯框架内的第一大类，有一些共犯框架之外的帮助信息网络犯罪活动行为也具有实质可罚性，应予刑事处罚，这是本罪处罚范围的第二大类。现有少见的直接对接案件事实的研究中，江溯副教授从犯罪行为事实的角度进行分类，从行为样态将本罪行为分类为“漠不关心”的分离射线型和“心照不宣”的链条型，前者“侧重考察帮助者

---

① 参见江西省吉安县人民法院（2015）吉刑初字第204号刑事判决书。

对自身行为非法性的认识程度以及是否达到‘积量构罪’标准”，后者“侧重考察客观行为所产生的社会危害性”。[①] 这种基于行为事实的分类没有直接对接不法判断路径，在最终处罚范围界定上可能助益有限。本文将帮助信息网络犯罪活动罪的不法判断回归共犯框架下的量刑规则说，但实践中除了能够落入共犯框架的网络帮助行为外，不可忽视的是，还有若干具有实质可罚性、应予刑事处罚的帮助信息网络犯罪活动行为。《办理帮助信息网络犯罪活动案件解释》第十二条关于“情节严重”的标准着重指出了帮助者的重要作用，具体认定情形中有七项，其前五项都是关于帮助者自身“情节严重”的认定。[②] 除了司法解释列举的情形之外，对于此类行为，应当例外、个别性地认可其可罚性，秉持谨慎的态度在司法实践中逐步明确其行为类型。现阶段能确定的溢出共犯处罚范围但值得刑法处罚的情形有以下几类。

情形一是多名被帮助者的正犯罪量不足的案件。域外刑法多采取“定性”模式，而我国刑法采取了“定性 + 定量”的立法模式。例如，被告人提供技术的同时帮助多人进行电信盗窃，同时叮嘱正犯不得盗窃超过 2000 元。结果正犯的犯罪数额均无法查证超过 2000 元。在立法前，虽然综合来看，其法益侵害性甚至超过了普通盗窃，然而，共犯的限制从属性原理并未涉及罪量累加的内容，对这类案件难以根据共犯的限制从属性入罪。立法前可能的解决路径是认定考虑赃物犯罪，即掩饰、隐瞒犯罪所得罪。但问题在于，掩饰、隐瞒犯罪所得罪的保护法益是刑事司法秩序，只有存在不法层面的犯罪才可能有刑事司法介入。此外，掩饰、隐瞒犯罪所得罪的实行行为对应的是他人既遂之后的行为，而非对他人行为的帮助行为，所以导向赃物犯罪可能依然存在论证困

---

① 参见江溯：《帮助信息网络犯罪活动罪的解释方向》，载《中国刑事法杂志》2020 年第 5 期。

② 这五类情形是：“（一）为三个以上对象提供帮助的；（二）支付结算金额二十万元以上的；（三）以投放广告等方式提供资金五万元以上的；（四）违法所得一万元以上的；（五）二年内曾因非法利用信息网络、帮助信息网络犯罪活动、危害计算机信息系统安全受过行政处罚，又帮助信息网络犯罪活动的”。

难。至于准用“多次盗窃”则有将“多人”理解为“多次”的类推解释之嫌。这种场合，只有在肯定综合判断法益侵害性相当的前提下，例外承认被帮助者的正犯罪量不足并非阻碍本罪成立的理由，才能将此种行为入罪。当然，关于如何综合判断法益侵害性相当，应在案件中根据不同的构成要件提炼具体的标准。就上述电信盗窃案来说，只要同时教唆帮助三人以上电信盗窃就相当于“多次盗窃”，或者两年内不同时分别教唆帮助两人或一人电信盗窃也相当于“多次盗窃”。至于分别教唆帮助两人电信盗窃，每个人盗窃数额不超过2000元，但盗窃总数额超过2000元的情形，则不应认定为“数额较大”的普通盗窃，当然此类案例在实践中极少出现。①

情形二是帮助认识错误类案件。帮助犯的故意不仅要认识到自身行为系帮助正犯的犯罪行为，还要认识到正犯行为的犯罪行为，如果正犯行为与帮助者认识到的正犯行为完全没有构成要件重合之处，则阻却故意。例如，帮助者误以为被帮助者实施的是电信诈骗行为，结果被帮助者实施的是传播淫秽物品牟利行为。在本罪立法之前，由于帮助犯的故意的认识对象不仅是帮助者自身的行为，还包括正犯的构成要件行为，在上述电信盗窃案中，帮助者对构成要件事实发生认识错误，系事实错误，阻却故意，无论按照法定符合说抑或具体符合说，都只能得出无罪的结论。本罪的立法填补了这一处罚漏洞，“明知他人利用信息网络实施犯罪”的表述可以包含与帮助者认识不一致的信息网络犯罪活动。换言之，对于“明知他人利用信息网络实施犯罪”中的“犯罪”应当严

---

① 钱叶六教授主张，此类情形下“应对各个正犯的违法的量予以累加，据此判断是否达到可罚的违法的程度”。（参见钱叶六：《帮助信息网络犯罪活动罪的教义学分析——共犯从属性原则的坚守》，载《中外法学》2023年第1期。）但是，因为帮助者是分别教唆帮助被帮助对象，既然各个被帮助的正犯之间没有意思联络，不可能构成共犯关系，那么，违法的量累加处理的根据何在？具言之，方案1：帮助者因为被帮助者A的犯罪数额不够，帮助者和被帮助者都不成立犯罪。同样适用于被帮助者B、被帮助者C、被帮助者D等；方案2：将被帮助者A、被帮助者B、被帮助者C、被帮助者D等的犯罪数额累加后，帮助者成立犯罪，但被帮助者因为各自的犯罪数额不够入罪标准而不成立犯罪。方案2明显比方案1扩张了处罚范围，因此必须提出论证理由。

格解释为刑法中的犯罪，否则违法行为不计其数，处罚范围将无法明确。

情形三是实质预备帮助类案件。例如，没有任何人找行为人寻求电信诈骗的技术支持，但行为人通过报纸、媒体发现电信诈骗的“商机”，心想总会有人进行电信诈骗，于是事先搭建用于电信诈骗的平台，广发广告，虚位以待。对于此类行为的实质可罚性，本文认为，可以比照协助组织卖淫罪、组织偷越国（边）境罪的实质预备犯处理，承认此类行为的实质可罚性。帮助信息网络犯罪活动的语义中也包含对此种协助组织行为的可罚性。当然，因为这种场合严格来说还未出现法益侵害，必须对其严格限制。例如，在协助组织卖淫罪中，只有当单纯的招募、运送行为对准卖淫者形成性行为方面的控制、支配关系，能够认定为侵害了性行为秩序（性行为与金钱的不可交换性）时，才可能成立协助组织卖淫罪。[①] 本罪中，只有可以评价这种单纯帮助行为创设了针对法益的抽象危险，换言之，极其接近“成功”时，才可能被认定为本罪。

五、结论

当前，为了回应社会问题，“竞合型犯罪化”被广泛应用于刑事立法，“竞合型犯罪化”当然有强化行为规范的一面，然而也带来司法实践中的适用困惑。只有为司法实践提供解决相关案件的明确标准，才能真正促进司法统一。本文主张，因帮助信息网络犯罪活动罪基于法益理论的独立不法内涵模糊，故其不法判断工具应回归共犯框架下的量刑规则说。本罪处罚范围的第一大类是按照被帮助犯罪的共犯处罚低于帮助信息网络犯罪活动罪处罚，且其正犯法定刑高于本罪法定刑时，根据刑

① 这种场合，成立协助组织卖淫罪既遂还是未遂是另一个问题。一般认为，在复法益类犯罪中，只完整侵犯一个法益的场合成立犯罪未遂。这种没有事前通谋的单纯招募、运送行为因为只可能侵犯性行为秩序一个法益，不可能侵犯他人的性行为不被滥用的权利，认定为未遂犯为宜。

法第二百八十七条之二第三款，以帮助信息网络犯罪活动罪定罪处罚。第二大类是共犯框架之外具有实质可罚性同时多名被帮助者的正犯罪量不足的案件、帮助认识错误类案件和实质预备帮助类案件，例外具有实质可罚性的案件应在司法实践中审慎地、个别性地予以承认，通过积累此类案件，最终可能发现其独立的不法内涵。

实质刑法视野下帮助信息网络犯罪活动罪的限缩适用

邱鹏宇*

关键词

帮助信息网络犯罪活动罪　宽严相济　实质刑法　实质预备犯　预防必要性

内容摘要：帮助信息网络犯罪活动罪自“断卡”行动开展以来，在司法实践中呈多发态势。本罪目前存在适用上的困境和治理上的难题。由于网络犯罪的跨地域、虚拟性等特点，本罪在主观明知的认定以及反证证据的审查上面临难题。同时，对于预防必要性的忽视，导致本罪入罪率、实刑率高，入罪容易出罪难等问题。实质刑法追求刑罚的合理性和必要性，因此，应从实质刑法角度入手，坚持客观主义路径，加强对预防必要性的审查力度，从而畅通本罪的出罪渠道。同时，本罪作为实质预备犯，与掩饰、隐瞒犯罪所得、犯罪所得收益罪存在本质的不

* 河北省石家庄市新华区人民检察院综合业务部副主任，二级检察官，全国检察理论研究人才，法学硕士。

同，因此仍应在坚守共犯从属性的同时，正确界分本罪与他罪，既不能贪图司法“便利”而任意简化证据收集和论证，导致打击不力，也不能草率排除反证证据，致使出罪不能。

一、引言

帮助信息网络犯罪活动罪在2015年通过刑法修正案（九）予以刑法规制范围。从2015年至2020年10月“断卡”行动之前，检察机关以该罪起诉的仅有6000余人。然而在“断卡”行动开始之后，起诉人数直线增加，仅2021年一年便起诉13万人，且起诉人员中，近90%没有犯罪前科，系初犯。2022年上半年，全国检察机关起诉帮助信息网络犯罪活动罪6.4万人，而非法买卖“两卡”尤其是银行卡，为上游犯罪提供转移支付、套现、取现工具的，占起诉总数的80%以上。[①]

不可否认的是，帮助信息网络犯罪活动罪的入刑，对于实现全链条打击信息网络犯罪确实发挥了巨大作用。但是，案发量的激增明显不适应刑法谦抑性的要求。因此，司法机关不断出台司法解释，试图对本罪予以限定。然而，从目前本罪的治理情况来看依然不容乐观。虽然目前电信网络诈骗依然猖獗，但是笔者认为，作为兜底性罪名，帮助信息网络犯罪活动罪本不应当成为“打前阵”的罪名，其中必然存在着一些不容忽视的问题。

实质刑法的价值是避免仅根据法条文字规定对构成要件作形式的理解，应通过实质的解释阐述法条背后蕴含的正义理念，实现刑法人权保障之机能与法益保护之目的。[②] 换言之，形式刑法要解决的是入罪问题，防止出现罪刑擅断，而实质刑法要解决的是出罪问题，要为刑罚寻找合理性和必要性的根据。

---

① 参见《2022年上半年检察机关起诉帮助信息网络犯罪活动罪6.4万人》，载最高人民检察院官网，网址：https：//www.spp.gov.cn/spp/xwfbh/wsfbt/202207/t20220722_566409.shtml#1，最后访问日期：2023年6月12日。

② 参见刘艳红：《实质刑法观》，中国人民大学出版社2019年版，第286页。

网络犯罪虽然存在许多传统刑事犯罪所不具有的新特点，在证明方式、事实认定上存在与传统刑事犯罪的诸多不同之处，但是仍应恪守刑法的谦抑性原则，防止刑法打击面的恣意扩大。在形式刑法的指引下，帮助信息网络犯罪活动罪可以说基本上解决了入罪问题，从数据的激增便可以得出结论。而出罪仍然是司法实践中所面临的难题与困境。刑法是参与社会治理的重要手段，但是刑法毕竟是以剥夺和限制公民基本权利为主要内容的，因此，刑法只能是最后的手段。笔者尝试从实质刑法角度入手，通过对帮助信息网络犯罪活动罪作出实质解释，搭建起帮助信息网络犯罪活动罪的出罪渠道，明晰本罪在司法适用中的困境，防止该罪沦为口袋罪。

二、帮助信息网络犯罪活动罪的司法适用困境

帮助信息网络犯罪活动罪在司法适用中所面临的一系列困境，在笔者看来，大部分是由于未从实质角度进行判断，而是机械地、形式化地理解法律条文。

（一）行为人主观明知与反证的认定过于粗糙

1. 以明知违反行政法规定径行得出构成刑事犯罪的结论

帮助信息网络犯罪活动罪是故意犯罪，要求行为人对他人利用信息网络实施犯罪存在明知。正是基于在网络犯罪中，上下游行为人之间通常犯意联络稀疏，因此，对于本罪而言，帮助行为人不需要和实行行为人有任何意思联络，不再要求包含对具体罪名的主观认识。[①] 换言之，帮助信息网络犯罪活动罪的行为人只需要具有概括性明知即可。但是，概括性明知虽然降低了证明难度，却并未取消明知这一要件。网络犯罪大多表现为行政犯，即以违反行政法的前置性规定为前提，且危害严重

① 参见江溯主编：《网络刑法原理》，北京大学出版社2022年版，第76~77页。

需要动用刑罚处罚。[①]《人民币银行结算账户管理办法》明确指出，存款人不得有出租、出借银行账户的行为。同时，该办法第六十五条规定，非经营性的存款人有出租、出借银行结算账户行为的，给予警告并处以1000元罚款；经营性的存款人有出租、出借银行结算账户行为的，给予警告并处以5000元以上3万元以下的罚款。网络安全法第四章明确网络运营者对网络信息安全的保护义务，同时在第六章规定了未履行网络安全保护义务时的行政责任。这些行政法规，构成了帮助信息网络犯罪活动罪的前置性规定。因而行为人出租、出借银行账户、或者实施非法进行互联网接入、服务器托管等行为，首先违反了行政法规，实践中大部分行为人对银行卡不能出租、出借确实是明知的。但是，不能仅以此而径行得出行为人构成刑事犯罪的结论。换言之，"刑事证据的审查仍具有独立性，行政证据只有经过刑事证据法定收集主体依照法定刑事程序转化，方能具有刑事证据的证据能力，否则不能作为刑事案件事实认定和法律适用的定案依据"[②]。而实务中，忽视刑事证据审查，仅以行为人有出售"两卡"行为便直接认定明知的情况仍然存在。

2. *忽视行为人反证证据而径行认定为幽灵抗辩*

在帮助信息网络犯罪活动罪中，对行为人明知的证明，通常情况下只能采取推定的方式。《最高人民法院、最高人民检察院关于办理非法利用信息网络、帮助信息网络犯罪活动等刑事案件适用法律若干问题的解释》（以下简称《办理信息网络犯罪案件解释》）第十一条采取"列举+概括"的方式，规定了七种可以推定行为人明知的情形，这是基于从主观要素上进行证明确有难度，进而从客观行为角度出发，在行为人知道行为异常或者已经被采取警告、限制交易等措施后，仍继续实施出租、出借银行卡等行为，即可以推定行为人具有主观明知。但是，推定是以推理为基础的间接事实认定，具有"可假性"，换言之，"推定的

---

① 参见李勇：《审慎把握行政犯的司法认定》，载《检察日报》2022年12月30日。

② 田宏杰：《行政犯罪治理研究》，中国社会科学出版社2023年版，第25页。

事实并不一定就是客观存在的事实”[①]，因此推定允许被推翻。

在理想状态下，本罪的行为人应当是知道上线在利用信息网络实施犯罪。但是实践中，本罪的行为人在大部分情况下，均会以办理贷款、开具发票等理由进行抗辩。一方面，在本罪中，行为人之间通常并不熟识，很少有意思联络，且在多数情况下，是在蝙蝠软件、飞机软件等阅后即焚软件上进行联络，能够获取的证据少之又少，司法人员通常认定此为幽灵抗辩。笔者认为，在行为人提不出任何证据的情况下，认定其为幽灵抗辩是不存在问题的。另一方面，在行为人能够提供相应证据，如聊天记录、通话录音等材料时，却又陷入进退两难之中：因上线人员未到案，该聊天记录的真实性无法得到进一步证实，因而不能排除该聊天记录为话术，但若不定罪，则有放纵犯罪的可能。此时，多数司法人员基于担忧放纵犯罪的可能，便同样认定为幽灵抗辩，笔者认为这是不足取的。反证证据的提出，其实是在提示司法人员，行为人有不构成犯罪的可能，对于此种可能性，检察机关应当基于客观中立立场予以审查，而不能仅成为刑事犯罪的指控者，忽略了人权保障职责。

笔者认为，目前对于反证证据的认定难题有两个：一个是行为人提出反证时的证明标准不明确，实务中有观点认为，仍应当适用“事实清楚，证据确实、充分”的标准，但是这一标准明显不利于行为人。也有观点认为，应当适用“优势证据标准”，这一标准似乎降低了行为人的证明难度，但是在网络犯罪中，行为人与上线之间通常没有多少联系，大部分情况下犯罪行为结束后便失去联系，因此能提供的证据其实并不多，那么证据提供到何种程度才算是“优势证据”，在实践中不易操作。另一个是对反证证据的审查问题。众所周知，公诉方应当对证据的证据能力和证明力加以审查，而在网络犯罪中，证据往往是电子数据，如何对电子数据的“两力”进行审查，是司法办案中的一大难点。

---

① 何家弘：《司法证明方法与推定规则》，法律出版社2018年版，第270页。

（二）本罪在与他罪的界分中存在混乱进而影响实质正义

帮助信息网络犯罪活动罪可以说是司法适用较为混乱的区域。本罪与掩饰、隐瞒犯罪所得、犯罪所得收益罪及洗钱罪之间的界限、罪数、竞合问题存在诸多混乱之处。在实践中，界定混乱终将伤及实质正义。

1. 对于存在相似情形的案件作出不同处理，违反“同案同判”原则

案例1：李某某帮助信息网络犯罪活动案

被告人李某某为非法获利，在明知他人利用信息网络实施犯罪的情况下，仍应他人要求，收集并提供多张银行卡用于转账并对转账金额进行取现操作，共计取现人民币28万元，经查，该28万元系电信诈骗被害人石某的被骗资金。最终，李某某因帮助信息网络犯罪活动罪获刑一年二个月，并处罚金人民币1万元。①

案例2：唐某某掩饰、隐瞒犯罪所得、犯罪所得收益案

被告人唐某某为获取非法利益，明知他人资金来源非法，提供个人名下银行卡并进行转款，帮助上线转移犯罪所得，该银行卡注入资金人民币867298.82元。经查实，刘某等9名被害人的被骗资金中的396830元通过上述银行卡转移，被告人唐某某被判处有期徒刑三年，并处罚金人民币4万元。②

根据2021年《最高人民法院、最高人民检察院、司法部关于办理电信网络诈骗等刑事案件适用法律若干问题的意见（二）》（以下简称《意见（二）》）的规定，明知是电信网络诈骗犯罪所得及其产生的收益，予以转账、套现、取现的，以掩饰、隐瞒犯罪所得、犯罪所得收益罪定罪处罚。但是上述两个案例中，两名被告人均提供个人银行卡，均存在转账行为，最终定罪量刑却不同，这样导致的后果不仅仅是法律适

① 参见河北省保定市竞秀区人民法院（2022）冀0602刑初171号刑事判决书。

② 参见山东省高唐县人民法院（2022）鲁1526刑初214号刑事判决书。

用的混乱，更为重要的是会导致消极侦查、消极指控，进而导致打击不力。①

2. 对于存在刷脸、转账、取现等行为的，直接以掩饰、隐瞒犯罪所得、犯罪所得收益罪定罪处罚

正如前述，根据《意见（二)》规定，明知是电信网络诈骗犯罪所得及其产生的收益，予以转账、套现、取现的，以掩饰、隐瞒犯罪所得、犯罪所得收益罪定罪处罚。实务中，不乏行为人进行刷脸、验证码验证，以及进行转账、套现、取现的案件，一些司法人员在审查案件时，只要出现转账行为、刷脸行为，再加上有电信诈骗被害人的报案材料，便径行以掩饰、隐瞒犯罪所得、犯罪所得收益罪定罪处罚。笔者认为，这样的做法实质上并没有认真审查并合理界定两罪的区别。

《意见（二)》的这一规定其实是一种注意规定，旨在提醒司法人员，遇到有转账、套现等行为的，应当注意审查行为人是否明知所转账、套现的资金为犯罪所得、犯罪所得收益。如果行为人对此是明知的，那么其就属于掩饰、隐瞒犯罪所得、犯罪所得收益的行为。但是，司法人员仍应当审查行为人的“主观明知”以及所转账资金的同一性。因为刑法第三百一十二条的“明知”与第二百八十七条之二中的“明知”有很大区别，后者只需要有概括性明知，而前者对明知程度的要求要远远高于后者，进而对资金同一性的要求也远远高于后者。换言之，行为人转账的资金，应当和被害人被骗的资金是同一笔，唯有此时，其行为才算是掩饰、隐瞒犯罪所得、犯罪所得收益。从另一个角度而言，随着金融机构反洗钱措施逐步增强，行为人出租、出售、出借“两卡”时，要么必须将手机卡、银行卡、U盾、身份证“四件套”全部出租、出售、出借，要么就需要亲自前去，配合“刷脸”登录以及验证，同时当银行账户出现资金频繁划转、流水数额激增等异常情况时，往往也需要通过“刷脸”等方式进行二次验证，但是并非每一笔资金都需要

① 参见李勇：《帮助信息网络犯罪活动罪的司法适用误区》，载微信公众号“南京检察”，2022年3月18日。

“刷脸”验证，而是在一次“刷脸”后，在一个区间内不再需要验证。如果将出现“刷脸”验证的方式均认定为是在掩饰、隐瞒犯罪所得、犯罪所得收益，而不重视转移资金的“同一性”，那么将“四件套”全部出租、出售、出借的行为，与配合“刷脸”的行为，又有何实质的不同？如此一来，支付结算帮助型的帮助信息网络犯罪活动罪将几近于无。

（三）对预防必要性重视程度不够，导致入罪容易出罪难

1. 机械解释条文，影响宽严相济刑事政策的落实

现代刑罚理论是责任刑与预防刑相折中的并合主义理论。责任刑又称报应刑，旨在确立犯罪与刑罚的基本关系，划定刑罚的程度，防止不必要的刑罚。[①] 就帮助信息网络犯罪活动罪而言，为防止刑法打击面的扩大，该罪以情节严重为刑事追诉标准，同时在 2019 年《办理信息网络犯罪案件解释》和 2022 年《最高人民法院刑事审判第三庭、最高人民检察院第四检察厅、司法部刑事侦查局关于“断卡”行动中有关法律适用问题的会议纪要》（以下简称《“断卡”行动会议纪要（二）》）中，进一步明确了“情节严重”的标准。但是，责任刑的确定，并不能影响预防刑的实效，换言之，虽然根据罪刑法定原则确立了责任刑，但是预防刑仍留给司法机关一定的自由裁量空间，如何对预防必要性进行合理解释，便成为行为人是否值得被继续追诉的关键。

刑事立法是将正义理念与将来可能发生的生活事实相对应，从而形成刑法规范；刑事司法是将已经发生的社会生活事实与刑法规范相对应，从而形成刑事判决。作为解释者，“心中应当永远充满正义，目光得不断往返于刑法规范与生活事实之间，而不能大脑一片空白，目光仅往返于法条文字与汉语字典之间”[②]。在《“断卡”行动会议纪要（二）》中，强调对初犯、偶犯、在校学生、未成年人，以教育、挽救

---

① 参见张明楷：《责任刑与预防刑》，北京大学出版社 2015 年版，第 43 页。

② 陈洪兵：《职务犯罪罪名精释与案例百选》，法律出版社 2023 年版，第 250 页。

为主，确保社会效果良好。从逻辑上而言，在校学生、未成年人因涉世未深，社会经验匮乏，更容易受到蒙蔽从而误入歧途。但是对这一条文不应作机械理解，仅根据字面含义就将其他人员一律排除在宽严相济的适用范围之外。司法者不能仅将目光聚集在在校学生、未成年人这样极容易判断的情节中来，而对非在校学生，同样初犯、偶犯，情节相似的当事人视而不见，也不能理所应当地将“惩戒”直接等同于刑事处罚。事实上，初犯、偶犯的情节已经在提醒办案人，对于帮助信息网络犯罪活动罪依然要落实宽严相济的刑事司法政策，对于可以通过行政处罚、职业禁止、金融监管等手段进行规制的，不能轻易定罪处罚。如果对这一条仅作字面理解，则势必会步入机械司法的怪圈。

2. 机械理解“严格适用缓刑”，导致实刑过多

帮助信息网络犯罪活动罪的法定最高刑为三年有期徒刑，并处罚金，属于典型的轻罪。根据刑法第七十二条的规定，同时满足犯罪情节较轻、有悔罪表现、没有再犯罪的危险以及对所居住社区没有重大不良影响的条件时，完全可以适用缓刑。但是，本罪在实践中，不仅不起诉率偏低，其缓刑适用率同样偏低。根据法律及司法解释规定，支付结算金额 20 万元以上，或者提供银行卡 5 张以上，或者单方流入资金 30 万元以上且其中至少 3000 元经查证系涉诈骗资金，或者违法所得 1 万元以上等，即达到刑事追诉标准。实践中，大量的刚刚达到刑事追诉标准的案件也被判处实刑，笔者认为并不妥当。对于帮助信息网络犯罪活动罪能否适用缓刑，有观点认为，帮助信息网络犯罪活动罪的上游犯罪是信息网络犯罪，在多数情况下，与电信网络诈骗犯罪具有关联性，根据 2016 年《最高人民法院、最高人民检察院、司法部关于办理电信网络诈骗等刑事案件适用法律若干问题的意见》规定，对实施电信网络诈骗犯罪的被告人，应当严格控制适用缓刑范围，严格掌握适用缓刑的条件，因此，对于与电信网络诈骗高度相关的帮助信息网络犯罪的被告人，亦应当严格控制适用缓刑范围。在此观点影响下，帮助信息网络犯罪活动罪无论贷入流水金额多少，一律适用实刑。但是如此一来，不仅导致羁押率过高，而且不利于刑罚目的的实现。

案例3：冯某某帮助信息网络犯罪活动案

被告人冯某某在明知他人利用信息网络实施犯罪的情况下，将自己名下的5张银行卡交给他人“跑分”使用并获利200元，虽案发后冯某某有自首情节，最终仍获刑有期徒刑六个月，并处罚金人民币2000元。[①]

案例4：崔某某帮助信息网络犯罪活动案

被告人崔某某将个人名下的5张银行卡提供给他人使用，经查该5张卡均被用于实施电信网络诈骗，贷入资金共计1776843.82元，崔某某判处有期徒刑九个月，并处罚金人民币2000元。[②]

案例5：骆某、江某帮助信息网络犯罪活动案

被告人骆某提供了3张银行卡用于“跑分”活动，贷入流水合计3832323元，非法获利21000元，被告人江某提供了3张银行卡用于“跑分”活动，贷入流水合计2843875元，非法获利34000元。二被告人系从犯，应当从轻处罚，最终分别获刑拘役五个月，并处罚金4000元和有期徒刑八个月，并处罚金5000元。[③]

从上述案例中可以看出，即使有自首、从犯等法定从轻情节，被告人仍被判处实刑，更遑论那些不具有自首及从犯情节的行为人。在当前电信网络诈骗犯罪活动依然猖獗之背景下，对电信网络诈骗犯罪活动从严打击是有必要的，但是，以电信网络诈骗犯罪的被告人应严格适用缓刑，推定出其关联犯罪的被告人亦应严格掌握适用缓刑的条件，甚至将“严格适用”等同于“禁止适用”，属于不利于被告人的类推解释，并不可取。有学者同样担忧，“网络犯罪的严峻现实、国家立法的目标需要、司法部门的有效治理，以及刑法理论的适时推波助澜，造成了网络

① 参见河北省高碑店市人民法院（2023）冀0684刑初32号刑事判决书。

② 参见河北省任丘市人民法院（2021）冀0982刑初782号刑事判决书。

③ 参见湖南省醴陵市人民法院（2022）湘0281刑初497号刑事判决书。

犯罪刑事治理的扩大化与入罪化，从而使网络时代刑法客观解释彻底等同于扩大与入罪解释”[1]。这样的担忧不无道理，在社会治理方式日趋多样化的当今，仍应坚守刑法的谦抑性，注重刑事处罚的合理性和必要性。

一方面，宽严相济的刑事政策同样适用于电信网络诈骗。宽严相济是我国的基本刑事政策，要求根据犯罪的具体情况，区分案件性质、情节和对社会的危害程度，实行区别对待，做到该宽则宽，当严则严，罚当其罪。[2] 随着网络3.0时代的到来，日常工作生活愈发体现出智能性、多元化的特征。刑事犯罪也从传统的物理空间，不断向虚拟世界扩散，呈现出虚拟与现实交织，境内与境外互联的新特点。由于电信网络诈骗取证难度大、追赃挽损率低、被告人抓捕难度高且相当一部分嫌疑人在境外实施犯罪，因此，电信网络诈骗犯罪的法益侵害性通常大于普通诈骗罪，对于电信网络诈骗犯罪的被告人适度从严打击有其必要性。但是，如果仅凭此便认为电信网络诈骗不适用缓刑，甚至其关联犯罪都不宜适用缓刑，不仅有违宽严相济的刑事司法政策，且与现行法律规定并不相符。在《意见（二）》第十六条中规定，对于电信网络诈骗犯罪集团、犯罪团伙中的从犯，特别是其中参与时间较短、诈骗数额相对较低……以及初犯、偶犯、未成年、在校学生等，应综合考虑其在共同犯罪中的地位作用、社会危害程度、主观恶性人身危险性、认罪表现等情节，可以依法从轻、减轻处罚。犯罪情节轻微的，可以依法不起诉或者免予刑事处罚；情节显著轻微危害不大的，不以犯罪论处。总之，无论是从刑事政策还是法律规定角度而言，不分情节一律适用实刑属于机械司法。

另一方面，一律适用实刑不利于刑罚目的的实现。刑罚概念有两个内容：（1）行为人侵害了受法律保护的法益，如生命、自由、财产等；

---

① 刘艳红：《网络犯罪的法教义学研究》，中国人民大学出版社2021年版，第308～309页。

② 参见苗生明：《顺应新时代要求，深化落实宽严相济刑事政策》，载《人民检察》2021年第21—22期。

（2）刑罚同时又是对行为及行为人显而易见的指责。[①]无论是采取实刑，还是缓刑，均属于为修复受侵害法益，由行为人承担不利后果的方式。在目前我国的前科制度中，对于成年罪犯而言，实刑和缓刑均属于犯罪记录且不存在消灭和封存的可能，因此从实质角度来看，行为人所承受的不利后果相差无几。但是，从社会治理角度而言，实刑与缓刑则存在巨大的差异。一律适用实刑不仅导致看守所、监狱等羁押场所严重超负荷运转，国家财政支出巨大，而且罪责刑不相适应的问题突出，对于一些犯罪情节轻微的刑事被告人，最终宣判时其在押时间已经很长，导致法院为了判决的合理性而延长宣判刑期，无形之中加重了对刑事被告人的处罚，同时容易与现有的认罪认罚从宽制度相冲突，导致原本已经协商好的量刑建议再次修改，影响司法公信力。从犯罪预防的角度而言，在羁押期间，一些轻罪罪犯很容易受到重罪罪犯、累犯等的影响，刑满复归社会后的效果并不理想，这反而更不利于刑罚目的的实现。

三、实质刑法下帮助信息网络犯罪活动罪的限缩路径

笔者认为，本罪应坚守罪刑法定原则之法治底线，真正做到形式入罪实质出罪，将实质解释严格定位于出罪，使入罪合法出罪合理，从而实现对本罪的有效治理。

（一）合理运用推定规则，简化证明机制

1. 对于反证应采取合理怀疑证明标准

受制于无罪推定原则，公诉方必须提出证明行为人有罪的证据，在英美法系中，这一证明标准被界定为“超越合理怀疑”；在大陆法系中，这一证明标准被确定为“内心确信无疑”。在我国刑事诉讼法中，

---

① 参见［德］弗兰茨·冯·李斯特：《李斯特德国刑法教科书》，［德］埃贝哈德·施密特修订，徐久生译，北京大学出版社2021年版，第323页。

这一证明标准是“事实清楚，证据确实、充分”。[①] 国家公诉机关掌握着优势资源，具有法定职权，调取证据、沟通协调的能力远远大于行为人，且稍有不慎则可能造成严重侵犯人权的后果，因此公诉机关提起公诉时，刑事证据必须达到这一最高证明标准。

但是，即使刑事诉讼法努力追求控辩双方在诉讼中的平等地位，但是实质上控辩双方地位仍是不平等的。这种先天的不利处境就决定了行为人进行反证的难度通常较大。如果对于行为人同样采用这一证明标准，无异于给行为人设定了一个难以企及的目标。因此无论如何，对于反证不能适用这一最高的证明标准。

在民事法领域，一方当事人提出的证据只需要达到“优势”的程度，人民法院便可以采信。但是在刑事法领域，在定罪环节并不存在“优势证据”标准的适用空间。一方面，由于刑事诉讼活动中，举证责任恒定于控方，控方往往会提出大量的证明被告人有罪及罪重的证据，如果再要求被告人提出能占据“优势”的证据，无异于强人所难。虽然这一标准确实稍微降低了行为人的证明难度，但是在网络犯罪语境下仍显过高，会进一步导致出罪困难。另一方面，虽然在刑事诉讼法中对于附带民事诉讼、涉案财物处理、回避、立功、自首等情节允许适用“优势证据”标准，但这是对于程序性事实以及有利于被告人的量刑事实而言的。有利于被告人的量刑事实本身就能够证明其预防必要性降低，因此并不需要达到最高证明标准。

美国宪法第四修正案规定，公民人身、住宅、文件和财产不受无理搜查和扣押的权利，除基于相当理由，以宣誓或代誓陈词保证，并详细说明搜查地点和扣押的人或物，不得发出搜查和扣押令状。[②] 此处的“相当理由”，可以理解为一种“合理怀疑”，即当存在相当性的证据时，警方可以发出搜查和扣押令状。“合理怀疑”标准的提出为解决反

---

① 参见陈瑞华：《刑事诉讼法》，北京大学出版社 2021 年版，第 155 页。

② 参见杨雄：《美国宪法第四修正案中的“相当理由”之变迁——兼论我国刑事强制措施证明标准的完善》，载《暨南学报（哲学社会科学版）》2008 年第 5 期。

证证明标准难题提供了思路。根据这一思路，只要行为人提出的辩解有一定的证据支撑，能够证明行为人的辩解具有合理性，便可以认为存在相当理由使得法官对行为人的明知产生合理怀疑，在对证据进行充分审查后，如果该合理怀疑不能被消除，那么就应当认为行为人不存在主观明知，当事实存疑时也只能作出有利于被告人的决定。

2. 加强电子证据审查力度，有效应对话术、模板等

从理论上讲，行为人在操作电子设备实施犯罪时，与电子设备相作用，会在电子设备上留下反映行为人特征的电子痕迹，在编辑的文件上会留下反映数据文件特征的电子痕迹，行为人操作的电子设备还会与网络空间相作用，会在网络空间留下反映此电子设备特征的电子痕迹。①

例如，行为人提出其是基于办理贷款而出借个人银行卡，同时提供聊天记录的，应对行为人使用的手机进行电子痕迹鉴定，可以调取行为人名下的微信账号数量、客户端登录微信的痕迹，查证行为人是否存在同时使用两个微信账号相互聊天，从而形成话术的情况。又如，行为人在聊天记录中显示有合同电子版时，应注意审查对于该份合同是否有修改的痕迹，文档创建时间、修改时间，文档内容是否与贷款相关。还可以调取行为人的征信情况、经营情况等，查证是否有办理贷款的现实需求。

仍需要说明的是，司法机关对于上述情况的查证，只需要有不同角度的证据加以证实，即可以优势证据标准进行审查，而不能也不可能完全排除所有情况。至于实务中所担忧的，一旦按事实不清、证据不足予以出罪，可能会出现大量行为人采取先制作话术再实行犯罪的情况，笔者认为这不能归咎于对反证证据的重视，从逻辑上来讲，也应当是实践中出现了大量的具有详细聊天记录证据的案件，提示我们更要注意对证据的实质审查，而不是反过来，以忽视反证证据的方式大量予以入罪。

3. 对于“明知”的判断应从客观主义角度着手

对于违法性的判断，应当以一般人的价值观念或者社会意义进行理

---

① 参见刘品新：《电子证据法》，中国人民大学出版社 2021 年版，第 336 ~ 337 页。

解，但是对于有责性的判断，必须基于行为人的认知能力进行考虑，否则便有违背责任主义之嫌。笔者认为可以从以下几个方面进行考量：一是相关金融机构的提醒警示。一旦银行卡被冻结，或者频繁进行转账、套现时，金融机构往往会通过短信、电话等多种方式进行风险警示，如果此时仍进行代为转账、套现、取现，则可以推定明知。二是行为的异常性。例如多次代为套现、取现，或者避开有监控的地方、在深夜时分进行取现，基于该行为的异常性，可以推定为明知。三是要充分考虑到亲属、朋友、客户等特殊关系情况。如果确实存在亲属关系、朋友关系或者客户关系，则应当慎重，需要综合考虑两者平时的熟识度、联系频率，认识时间，是否存在真实交易等，不能轻易将基于信任关系而帮助取现的行为认定为犯罪。

（二）以实质预备犯为角度，妥善处理罪数问题

1. 本罪的立法定位应为实质预备犯

根据刑法理论，从完成犯罪所经历的时间序列来观察犯罪的话，首先是出于阴谋制订犯罪行为计划的方案等，而后进行犯罪的准备（预备），接着着手实行犯罪，之后是实现犯罪，也即完成犯罪行为。[①] 我国刑法第二十二条赋予了预备行为的刑事可罚性，但是从结果无价值角度而言，如果不对预备行为进行目的性限缩，势必会导致处罚范围漫无边际。有鉴于此，有学者提出实质预备犯的观点，认为实质预备犯在构成要件行为形式上虽然不是其他犯罪的预备行为，但立法因其可能成为其他犯罪的预备行为而将其规定为独立的犯罪。[②] 随后，又有学者进一步划定了刑法分则中实质预备犯的范围，包括但不限于“国家安全类犯罪”“组织、领导、参加恐怖活动组织罪”“准备实施恐怖活动罪”“非

---

① 参见［日］山口厚：《刑法总论》，付立庆译，中国人民大学出版社 2018 年版，第 278 页。

② 参见梁根林：《预备犯普遍处罚原则的困境与突围——〈刑法〉第 22 条的解读与重构》，载《中国法学》2011 年第 2 期。

法利用信息网络罪”。[①]

在笔者看来，帮助信息网络犯罪活动罪同样完全符合实质预备犯的成立条件。根据法律规定，帮助信息网络犯罪活动罪是明知他人利用信息网络实施犯罪，而为其提供互联网接入、服务器托管、广告推广、支付结算等帮助，其实质上属于信息网络犯罪的帮助行为。进一步而言，对于信息网络犯罪的行为人来说，为了便于实施犯罪行为，且便于逃避打击，需要用多张信用卡、非银行账户等进行资金的分散和转移，那么就需要下游的行为人四处寻找适合的支付结算账户。当帮助信息网络犯罪活动罪的行为人提供了支付结算账户后，信息网络犯罪的行为人便会着手实施犯罪。这也是帮助信息网络犯罪活动罪与掩饰、隐瞒犯罪所得、犯罪所得收益罪最根本的不同。

2. 本罪实质上仍受制于共同犯罪理论

如前所述，本罪为实质预备犯。有观点认为，本罪已经正犯化，因此已然脱离共犯从属性的规制框架。[②] 笔者不赞同这一观点，若按此观点理解，势必会导致定性不准。虽然本罪已经被正犯化，但是从实质上而言，本罪的定罪量刑仍无法摆脱共犯从属性的规制。

一方面，共犯从属性与共犯独立性滥觞于德日共犯教义学，要解决的是教唆犯或帮助犯是否与（单独的或共同的）正犯的性质完全相同。[③] 根据共犯独立性的观点，正犯与共犯都有独立性，因此当被教唆人未实施所教唆之罪时，对于教唆人而言仍成立教唆犯。而这显然有违罪刑法定原则。根据共犯从属性的观点，对共犯的定罪和处罚取决于正犯的不法程度和范围，共犯的不法仅仅在从属于正犯的意义上与构成要件有关。[④] 帮助信息网络犯罪活动罪是被正犯化了的预备犯，即如果没

---

① 参见彭文华、刘昊：《论我国刑法中实质预备犯的范围》，载《中国应用法学》2018年第3期。

② 参见宋睿、于嘉仪、李涛：《帮助信息网络犯罪活动罪中“明知”的司法适用》，载《中国检察官》2023年第2期。

③ 参见陈兴良：《共同犯罪论》，中国人民大学出版社2023年版，第98页。

④ 参见周光权：《刑法客观主义与方法论》，法律出版社2020年版，第88页。

有刑法第二百八十七条之二的规定，对于提供支付结算帮助的行为，本应当构成上游犯罪的共犯，是上游犯罪在预备阶段的帮助犯。进一步而言，只有在正犯具有可罚性的情况下，共犯才从属于正犯而成立并具有可罚性。

另一方面，否认共犯从属性会导致违背责任主义的情形。例如，在实践中，存在一个行为人提供多张银行卡，同一笔资金来回转账的情况。例如，甲同时提供了中国银行卡、农业银行卡、建设银行卡，一笔30万元的资金先是转入中国银行卡，后转出至农业银行卡，又转至建设银行卡。对于该30万元是否应当重复计算，直接关系量刑问题。笔者认为，如果重复计算涉案资金，会导致出现帮助行为的法律后果比正犯行为的法律后果还要严重的问题。上游犯罪的行为人获利30万元，由甲提供三张银行卡进行支付结算帮助，如果重复计算，甲的支付结算帮助数额反而远远超过了上游犯罪的行为人的犯罪数额，这是不妥当的。因此根据《“断卡”行动会议纪要（二)》的规定，银行卡内的资金只应当计算单向流水，即贷入流水。因为只有贷入流水是上游犯罪的犯罪数额。即使目前支付结算帮助行为已经正犯化，其也不能完全脱离上游犯罪而单独认定。当上游犯罪的行为人只为30万元的犯罪数额承担刑事责任时，本罪的行为人只能从属于该30万元，否则便违反了责任主义。

同时，本罪只能存在于事前和事中。根据共同犯罪理论，共犯可以是事前的共犯，即共谋共同犯罪，也可以是事中共犯，即承继的共同犯罪。对于本罪而言，有观点认为事后的帮助行为也可以构成帮助信息网络犯罪活动罪，规制范围不限于帮助行为正犯化的情形，所涉帮助既可以是事前、事中的帮助行为，也可以是事后的帮助行为。不应以时间节点，而应以行为性质对帮助信息网络犯罪活动罪与掩饰、隐瞒犯罪所得罪作出界分。[①] 对此观点笔者并不赞同。从犯罪完成形态而言，所谓的

---

① 参见喻海松：《帮助信息网络犯罪活动罪的司法限定与具体展开》，载《国家检察官学院学报》2022年第6期。

事后帮助是不存在的。在犯罪既遂后，对于本犯而言，因缺乏期待可能性，所以对于既遂后的销赃、毁灭证据等行为不再单独评价，而对于其他人来说，则可能构成掩饰、隐瞒犯罪所得、犯罪所得收益罪，帮助毁灭、伪造证据罪等。但是，事后的帮助行为仍以事前有通谋为前提，实质上仍属于事前的帮助。因此，构成掩饰、隐瞒犯罪所得、犯罪所得收益罪，势必以前罪已经既遂为前提，否则也就不存在掩饰、隐瞒的行为对象。因此，对于前述案例 1 而言，既然该 28 万元已经查实是被害人石某的被骗资金，那么取出该 28 万元的行为，性质上就属于前罪既遂后的掩饰、隐瞒行为，以帮助信息网络犯罪活动罪定罪处罚便不妥当。

就帮助信息网络犯罪活动罪而言，当行为人在提供银行卡后，又进行转账、套现、取现操作时，由于上游犯罪的资金已经到账，上游犯罪已经既遂，那么此时转账、套现、取现的行为就有了独立性，就不能再仅以帮助信息网络犯罪活动罪定罪处罚，而是同时构成了掩饰、隐瞒犯罪所得、犯罪所得收益罪。退一步讲，即使可以认定行为人系基于一个概括的故意而实施的行为，也应当择一重罪，按掩饰、隐瞒犯罪所得、犯罪所得收益罪定罪处罚。

（三）以预防必要性为基础，畅通本罪出罪渠道

1. 预防必要性降低时，可以从轻处理甚至不起诉

根据并合主义原理，刑罚正当化根据是报应的正当性与预防犯罪目的的合理性。其中的报应是指“责任报应”，亦即，犯罪人基于自己的意志选择了犯罪行为，刑罚作为对其责任的清算具有正当性。责任报应不仅以行为人具有责任为前提，而且由责任划定刑罚的上限。[①] 在责任刑划定后，再根据预防必要性的大小，根据影响预防刑的情节，最终得出宣告刑。例如，当行为人自愿认罪认罚时，说明预防必要性降低，因此根据刑事诉讼法第十五条的规定，依法从宽处理。又如，当行为人系累犯时，说明特殊预防必要性大，因此在量刑时就应当予以从重处罚。

① 参见李勇：《“合规计划”中须有刑法担当》，载《检察日报》2018 年 5 月 24 日。

就帮助信息网络犯罪活动罪而言，既然其法定刑在有期徒刑三年以下，最低可至单处罚金，那么在判断宣告刑时，就势必有可能因预防必要性的降低，从而免予处罚。

案例6：魏某某帮助信息网络犯罪活动案

魏某某将个人名下的一张银行卡及关联的手机卡、U盾出借给他人使用，贷入流水为98万余元。魏某某具有自首情节，自愿认罪认罚，因预防必要性降低，作出不起诉决定。①

案例7：崔某某帮助信息网络犯罪活动案

被告人崔某某将个人名下的两张银行卡及配套密码出售给他人使用，非法获利3400元，该两张银行卡共计贷入资金为90万余元。崔某某具有自首情节，自愿认罪认罚，退缴非法所得，因预防必要性降低，最终获刑有期徒刑七个月，缓刑一年，并处罚金6000元。②

从以上案例可以看出，对于预防必要性降低的行为人，完全可以采取从轻甚至出罪的方式加以解决。在出罪后完全可以采取非刑罚处罚方法，附加一定的社会服务令，或者采取职业禁止期等方式予以惩处，实现行刑有效衔接。

2. 不宜以是否退赔上游犯罪被害人为是否从轻的判断标准

根据《"断卡"行动会议纪要（二）》规定，犯罪嫌疑人积极退赔退赃的，可以从宽处理。退缴违法所得属于法定义务，对于积极退赃的，理应从宽处理。但是，退赔的前提是有被害人。然而，不仅在实践中，法院的生效判决通常仅要求上缴违法所得而未责令退赔，而且在理论上，要求帮助信息网络犯罪活动罪的当事人赔偿上游犯罪的被害人也

① 参见江苏省连云港经济技术开发区人民检察院开检刑不诉（2022）40号不起诉决定书。

② 参见河北省石家庄铁路运输法院（2022）冀8601刑初5号刑事判决书。

是不妥当的。被害人并非其犯罪构成要件要素。与侵犯财产类犯罪、侵犯人身权利类犯罪不同，帮助信息网络犯罪活动罪本质上仍是帮助行为，是行为人基于概括的明知而实施的帮助行为。所谓概括的明知，指的是帮助信息网络犯罪活动罪当事人对于上游犯罪的类型、性质等只需要认识到有实施信息网络犯罪的高度盖然性即可，而不能深度参与到上游犯罪当中，否则就成为上游犯罪的共犯，而不能再认定为帮助信息网络犯罪活动罪。基于“无行为则无犯罪”及“罪责自负”原理，行为人应当对其明确知道并且参与实施的犯罪行为承担不利后果，换言之，帮助信息网络犯罪活动罪的当事人不能赔偿上游犯罪的被害人，否则将不当扩大打击范围，也会导致架空刑法第二百八十七条之二第三款的规定。

进一步而言，实践中大量支付结算型帮助信息网络犯罪活动罪中是没有上游犯罪的被害人报案的，仅由于涉案银行卡交易流水巨大而构成情节严重。且上游犯罪不一定有被害人，例如组织卖淫罪。因此，笔者认为《“断卡”行动会议纪要（二)》中规定退赔情节似有不妥，改为“自愿积极补偿”应更合适。如果帮助信息网络犯罪活动罪的当事人能够自愿积极补偿上游犯罪的被害人，则意味着其认罪悔过的态度更好，再犯可能性更低，可以从宽处理。但是不能倒推过来，将帮助信息网络犯罪活动罪当事人不进行补偿当成认罪态度不好的情节。司法机关还是应当将重心放在促使当事人积极退缴违法所得上来，只要能够积极退赃，就能反映认罪悔罪的态度。

3. 在积极刑事立法观下，仍应坚守消极司法观

在世界范围内，自20世纪80年代以后，各国立法机关开始重新制定或频繁修改刑法典，同时出台大量的单行刑法与附属刑法，刑事立法出现了明显的活跃化（活性化）趋势。[①] 就我国而言，随着时代的发展，我国也同样以修正案的形式，将原本属于一般违法的行为入罪，最突出的便是危险驾驶罪。积极主义的刑事立法观在扩大犯罪圈，彰显刑

① 参见付立庆：《积极主义刑法观及其展开》，中国人民大学出版社2020年版，第49页。

法参与社会治理的威力的同时，也不可避免地对司法产生了一些消极影响，最突出的问题便是刑法由原本的保障法为“打前阵”的“在先的管理法”，常常在适用民法、行政法等之前，即适用刑法率先打击违法行为。然而，适用刑法的成本高昂，不当适用所带来的反作用还非常大，若适用错误，则可能实质挑战公众的正义观念，并且挫伤全社会的法治信仰。[①] 因此，面对积极的刑法立法趋势，司法活动仍应当坚守消极属性。对个体性利益侵害的制裁与救济，应首先依照民法加以解决，行政法的介入次之，而刑法的干预则是最后性的，即只有当这类行为造成的后果达到一定的严重程度时，刑罚权的出现才具有正当性。[②]

积极的刑事立法意图构建“严而不厉”的刑法体系，以解决社会变革中所产生的一系列问题。惩治帮助信息网络犯罪活动行为是为了打击信息网络犯罪的产业链条，从源头减少信息网络犯罪存量。但是，“严而不厉”的刑法体系并不意味着对于刑事犯罪一律追诉。刑事犯罪前科所带来的附随效应同样不容忽视。但是受到积极刑事立法观的影响，刑事司法并未坚守消极立场，没有从法益侵害的角度进行实质解释，没有将非刑罚处罚方法作为首先选择，造成一些法益侵害轻微的行为人依然被起诉判刑。机械司法所带来的后果，是人们朴素正义观受到侵害，最终伤及的还是法治本身。从立法层面来看，虽然多数学者都主张应警惕过度犯罪化，认为立法应保持审慎与克制，但是从实践来看，刑事立法的积极，往往带动的是证据标准降低以及司法趋于严厉。司法消极属性的坚持就极有必要却又殊为不易。

四、结语

帮助信息网络犯罪活动罪案发量的激增，是积极刑事立法观时代的

---

① 参见刘艳红：《刑法的根基与信仰》，载《法制与社会发展》2021 年第 2 期。

② 参见时延安：《以刑罚威吓诽谤、诋毁、谣言？——论刑罚权对网络有害信息传播的干预程度》，载《法学论坛》2012 年第 4 期。

一个缩影，也是信息网络犯罪时代的产物，但最根本的原因还是司法活动未坚守消极立场，未从实质角度构建起出罪的渠道。刑法无疑对社会来说不可或缺，但并非只需要“刑法”迈出一小步，社会治理就必定能够迈出“一大步”，而是需要谨慎判断，对刑法介入社会生活保持理性克制的态度。[①] 信息网络犯罪固然应当全链条打击，但是司法人员仍应当明确，人是目的而不是手段，不能动辄以刑罚手段实现社会防卫目的，否则势必会引发侵犯权益的严重后果。对于本罪的行为人，能够予以治安处罚的，不必一定要动用刑罚，即使必须动用刑罚，也要充分考虑预防必要性的大小，考虑行为人所起的作用大小，摒弃重刑主义理念，做到罪责刑相适应。同时，也要正确区分此罪与彼罪，防止本罪异化为“口袋罪”，如此方能实现对本罪的有效治理。

---

① 参见何显兵：《刑罚原论——中华传统、西方经验与当代转型》，法律出版社 2023 年版，第 259 页。

帮助信息网络犯罪活动罪中“明知”认定的教义学分析

姚万勤*

关键词

明知　应当知道　可能知道　共犯　帮助信息网络犯罪活动罪

内容摘要：随着网络犯罪的多发，帮助信息网络犯罪活动罪一跃成为我国目前第三大适用罪名。虽然本罪将帮助行为予以正犯化，有利于对网络领域的犯罪落实“打早打小”的刑事政策，但是立法用语的抽象也为本罪的适用带来了较大的挑战。特别是本罪中“明知”该如何理解，逐渐成为罪与非罪、此罪与彼罪区分的重要因素。对其内涵的把握不能仅仅根据刑法总则的规定，而且要关照具体罪名的立法目的，应当将“可能知道”排除在外。在认识对象上不要求行为人认识到他人在进行具体的犯罪。在认识的类型上需要将“有意思联络的应当知道”情形排除在本罪之外。在“推定明知”的认定上应当允许行为人提出一定的反证。

* 西南政法大学法学院副教授，西南政法大学人工智能法律研究院研究员，法学博士。

一、问题的提出与争议的焦点

根据刑法第二百八十七条之二的规定，帮助信息网络犯罪活动罪是指，明知他人利用信息网络实施犯罪，为其犯罪提供互联网接入、服务器托管、网络存储、通讯传输等技术支持，或者提供广告推广、支付结算等帮助，情节严重的行为。众所周知，随着网络 3.0 时代的到来，帮助信息网络犯罪活动罪一跃成为目前我国第三大适用罪名，且呈现出逐年增加的态势。根据诸多媒体的报道，在校大学生涉案率也居高不下。[①] 涉案大学生往往辩解自己只是将银行卡借给他人使用，并不知道他人通过该银行卡从事转移赃款等违法犯罪活动。针对目前帮助信息网络犯罪活动罪扩大适用的现状，更有学者担忧，帮助信息网络犯罪活动罪可能会逐渐沦落为网络时代规制轻微犯罪行为的“口袋罪”。当然，归纳问题的实质，目前关于帮助信息网络犯罪活动罪司法认定的主要争议点之一便是对其主观“明知”认定的争议。以下案例较为典型。

基本案情：2022 年 1 月 25 日，被告人刘某为归还逾期的网络贷款，企图通过刷流水获得较大额度的贷款，便乘车前往福建省某市某县将其名下的四张银行卡、U 盾和手机交给他人转账使用，将银行卡密码告知对方并帮助对方进行刷脸验证，为他人实施电信网络诈骗提供帮助，从中获利 720 元。2022 年 1 月 26 日，刘某的中国工商银行卡交易流水达 665.8 万余元、中国农业银行卡交易流水达 688.9 万元、江苏苏宁银行卡交易流水达 198 万余元、微众银行卡交易流水达 472 万余元。上述四张银行卡异常交易流水共计 2024.7 万余元。致使被害人王某、李某等 7 人被骗资金 33.76 万余元转入上述涉案银行卡账户后被转走。[②]

---

① 参见陕西省汉中市勉县人民检察院勉县检刑不诉（2021）66 号不起诉决定书；湖北省武汉市蔡甸区人民检察院蔡检刑不诉（2021）Z66 号不起诉决定书；湖南省郴州市北湖区人民检察院郴北检刑不诉（2021）100 号不起诉决定书。

② 参见山西省山阴县人民法院（2021）晋 1491 刑初 148 号刑事判决书。

在庭审中，辩护人认为，刘某主观上并不明知，刘某是为偿还网贷而被对方以刷流水提高贷款额度为由，向其提供了银行卡、密码、手机并配合刷脸，根本不知道对方使用自己的银行卡、U 盾、手机进行诈骗犯罪活动。客观上帮助的行为并不构成犯罪，应认定刘某无罪。一审法院判决认为，刘某明知银行卡、手机卡不能出租、出借、出售，仍将本人的银行卡及密码等交予他人转账使用并提供刷脸验证支付结算帮助，致被害人重大财产损失，情节严重，足以认定其系明知他人实施利用信息网络实施犯罪活动，故对该辩护意见不予采信。[①] 被告人不服一审判决提起上诉，二审法院审理后认为，上诉人刘某是否主观明知，应当根据客观行为结合其认知能力、既往经历、交易对象、与实施信息网络犯罪的行为人的关系、提供帮助的时间和方式、获利情况以及其供述等主客观因素，予以综合认定。[②]

据此可见，在司法实践中，一方面，受制于罪刑法定原则的要求，司法机关在认定犯罪嫌疑人构成犯罪的情况下，必然需要证明其主观上明知他人利用信息网络实施犯罪；另一方面，《最高人民法院、最高人民检察院关于办理非法利用信息网络、帮助信息网络犯罪活动等刑事案件适用法律若干问题的解释》第十一条规定："为他人实施犯罪提供技术支持或者帮助，具有下列情形之一的，可以认定行为人明知他人利用信息网络实施犯罪，但是有相反证据的除外：（一）经监管部门告知后仍然实施有关行为的；（二）接到举报后不履行法定管理职责的；（三）交易价格或者方式明显异常的；（四）提供专门用于违法犯罪的程序、工具或者其他技术支持、帮助的；（五）频繁采用隐蔽上网、加密通信、销毁数据等措施或者使用虚假身份，逃避监管或者规避调查的；（六）为他人逃避监管或者规避调查提供技术支持、帮助的；（七）其他足以认定行为人明知的情形。"显然，这几种属于"明知"的具体情形，并不能为明知的认定提供理论视角。因此，有必要从教义

① 参见山西省山阴县人民法院（2021）晋 1491 刑初 148 号刑事判决书。
② 参见山西省朔州市人民法院（2022）晋 06 刑终 93 号刑事判决书。

学的视角对帮助信息网络犯罪活动罪中的“明知”进行抽丝剥茧，以期实现限缩适用的目的。

二、“明知”内涵的认定

关于“明知”的内涵界定，目前在刑法学界有三种典型的观点。

第一种观点认为，该罪中的“明知”应当限定为“明确知道”。[①]帮助者对帮助行为以及被帮助者的实行行为、性质不存在概括性认识，而是有较为明确的认知。如果帮助者对前述要素的认知是模糊的，则不构成本罪，因为明知是具象的，是帮助者主观活动的真实再现，而非去具象化的明知，不能超越具体的范围。[②] 这种观点实质上是将概括的认识排除在犯罪之外。

第二种观点认为，该罪中的“明知”包括了“应当知道”和“可能知道”，在这种观点看来，“‘可能知道’实质是一种无法排除合理怀疑的知道，帮助者的‘明知’虽然也是通过对案件事实的归纳所得，也仅是一种可能性认识，即帮助者只是有可能知道被帮助者在实施有关的犯罪行为，但其内心是无法确信或者十分肯定的”[③]。也即，如果行为人认识到了被帮助者具有实施犯罪的可能性即可认定其主观上存在“明知”。

第三种观点认为，刑法中的“明知”包括了“知道”“应当知道”和“可能知道”三种含义。依该观点，“可能知道”只是在极为少数的罪名如嫖宿幼女罪的相关司法解释中存在。众所周知，我国目前已经废除了嫖宿幼女罪，从而导致了“可能知道”类型的“明知”不复存在。

---

① 参见涂龙科：《网络内容管理义务与网络服务提供者的刑事责任》，载《法学评论》2016 年第 3 期。

② 参见涂龙科：《网络内容管理义务与网络服务提供者的刑事责任》，载《法学评论》2016 年第 3 期。

③ 曾磊：《帮助信息网络犯罪活动罪中“明知”的判断逻辑与范围限定》，载《中国人民公安大学学报（社会科学版）》2023 年第 1 期。

依该观点，帮助信息网络犯罪活动罪中的“明知”本身就包含了“知道”，而从相关的司法解释中也可明确，目前关于“明知”的认定也多是采用推定的方式，因而也应当理所当然地包含“应当知道”这一类型。①

上述第二种观点是我国目前刑法学界的通说，因为从文义解释的立场出发，确实可以将“明知”解释为“应当知道”和“可能知道”。但是，基于以下理由，笔者认为将帮助信息网络犯罪活动罪中的“明知”解释为包括“可能知道”的情形实质上并不妥当。

首先，该观点存在扩大处罚范围的嫌疑。众所周知，在司法实践中，行为人基于个人的认知以及阅历等，可能会对不同的事物反应不同。例如，从事金融工作的人员可能知道将银行卡借给别人会招致祸端，而涉世未深的在校大学生可能并不能确切地知道这点。如果不分青红皂白，采取“一刀切”的入罪态度，可能出现客观归罪、扩大处罚范围等现象。因此，目前在金融机构新开银行卡账户的时候，相关的工作人员会让客户填写承诺书承诺不实施出租、出借银行卡等行为，否则将承担严重法律后果等。据此可见，如果将“可能知道”视为“明知”的内容确实存在扩大处罚范围的嫌疑。

其次，该观点会加大相关从业人员的负担。在司法实践中，还存在大量的与其职业相关的中立帮助行为也被认定为本罪。也即帮助者主观上或许存在模糊的认识，但也并不是确切地知道他人就一定会从事犯罪活动，而是基于职业内容完成了雇主的订单。如果将该类情形也认定为帮助信息网络犯罪活动罪的话，便意味着，从业者在提供职业性活动前都需要进行实质性审查，否则便有成立犯罪的风险。这在客观上不仅不现实，而且无疑会增加相关从业人员的证明负担。例如，被告人曾某长期在网络上发布其可以制作 CRM 管理系统、网站建设、平台搭建的帖子。2018 年 11 月间，黄某（另案处理）通过网络联系到曾某，向其提出建设“普某斯”平台会员管理系统的要求，曾某表示同意。后曾某

① 参见尹泽民：《帮助信息网络犯罪活动罪中“明知”的理解适用》，载《公民与法（综合版）》2023 年第 4 期。

联系被告人梁某让其操作 CRM 用户管理系统，并将该系统放在租用的网络服务器提供给黄某使用。其间，黄某经营的公司利用“普某斯”投资平台诱骗被害人入金投资，通过后台修改“普某斯”平台数据等方式，致使投资该平台账户的人普遍亏损，从中骗取大量受害人投资款。同时查明，被告人曾某获利5000元。[1] 法院认为曾某的行为构成帮助信息网络犯罪活动罪。笔者认为，曾某只是实施特定的技术承揽加工行为，他人利用涉案系统实施犯罪不应视为其提供帮助行为，否则未来从事一定程度的中立行为，都会被赋予特定的审查义务，这不仅于法无据，而且必然会无端增加从业人员的负担。[2]

最后，司法解释规定的“推定的明知”不可以简单地理解为“可能知道”。上述学者认为，我国司法解释明确规定了“可能知道”的情形。实质上这种见解并不妥当。虽然《最高人民法院、最高人民检察院关于办理非法利用信息网络、帮助信息网络犯罪活动等刑事案件适用法律若干问题的解释》第十一条规定了“推定明知”的情形，但是“推定”意味着根据客观的情形来看，其行为人主观上应当是知道的。例如，根据该解释第十一条第一项的规定，“经监管部门告知后仍然实施有关行为的”，无论从何种角度来说，经他人告知后，一般可以认定行为人主观上应当明确知道了。

之所以在本罪的理解中出现了将“明知”解释为“可能知道”的情况，实质上与刑法中犯罪故意的规定息息相关。根据刑法第十四条的规定：“明知自己的行为会发生危害社会的结果……”在理论通说看来，此处的“明知”就包括了“明知必然会”和“明知可能会”两种情形。因此，将不可避免地影响对刑法分则罪名的判断。但是在笔者看来，这种关联性并不强。因为犯罪故意的“明知”并不与刑法分则罪

① 参见福建省邵武市人民法院（2019）闽0781刑初295号刑事判决书。

② 参见姚万勤：《中立的帮助行为与客观归责理论》，载《法学家》2017年第6期。

名中具体“明知”呈现出必然的一一对应关系。[①] 如前所论，犯罪故意中的“明知”实质上是行为人对危害结果的一种主观态度，它是区分犯罪故意与犯罪过失的要素，而刑法分则的“明知”是针对具体犯罪情形而言的，因此必然会导致因为罪名不同，其“明知”的范围要小于刑法总论中的“明知”的范围。

三、“明知”对象的认定

从帮助信息网络犯罪活动罪构成要件规定的内容来看，明知的对象是“他人利用信息网络实施犯罪”。那么，对于此处的“犯罪”该如何理解？这在我国也存在较大的争议。例如，张明楷教授认为：“只要现有证据表明他人利用信息网络实施了符合构成要件的不法行为，根据限制从属性说的原理，实施帮助行为的人就成立帮助犯。至于他人究竟是谁、他人是否被查获、他人是否具有责任，都不影响帮助犯的成立。”[②] 也就是说，只要是行为人认识到他人实施构成要件的不法行为而提供帮助，即可成立本罪。另有学者认为，在目前网络犯罪呈现的社会危害性方面，帮助犯行为的社会危害性有时候会超过正犯行为的社会危害性，因此，此处的“明知他人利用网络实施犯罪”应当作扩大化的理解，将那些刑法分则所指涉的罪行、但未构成犯罪的行为也应包括在其中。[③] 换言之，此处的犯罪应当包含一般的违法行为，从而有利于严密刑事法网。另有学者认为，“明知他人利用网络实施犯罪”不仅包含普通符合刑法分则构成要件的犯罪行为，还应包括符合刑法分则规定行为

---

① 参见陆建红：《刑法分则“明知”构成要件适用研究——以掩饰、隐瞒犯罪所得、犯罪所得收益罪为视角》，载《法律适用》2016 年第 2 期；张明楷：《刑法学》，法律出版社 2021 年版，第 347 页。

② 张明楷：《论帮助信息网络犯罪活动罪》，载《政治与法律》2016 年第 2 期。

③ 参见喻海松：《新型信息网络犯罪司法适用探微》，载《中国应用法学》2019 年第 6 期。

类型的严重违法行为。[1] 该学者主要是通过与非法利用信息网络罪相比较而得出的结论，在其看来，非法利用信息网络罪的明知要件为违法犯罪，因此，在两罪的法定刑相同的情况下，对帮助信息网络犯罪活动罪中的“犯罪”也应理解为符合刑法分则规定的客观要件的严重危害行为。[2]

上述三种观点主要的区别在于对明知的对象的程度要求不同。而我国的通说观点认为，对于犯罪的明知应当是认识到其确切地构成某罪才具有妥当性。也即，“犯罪”应当是符合刑法分则意义上的犯罪。但是在目前主流的“一对多”犯罪模式的情况下，将其限定为特定刑法分则意义上的犯罪的观点有失偏颇。基本理由如下：

首先，如果将其仅仅理解为刑法分则意义上的犯罪，则无法实现立法的目的。本罪在性质上属于帮助行为正犯化的犯罪，因而增设本罪的目的在于，禁止对他人的错误行为提供任何形式的帮助，如果将其对象理解为刑法分则意义上的犯罪，则明显限缩了处罚范围。例如，行为人明知他人通过网络盗窃他人财物而提供帮助，即便他人最终因数额无法构成盗窃罪，也应为行为人成立帮助信息网络犯罪活动罪留有余地。因为如果对其作无罪论处，势必未来会增加其他人员实施帮助信息网络犯罪活动罪的侥幸心理，立法目的便会落空。

其次，如果将其理解为刑法分则意义上的犯罪，则表明本罪设立纯属多余。因为如果行为人对他人的犯罪已经了如指掌而提供帮助的话，则应属于共犯的范畴，而不应成立本罪。在行为人提供帮助的过程中，其一般难以判断自己已经构成犯罪，如果作此限定，则明显存在放纵犯罪的嫌疑。那么，行为人又该认识到何种程度呢？在上述的争议中，有学者认为，应认识到其构成符合客观构成要件的严重行为；有的认为，是一般的违法行为就够了；有的则认为，应只要是符合构成要件的不法

① 参见皮勇：《新型网络犯罪独立性的教义学分析及司法实证》，载《政治与法律》2021 年第 10 期。

② 参见皮勇：《新型网络犯罪独立性的教义学分析及司法实证》，载《政治与法律》2021 年第 10 期。

行为就可以了。对此，笔者认为，此处“明知”对象的认定应当结合本罪帮助行为正犯化的性质来具体展开。既然刑法分则已经将帮助行为视为正犯行为，那么对于该罪名认定应当坚持独立性原则。也即，其应当与其他罪名关于主观的认定不存在任何差别。一是行为人对实施帮助行为的性质有模糊的认识即可。行为人只要认识到自己帮助的对象正在实施不太正当的行为即可，不必明知帮助对象正在实施何种形式的犯罪以及是否构成犯罪，也无须必然达到严重的程度。因为在司法实践中，“严重程度”不仅判断标准较为模糊，而且针对不同类型的行为，其严重程度也可能表现不一致。例如，提供广告推广与提供支付结算，其社会危害性的表现程度必然存在不同。二是行为人对帮助行为的结果应该有认识。结合本罪的构成要件规定的内容来看，行为人应明确知道自己为他人提供互联网接入、服务器托管、网络存储、通讯传输等技术支持，或者提供广告推广、支付结算等帮助行为。具体而言，所谓“互联网接入”是指通过特定的信息采集和共享的传输渠道等技术，完成用户与其他网络的链接；所谓“服务器托管”是指为了提高网站的访问速度，将服务器及相关的设备托管到更高质量的网络之中，从而达到安全、可靠、稳定以及高效运行的目的；所谓“网络存储”是指提供专门的数据存储服务器；所谓“通讯传输”一般是指架设其他技术设备或者传媒媒介，为别人提供通讯传输技术支持服务；“广告推广”一般是指通过网络媒介提供广告服务，为他人违法犯罪提供宣传；所谓“支付结算”是指通过信息网络提供各种结算业务。就目前司法实践来看，“提供支付结算”的行为类型占到了所有行为类型的一半以上。① 当然，行为人未必对这些技术问题了如指掌，只需要认识到这些行为具有危害性即可。至于具有何种危害以及会造成何种程度的危害，也在所不问。

最后，对于因果关系，也应当属于明知的对象范围。也即，行为人应当知道自己的帮助行为能够有助于他人顺利地实施犯罪，而仍然实施

① 参见王胜华、张星勋：《论帮助信息网络犯罪活动罪中“明知”的判断理路》，载《江苏警官学院学报》2023 年第 6 期。

帮助行为。根据《最高人民法院、最高人民检察院、公安部关于办理电信网络诈骗等刑事案件适用法律若干问题的意见（二）》第七条的规定，以下行为可以视为本罪中的帮助行为：（1）收购、出售、出租信用卡、银行账户、非银行支付账户、具有支付结算功能的互联网账号密码、网络支付接口、网上银行数字证书；（2）收购、出售、出租他人手机卡、流量卡、物联网卡。

值得注意的是，本罪中虽然要求“情节严重”，但是此处的“情节严重”是入罪标准，而不是对行为人认识对象的限制，也即，不能据此认为行为人认识的对象需要达到严重程度。

四、“明知”类型的认定

众所周知，本罪在性质上应当属于帮助行为正犯化的罪名。“所谓帮助行为正犯化，是指将其他犯罪的帮助行为单独设立而成立的犯罪。所谓帮助行为，是指为他人实施犯罪而提供的各种帮助行为，包括物理上的帮助和心理上的帮助，前者如提供犯罪工具，提供犯罪资金、实物等；后者指为犯罪者提供咨询、鼓励、语言安慰等。显然，只有提供物理上的帮助的行为，才可能被正犯化。”[①] 通过本罪规制的内容来看，确实是将物理性的帮助行为予以正犯化。

目前在司法实践中，正是由于帮助行为正犯化，导致了本罪与上游网络犯罪的共犯认定的分歧逐渐凸显。[②] 那么，在共犯层面中的“明知”与本罪中的“明知”必然存在较大的差异。因为根据我国刑法以及相关司法解释的规定，如果“明知”他人从事某种特定的犯罪而提供帮助，应当成立该种特定犯罪的共犯。例如，明知他人走私而提供资金账户的，应当以相应的走私犯罪的共犯论处。

---

① 周铭川：《风险刑法理论研究》，上海人民出版社2017年版，第199页。

② 参见刘仁文、汪恭政：《网络犯罪帮助行为的刑法认定》，载《法治研究》2023年第2期。

虽然有学者将本罪的类型区分为两种，其一是“有意思联络的应当知道”类型，其二是“没有意思联络的应当知道”类型。[①] 但是笔者认为，根据本罪独立成罪的现状来看，“明知”的类型不应包括“有意思联络的应当知道”这一情形，基本理由如下。

首先，如果存在意思联络的话，行为人应当是与被帮助者一起成立共同犯罪，而不应成立本罪。根据我国刑法关于共犯的规定可知，成立共同犯罪不仅客观上需要具有共同的行为，而且主观上存在共同的意思联络。如果行为人已经与他人形成了共同的意思联络而实施了帮助行为，那么理应成立共犯而不应成立本罪。关于这点，目前在各类司法判决中逐渐得到体现。例如，在王某甲、游某、王某乙等诈骗案中，针对被告人游某“经营网络科技公司，出于牟利目的为其他公司网络商城的运行提供技术帮助与支持。游某对其他公司的违法行为有一定程度的认知，但对其他公司实施犯罪的具体内容、过程并不明确知道”这一情况，一审法院认定其构成诈骗罪；而二审法院撤销游某诈骗罪的判决，改判帮助信息网络犯罪活动罪。[②] 又如，在郑某、唐某、张某等集资诈骗罪一案中，针对被告人郭某、庄某知他人要求设计开发的平台用于金融活动，未要求提供资质，且平台具有高额利息、发展会员获取动态收益、手工匹配会员投资等运行模式，可能用于实施网络犯罪，仍设计开发平台并进行安全维护，后帮助关闭平台及删除相关数据的行为，一审法院认定郭某、庄某构成集资诈骗罪，二审法院撤销了原审法院判决，改判二人成立帮助信息网络犯罪活动罪。[③]

其次，值得考虑的问题是，此处是否存在本罪与共同犯罪竞合的问题？因为根据刑法第二百八十七条之二第三款的规定，“有前两款行为，同时构成其他犯罪的，依照处罚较重的规定定罪处罚。”那么，是否意味着如果按照共犯处理较重的话，那么按照共犯论处更具有合理性呢？

---

① 参见曾磊：《帮助信息网络犯罪活动罪中“明知”的判断逻辑与范围限定》，载《中国人民公安大学学报（社会科学版）》2023 年第 1 期。

② 参见浙江省绍兴市中级人民法院（2016）浙 06 刑终 307 号刑事判决书。

③ 参见安徽省淮北市中级人民法院（2019）皖 06 刑终 278 号刑事判决书。

其实不然，该款的立法本意应当是在实施帮助信息网络犯罪活动行为的过程中，可能还涉及其他的犯罪类型，并非针对共犯而论。因为我国刑法分则条文的设立采取的是“一人犯既遂罪”的模式，行为人是否构成共犯，除了刑法分则条文特别规定外，应当按照总则关于共犯规定的修正犯罪构成予以认定。而在司法实践中，法院在判决中往往忽视了本款的规定。例如，刘某、王某、殷某帮助信息网络犯罪活动罪一案中，被告人刘某、王某、殷某在明知是犯罪所得的情况下，受汤某（已判决）等人的指使，以非法获利为目的，以提供银行账户、手机、身份证，采用现场验证等方式协助汤某等人进行诈骗资金转移，其中被告人刘某、王某参与掩饰、隐瞒犯罪所得数额20万余元；被告人殷某参与掩饰、隐瞒犯罪所得数额21万元。针对本案，一审法院认为，被告人刘某、王某、殷某为获取非法利益，在明知他人从事非法资金转移的情况下提供身份证、手机和银行账户进行资金转移，涉案数额巨大，均属情节严重，其行为均构成掩饰、隐瞒犯罪所得罪。[①] 上级检察院以原审判决适用法律错误，量刑畸重为由，提起抗诉。二审法院改判三人构成帮助信息网络犯罪活动罪。[②] 关于本案，笔者认为，一审法院的判决未必错误。因为掩饰、隐瞒犯罪所得罪要求主观明知是犯罪所得及其收益而帮助掩饰、隐瞒，其明知的内容应当包括明知上线已经实施了犯罪或者明知其正在为转移犯罪所得提供帮助。从此角度来看，一审法院认定其行为构成掩饰、隐瞒犯罪所得罪不仅具有正当性，而且与刑法第二百八十七条之二第三款规定的“有前两款行为，同时构成其他犯罪的，依照处罚较重的规定定罪处罚”的处断原则相吻合。

此外，还具有讨论价值的是，“片面帮助犯”的行为到底是认定为帮助信息网络犯罪活动罪还是具体犯罪的共犯呢？因为根据“片面帮助犯”理论，行为人认识到自己在为犯罪活动提供帮助，而被帮助对象实质上并不清楚他人在帮助自己实施犯罪，这种只具有单方面的意思联络

---

① 参见山东省德州经济技术开发区人民法院（2021）鲁1491刑初148号刑事判决书。

② 参见山东省德州市人民法院（2021）鲁14刑终216号刑事判决书。

而无通谋的行为，在通说的观点看来，应当构成被帮助者实施的犯罪的共犯。但是此处与之不同的是，帮助信息网络犯罪活动罪中“明知”类型只限于“没有意思联络的应当知道”的情形。因此，网络领域中的片面帮助犯，更加符合帮助信息网络犯罪活动罪中“明知”的类型。

五、“推定明知”的认定

“明知”在刑法理论中一直作为主观的构成要素存在，但是其并没有独立的认定途径，那么应当如何认定？在理论中，不同领域的学者尝试了不同途径的阐释。例如，法理学领域的学者认为，对“明知”的解释重点不在于解释什么是“知”，而在于解释什么是“明”。[①] 在其看来，“明知”与“应知”的认定分属于不同的解释方法，即对“应当知道”完整含义的解释是从规范功能、认知条件和推定方式三个角度分别展开，而对“明知”完整含义的解释则需要从“知”的确定性程度（事实属性）和对“知”的价值评价（价值属性）这两个维度展开。[②] 而在刑法领域中，对其解释更加简洁化。例如，陈兴良教授早就提出了，“应知”本身存在用语上的问题，应以“推定知道”代替“应当知道”。[③]

在司法实践中，司法机关也习惯性地借助于法律推定的形式，意图将其外延予以明确。如前文论及的《最高人民法院、最高人民检察院关于办理非法利用信息网络、帮助信息网络犯罪活动等刑事案件适用法律若干问题的解释》第十一条，主要就是通过法律推定的形式进一步限缩了“应当知道”的外延。所谓推定，是指根据对某个事实的证明来认定或推断另一个事实的存在，它是一种逻辑思维活动。显然，上述司法

① 参见张继成：《对“知道”“应当知道”“明知”及其关联概念的法逻辑诠释》，载《法学》2023 年第 6 期。

② 参见张继成：《对“知道”“应当知道”“明知”及其关联概念的法逻辑诠释》，载《法学》2023 年第 6 期。

③ 参见陈兴良：《“应当知道”的刑法界说》，载《法学》2005 年第 7 期。

解释利用的就是通过某个事实来证明帮助者应当知道被帮助的对象正在实施犯罪行为。笔者并不否定推定在本罪认定中的价值和作用，但是也不可忽视，目前在司法实践中，行为人往往是以主观上不明知作为逃脱犯罪的辩解。例如，本文开头列举的案件中，并未呈现出行为人到底是否明知的争议。如果只是将银行卡单纯地出借给他人，是否必然是明知的状态，则还难以进一步下结论。是否行为人将银行卡出借后还帮助他人刷脸认证，就能推定其主观上存在“明知”？依然需要把握以下适用规则。

第一，需要紧扣司法解释，不宜作过多的扩大化推定。虽然上述司法解释第十一条明确列举了六种推定行为人主观上明知的情形，但是在本条中依然规定了兜底性条款，也即“其他足以认定行为人明知的情形”也被包含在内。因此，这就要求司法机关在适用“推定明知”时，一方面，需要严格把握罪刑法定原则。在认定的过程中不宜过于扩大“推定明知”的范围；另一方面，只有出现的其他新情况与列举的类型在社会危害性以及行为类别上相类似，才可能予以适用。对此，就需要司法机关在查明所有客观事实的基础上再认定行为人主观上是否属于故意，而在查明部分事实时，则不能推定行为人主观上属于故意。①

第二，应当允许行为人提出反证。虽然目前理论中关于“推定”存在多种类型，但是无论从何种角度来看，推定均是一种由果溯因的反推模式，这也就意味着只有“因”“果”一一对应时，才能保证结论的妥当性。因此，在本条司法解释的规定中，增加了“但是有相反证据的除外”这一规定。具体在帮助信息网络犯罪活动罪的适用过程中，应当重视以下的情形：一是因为产品本身的瑕疵而导致交易价格或者方式明显异常的，不应认定为行为人主观上存在“明知”。二是因实施了网络技术中立等行为，也不应认定行为人主观上存在“明知”。例如，随着抖音等各类 App 软件以及平台的兴起，行为人也可能在该类 App 中实

---

① 参见李冠煜、吕明利：《帮助信息网络犯罪活动罪司法适用问题研究——以客观归责方法论为视角》，载《河南财经政法大学学报》2017 年第 2 期。

施相关的犯罪行为，那么相对于研发者来说，可以肯定其主观上对他人利用平台实施犯罪（如诈骗、盗窃等）存在“明知”，但是其架设平台或者研发的App等在本质上应当认定为技术中立的行为，因此即便他人实施了犯罪行为，也不能认定研发者就此成立帮助信息网络犯罪活动罪。

六、结论

近些年来，我国涉帮助信息网络犯罪活动罪案件的数量呈现出较快的增长速度，帮助信息网络犯罪活动罪一跃成为位居危险驾驶罪、盗窃罪之后的第三大高发罪名。其中不仅有现实的因素，如打击、惩治网络犯罪的力度加大，而且也存在司法适用层面的原因，如扩大化认定本罪中“明知”的要素。在未来，打击网络犯罪的趋向不会轻易地改变，因而更需要准确把握本罪的适用，才能真正实现刑法治理的现代化与科学化。本文围绕帮助信息网络犯罪活动罪中的“明知”的司法认定而展开，具体而言，形成了以下几点结论。

第一，对“明知”的内涵应当限定为“知道”和“应当知道”，排除“可能知道”的情形。在本文篇首列举的刘某帮助信息网络犯罪活动罪一案中，刘某将银行卡借给他人、他人用来犯罪的行为，到底刘某主观上存不存在“明知”呢？在本文看来，目前办理银行卡的金融机构在他人办理银行卡时都会进行风险提示，特别会告知他人将银行卡借给他人可能会构成帮助信息网络犯罪活动罪。因此，可以推定刘某主观上存在“明知”。所以，被告人刘某不构成帮助信息网络犯罪活动罪的辩解显然不能成立。

第二，对“明知”对象的认定也只要求行为人认识到构成要件的不法行为即可。如果将“犯罪”解释成符合构成要件的不法、有责行为的话，那么必然会进一步加大证明的难度。

第三，对“明知”的类型应当限于“无意思联络的应当知道”的情形。为了与网络犯罪的上游犯罪进行区分，此处的“明知”的类型只能限定为“无意思联络的应当知道”的情形。

第四，在司法实践中，为了更好地把握“明知”的边界，司法解释列举了“推定明知”的情形，即便如此，不仅不能随意扩大明知的范围，而且也应当允许当事人提出反证。

防卫限度双阶层认定模型之提倡

李　勇*

关键词

正当防卫　防卫过当　法益衡量　优越利益　双阶层认定模型

内容摘要：将防卫过当唯结果论的司法异化现象归咎于结果无价值论，是一种“见到结果就以为是结果无价值论”的误解。德国的个人保全原理和法确证原理并不符合我国的立法实际，放弃法益衡量和优越利益原理而主张纯粹必需说并不明智，谨防在防卫限度问题上从一个极端走向另一个极端。“明显超过必要限度”与“造成重大损害”作为我国刑法立法明确规定的防卫过当的两个条件，二者之间既不是并列关系，也不是先后关系，更不是主次关系，而是阶层递进关系。建立双阶层司法认定模型，立足于出罪思维，发挥层层过滤功能，在方法论上提

* 江苏省南京市人民检察院法律政策研究室主任，全国检察业务专家，法学博士。

示司法人员对于防卫行为原则上应认定为正当防卫，认定过当时需经过“明显超过必要限度”与“造成重大损害”这两个阶层的递进式的审查过滤。在双阶层递进认定模型之下，结合司法实践归纳出各阶层要素的类型化判断规则，这可能是纠偏防卫过当司法异化的最现实、有效的办法。

似乎没有一个刑法理论能够如正当防卫一样容易引发民众关注的热情。晚近以来，随着山东聊城于欢案、江苏昆山于海明案、涞源反杀案、福州见义勇为案等案件的发生，正当防卫特别是防卫限度问题再次成为刑法学研究的热点。防卫限度问题是正当防卫理论的核心区域，也是正当防卫理论中“最黑暗的一章”。司法实践中确实存在将本该认定为正当防卫的案件作为防卫过当来处理的情形，也存在一些应当认定为正当防卫而没有认定的情况。学界一般将这种现象概括为“唯结果论”，有学者将这种唯结果论的现象归咎于结果无价值论，认为结果无价值论是这种唯结果论现象的理论基础，并直接导致唯结果论大行其道，①“任何试图在这一领域寻求突破的论者，首先面临的便是如何肃清结果无价值论的主导性影响的问题”②，主张全面放弃法益衡量理论及优越利益原理，坚持引入德国的个人保全与法确证③原理，在此基础上，认为正当防卫的限度标准只能是必需性说（以下简称纯粹必需说）。④

笔者认为，将防卫过当以及正当防卫在司法实践中的异化现象归咎于结果无价值论缺乏依据，也不公正，基于法益衡量理论的优越利益原理应当得到坚守；我国不可能全盘接受德国个人保全、法确证以及纯粹

① 参见劳东燕：《结果无价值逻辑的实务透视：以防卫过当为视角的展开》，载《政治与法律》2015 年第 1 期。

② 参见劳东燕：《防卫过当的认定与结果无价值论的不足》，载《中外法学》2015 年第 5 期。

③ 个人保全也有翻译为个人保护、个人权利保护，法确证也有翻译为法确认、法保护、法维护、法秩序维护等，本文除直接引用外，一律使用个人保全和法确证。

④ 参见劳东燕：《防卫过当的认定与结果无价值论的不足》，载《中外法学》2015 年第 5 期。

必需性说等理论，我们需要警惕在防卫限度问题上从一个极端走向另一个极端。以优越利益原理为核心，遵循立法目的，立足于阶层思维，将“明显超过必要限度”与“造成重大损害”界定为阶层递进关系，建立阶层递进的司法认定模型，发挥过滤、出罪功能，在此基础上，归纳出各阶层要素的类型化判断规则。

一、优越利益原理应予以坚守

防卫限度的本质根据在于优越利益原理，司法实践中出现唯结果论现象并非结果无价值论立场所主张的优越利益原理所致。优越利益原理应当得到坚守。

（一）唯结果论不是结果无价值论和优越利益原理的必然产物

劳东燕教授认为，司法实践中一旦出现伤亡的严重后果，就直接认定为防卫过当，这就是唯结果论，与结果无价值论一样，都是以结果作为关注的核心与起点。实践中占据强势地位的结果无价值论为这种唯结果论提供了理论依据。欲纠正这种倾向，就要放弃以法益衡量及其优越利益原理。①

笔者认为，劳东燕教授的上述观点是对结果无价值论的误解，不能“一看到结果就以为是结果无价值论”。结果无价值论以法益概念为中心，致力于将没有侵害或威胁法益的行为排除在犯罪圈之外。结果无价值论与行为无价值论（含二元的行为无价值论，以下同）争论原点在于违法性的本质是侵害法益还是违反规范（早期的行为无价值论主张违反的是伦理规范，后来主张违反的是法规范）。在违法阻却事由问题上，结果无价值论认为，包括正当防卫在内的正当化事由，之所以阻却违法性，要么是因为不存在值得保护的法益（利益阙如），要么是因为保护

① 参见劳东燕：《防卫过当的认定与结果无价值论的不足》，载《中外法学》2015年第5期。

了更优越的法益（利益衡量）；而行为无价值论则认为是因为这些行为是具有社会相当性的行为。[①] 而劳东燕教授不自觉地将其所说的“结果”等同于“结果责任”中的“结果”。早已被历史所抛弃的结果责任思想，无视行为人的主观心理态度，以结果定罪。这与现代刑法的责任主义所要求的“无犯意则无犯人”“没有责任就没有刑罚”是背道而驰的。结果无价值论的核心概念是法益侵害，认为违法性的本质在于侵害或威胁法益，主张没有法益侵害或者侵害危险的，以及仅仅侵害伦理规范的行为，不值得动用刑罚处罚。这与结果责任以结果入罪的思维模式截然不同。正如陈璇教授所指出的，把正当防卫司法实践中存在的唯结果论现象，归咎于结果无价值论，着实有些冤枉结果无价值论。[②]

劳东燕教授在《结果无价值逻辑的实务透视：以防卫过当为视角的展开》一文中讨论了莫某某故意伤害案。[③] 劳东燕教授结合此案对结果无价值论展开了强烈批评，可以归纳为三个方面：一是实务中一旦出现死亡后果就认定为防卫过当，这是结果无价值论以“结果”为中心、结果主义思考方式的结果；二是结果无价值论的思考方式习惯于将本应进行整体性评价的防卫行为进行分段评价；三是结果无价值论以结果为中心的思考方式导致只要客观上存在过当的结果，便很容易认为已具备犯罪故意，得出防卫过当成立故意伤害罪的结论，将防卫的有意性与刑法上的犯罪故意混为一谈。[④]

---

① 参见李勇：《结果无价值论的实践性展开》，中国民主法制出版社 2013 年版，第 73～74 页。

② 参见陈璇：《正当防卫、维稳优先与结果导向——以“于欢故意伤害案”为契机展开的法理思考》，载《法律科学》2018 年第 3 期。

③ 基本案情如下：2009 年 7 月 1 日，被告人莫某某在工作期间，与同事邢某某发生冲突，被其他同事劝开。当日 18 时许，邢某某和被害人马某某分别手持钢管、甩棍，闯入位于北京市朝阳区某公司员工宿舍内，与被告人莫某某理论。后邢某某、马某某分别持钢管和甩棍殴打莫某某的头部和背部，莫某某拿起桌上的一把弹簧刀将马某某按倒在床上，连刺马某某腹部数刀，造成“胃破裂、肝破裂”的重伤后果。北京市朝阳区人民法院认定莫某某构成防卫过当，以故意伤害罪判处其有期徒刑一年（参见劳东燕：《结果无价值逻辑的实务透视：以防卫过当为视角的展开》，载《政治与法律》2015 年第 1 期）。

④ 参见劳东燕：《结果无价值逻辑的实务透视：以防卫过当为视角的展开》，载《政治与法律》2015 年第 1 期。

在笔者看来，劳东燕教授在上述三点批评意见中所说的“结果”与结果无价值论的“结果”并不是一回事：（1）司法实践中一旦出现死亡后果就倾向于认定防卫过当，这恰恰是司法人员没有正确评价防卫行为所保护的法益处于优越地位所导致的结果。法益衡量所要衡量的是防卫行为所保护法益与防卫行为所损害的法益，而不是只看防卫行为损害的法益。（2）对防卫行为分段评价与结果无价值论、行为无价值论立场无关。整体性评价规则来源于日本，日本刑法理论认为，只有在防卫行为具有连续性、同质性，防卫意思具有同一性的情况下，才应当进行整体性评价。整体性评价不仅是有前提条件的，而且也不是绝对的。[①] 这与结果无价值论还是行为无价值论之争并无关系。劳东燕教授也不得不承认，在防卫不适时以及不法侵害已经结束的情况下，是需要分阶段评价的，并认为判断的标准是不法侵害是否结束。[②] 既然如此，就不能把这个账算在结果无价值论的头上。何时整体考察，何时分段考虑，这个标准似乎也不是行为无价值论的专利。劳东燕教授提出的以不法侵害是否结束作为判断标准是对日本整体性规则的误读。在日本刑法理论中，整体性评价规则讨论的对象恰恰是侵害结束之后的追击行为。[③]（3）认为结果无价值论会导致客观上存在过当的结果便认为具备犯罪故意，这似乎是对犯罪阶层论的误解。正当防卫解决的是违法性层面的问题，至于在有责性层面是故意还是过失，不是正当防卫的讨论对象。况且，彻底的结果无价值论否认主观的违法要素和主观的构成要件要素，反而是行为无价值论承认主观的违法要素甚至主观的构成要件要素。如果一定要找动辄将防卫过当认定为故意犯罪的根源，似乎行为无价值论比结果无价值论更加难辞其咎。至于“将防卫的有意性与刑法上

---

① 参见［日］桥爪隆：《刑法总论之困惑（二）》，王昭武译，载《苏州大学学报（法学版）》2015 年第 2 期。

② 参见劳东燕：《结果无价值逻辑的实务透视：以防卫过当为视角的展开》，载《政治与法律》2015 年第 1 期。

③ 参见［日］桥爪隆：《刑法总论之困惑（二）》，王昭武译，载《苏州大学学报（法学版）》2015 年第 2 期。

的犯罪故意混为一谈”的责任，更不可能由结果无价值论来承担。如所周知，彻底的结果无价值论否认防卫意图。如果司法实践中真的将防卫意图与犯罪故意混为一谈，那真正需要反思的应当是行为无价值论所固守的防卫意图必要说的立场。

（二）行为无价值论是防卫过当的司法异化的重要推动力

司法实践中大量本该认定为正当防卫的案件被作为防卫过当处理，其背后深层次的原因，有行为无价值论的因素。早期的行为无价值论认为违法性的本质在于违反伦理规范，后来努力淡化伦理因素（这种努力主要是理论上的说教，实践中根本无法割裂与伦理、道德因素的密切关联），主张违法性的本质在于违反与伦理道德无关行为规范、规则。如德国雅科布斯认为，“刑法保护的不是法益，而规范的有效性。”[①] 日本的井田良认为，违法论的机能就是提示和告知行为规范，刑法的任务就是通过处罚违反规范的行为来维持规范的效力，从而引导人们去遵守规范。[②] 这里的规范效力维护与法确证原理所主张的法秩序维护具有相同的趣旨。就此而言，法确证原理与行为无价值论具有天然的契合性。这种行为无价值论立场对我国正当防卫司法异化的推动作用主要体现在以下方面。

1. 过于看重防卫意图，导致动辄以缺乏防卫意图为由认定为双方斗殴，从而否定正当防卫的成立

如所周知，在正当防卫是否需要防卫意图问题上，结果无价值论持否定说，行为无价值论持肯定说。由于行为无价值论过于强调防卫意图，甚至苛求防卫意图不能掺杂任何侵害、报复等意图和动机，这是导致将大量正当防卫认定为互殴的重要原因。司法实践对行为无价值论所要求的正当防卫意图进一步前置化。在著名的常熟聚众斗殴案中，判决

① ［德］格吕恩特·雅科布斯：《行为 责任 刑法——机能性描述》，冯军译，中国政法大学出版社 1997 年版，“中文本序” 第 1 页。

② 参见［日］山口厚：《日本刑法学中的行为无价值论与结果无价值论》，金光旭译，载《中外法学》2008 年第 4 期。

认定何某一方不属于正当防卫的第一个理由便是“双方斗殴系因赌债纠纷引发，为非法利益之争，不受保护”[①]。有学者认为此案不构成正当防卫，其重要理由是双方打斗是因赌债而起，而赌博及其债务都是不合法的，也就是防卫的起因不合法。[②] 表面上谈的是起因问题，实际上讨论的是防卫意图问题，而且将防卫意图进一步前置到事件发生的起因阶段。言下之意，就是为了保护赌债这一不符合伦理秩序且违法的利益而进行防卫，防卫意图是不正当的、不纯洁的，所以不成立正当防卫。这似乎是行为无价值论注重目的、动机等主观要素和伦理要素维护之立场的必然宿命。[③]

2. 正当防卫认定中“泛道德主义”倾向严重

中国古代法律呈现出儒家化的倾向，而“儒教，同佛教一样仅仅是伦理”[④]。这种伦理道德属性成为中国传统法律文化的重要特色。在正当防卫司法认定上的典型表现就是对防卫者提出极高的道德正当性和纯洁性的要求。

---

① 参见江苏省常熟市人民法院刑事判决书（2011）熟刑初字第0785号刑事判决书。基本案情：江苏省常熟市某投资咨询有限公司（以下简称某公司）法定代表人徐某忠欠下曾某（另案处理）等人的巨额赌资。后曾某亲自或指使杨某、龚某、朱某（均另案处理）等人多次向徐某忠讨要该笔赌债。2011年4月2日上午，被告人何某受徐某忠指派与张某、陈某等人与杨某等人至一咖啡店谈判未果。期间李某夫（另案处理）携带菜刀与他人在咖啡店外等候，在杨某等人离开咖啡店时进行跟踪。其后何某等人返回公司，何某向徐某忠报告相关情况后，其他人返回暂住地。当日中午，被告人何某与杨某手机通话过程中，双方发生言语冲突，后被告人何某主动打电话给曾某，双方恶语相向，互有挑衅。被告人何某随即三次打电话给被告人张某，要求被告人张某带人至某公司。被告人张某随即纠集了陈某、张某礼、龙某中及李某夫至某公司，并在该公司内准备菜刀等工具，待人员就位、工具准备完毕后，被告人何某再次主动拨打曾某电话互相挑衅，致使矛盾升级。曾某便纠集杨某、龚某、胡某等人，持刀赶至某公司，当何某等人通过监控看到有多人下车持刀上楼时，何某等人在徐某忠办公室持刀以待。当曾某等人进入徐某忠办公室后，被告人何某、张某、陈某、张某礼及李某夫与曾某等人相互持械斗殴。

② 参见陈兴良：《聚众斗殴抑或正当防卫：本案定性与界限区分》，载《人民法院报》2012年4月13日。

③ 参见李勇：《结果无价值论视野下的正当防卫——以“常熟聚众斗殴案”为例》，载陈兴良主编：《刑事法判解》（第15卷），人民法院出版社2014年版，第50~51页。

④ ［德］马克斯·韦伯：《儒教与道教》，王容芬译，商务印书馆1995年版，第203页。

比如下面这个案例：被告人李某强与其邻居李某某有宅基地纠纷。2009 年 12 月 3 日上午，被告人李某强在其家北山墙搭建架木粉刷山墙。李某某发现所搭建架木超过其家边界，遂持刀上前制止，与被告人李某强引起厮打。在厮打过程中，李某强从李某某手中夺过菜刀，用该菜刀朝李某某头部砍了两下，致李某某重伤。经法院调解，被告人李某强一次性赔偿被害人共计 15000 元。法院认为，被告人李某强与被害人李某某互相厮打，都有侵害对方的故意，目的均不正当，都不属于正当防卫。在本案发生的前因上，被害人李某某持刀前往，加剧了矛盾升级，存在一定过错。被告人李某强认罪、悔罪，积极赔偿，得到被害人谅解。以故意伤害罪判处李某强有期徒刑三年，缓刑三年。[①]

本案中李某某持菜刀冲过来殴打被告人李某强，李某强夺过菜刀砍伤李某某，应属于正当防卫，但法院以“双方目的均不正当”为由否定正当防卫。判决错误认定的原因是固执地认为正当防卫不仅要有防卫意图，而且防卫意图还必须纯净、正当，不能夹杂伤害、愤怒、报复等意图，这与行为无价值论坚持防卫意图必要说直接相关。这种案件的错误判决，背后隐藏的是行为无价值论思维在司法实践中的潜在影响，尽管司法人员未必意识到这是行为无价值论的立场。

此外，司法实践中“息事宁人”的处事哲学也是其重要缘由。

可见，恰恰是因为行为无价值论的潜在影响，导致司法人员过于注重防卫意图的纯洁性，过于关注案件处理的社会效果，进而将本应该认定为正当防卫的行为认定为防卫过当甚至直接不认定具有防卫性质。因此，要改变正当防卫在司法认定中的异化现象，不是要肃清结果无价值论的影响，而是要通过结果无价值论的倡导，对行为无价值论进行纠偏。

---

① 参见河南省郏县人民法院刑事判决书（2010）郏刑初字第 71 号刑事判决书。

（三）防卫限度标准在本质上无法与法益衡量割裂

防卫限度的一切理论纷争最终都需要回到违法阻却事由甚至犯罪之本质问题上。犯罪的本质是侵害法益，刑法的目的是保护法益，正当防卫之所以能够阻却违法，只能从是否侵害法益的角度寻求答案。根据结果无价值论的观点，违法性的本质在于法益侵害，而阻却违法的实质根据是法益保护阙如与法益衡量，即使正当防卫造成的损害大于不法侵害造成的损害（为保护微小法益而造成重大损害的除外），只要保护了更优越的法益（优越利益保护原理），也符合法益衡量的原则，也能肯定正当防卫的成立。行为无价值论曾经主张违法的本质是侵害伦理规范，刑法的目的是维护伦理规范，但这种混淆道德与法律而违反法治的立场很快被抛弃，进而改弦更张将伦理规范替换为法规范。但是规范的背后依然是利益，因为“规范在这里只是达到维护法益这一目的的工具”①。比如一个盗窃案件发生后，摆在人们面前的明明就是实实在在的被害人财产利益被侵害，而不是摸不着看不见的规范效力被侵害。因此，法益原理是正当防卫、防卫限度的终极性问题。

个人保全原理以保护个人利益为出发点，毋宁说是法益原理的另一种表述。法确证原理的内涵尽管有不同的理解，但都难以割舍与法益的联系。关于法确证原理的内涵有以下几种观点：第一种观点认为，法确证在保全个人法益的同时，也维护了公共法秩序。这样，个别法益与法确证的利益加在一起，保护的利益就优越于侵害的利益。第二种观点认为，法律的存在是为保护个人法益和社会秩序，为法确证原理提供了确实的证据。第三种观点认为，个人的生命、健康等法益，以及在紧急不法侵害的情况下防卫人不必退让而滞留于现场的权利（这种滞留现场的权利本身是一种自由利益）相互叠加，防卫人的利益就处于优越地位

① ［德］贝恩德·许迺曼：《敌人刑法？——刑事司法现实总令人无法忍受的侵蚀趋向及其在理论上的过分膨胀的批判》，杨萌译，载冯军主编：《比较刑法研究》，中国人民大学出版社2007年版，第268页。

了。第四种观点试图完全割裂与法益衡量的关联，将法确证的内容界定为法规范意识的强化和维持，以及对违法行为的控制。[①] 上述第一种观点最终还是回到法益衡量和优越利益原理上来了。第二种观点所说的被正当防卫所确证的对象，就是个人法益本身，只不过是“正当法益得到了保护”的另一种说法而已。[②] 第三种观点与第一种观点一样，绕了一圈还是回到了法益衡量和优越利益原理上来了。第四种观点尽管试图割裂与法益衡量的关系，但是缺陷明显：一方面，将正当防卫作为维护法规范或控制违法行为的手段，实际上就将正当防卫作为预防犯罪的工具。可是犯罪预防的对象应当是有责任能力的人，这样一来，正当防卫的对象就只能限于有责任能力的人。可是这一点既不符合我国的实际，也无法为通说所认可。通说认为，无责任能力的人实施的侵害行为具有违法性，只是不符合有责性，公民当然可以对其进行防卫。另一方面，从防卫人是否具有代理行使国家刑罚权的资格这一点来说，该观点也难以站得住脚。因为刑罚权是国家垄断的，公民不得以正当防卫之名代替国家行使刑罚权。把正当防卫作为预防犯罪的手段，就相当于赋予防卫人刑罚权，但这与国家刑罚权的垄断性是背道而驰的。因此，正当防卫无论采取何种学说，都不可能不考虑法益和比例原则。无论是大陆法系还是英美法系，比例原则是被广泛接受的防卫限度条件。[③] 德国的防卫必要性也不可能完全割裂与法益衡量的关系。正如金德霍伊泽尔所指出的，当防卫行为保护的利益和攻击行为侵害的利益之间明显失衡的时候，不成立正当防卫。因为正当防卫作为一种权利，是在国家保护不及时的情况下的一种补充性的自救权，因此要遵守合比例性原则。[④] 这也

---

① 参见［日］松原芳博：《刑法总论专题研究（四）》，王昭武译，载《河南省政法管理干部学院学报》2011 年第 2 期。

② 参见［日］松原芳博：《刑法总论专题研究（四）》，王昭武译，载《河南省政法管理干部学院学报》2011 年第 2 期。

③ See Suzanne Uniacke, Proportionality and Self-defense, Law and Philosophy, Vol. 30, No. 3 (May 2011).

④ 参见［德］乌尔斯·金德霍伊泽尔：《刑法总论教科书》，蔡桂生译，北京大学出版社 2015 年版，第 172 页。

是德国宪法中比例原则的必然要求。必要性的判断不可能完全不考虑法益衡量和优越利益，“必要的防卫，是指各种适当的、在众多可供挑选的防卫方法中最轻的、不与对自身损害的直接风险相联系的防卫”[①]。什么才是最轻的呢？还得借助于法益衡量来判断，唯有比较才能判断“最轻”，正所谓只有“更轻”没有“最轻”。

总之，唯结果论既不是优越利益原理的必然归结，更不是结果无价值论的必然宿命。优越利益原理作为正当防卫的基础原理应当予以坚守。正当防卫在司法认定中的乱象，恰恰是行为无价值论过于看重防卫意图及其纯洁性、过于注重维护秩序稳定的结果。

二、个人保全说、法确证原理及纯粹必需说应予以批判

我国刑法第二十条第二款对防卫限度作了明确规定，即“正当防卫明显超过必要限度造成重大损害的，应当负刑事责任，但是应当减轻或者免除处罚。”如何理解上述条款，历来存在基本相适应说、必需说、折中说（适当说）之争。基本相适应说主张将防卫行为与不法侵害行为在方式、强度和后果等方面加以比较，分析判断彼此是否相适应。[②]必需说认为只要防卫人所采取的行为对于制止侵害而言是必需的，则即使出现严重的结果，也属于正当防卫的范围。[③] 折中说（适当说）主张从两个方面考虑：一方面要考察防卫行为是否为制止不法侵害所必需，另一方面还要判断防卫行为与不法侵害行为是否基本相适应。[④] 我国传统通说是基本相适应说。

学界较为一致地认为，基本相适应说导致正当防卫权的萎缩，甚至

① ［德］克劳斯·罗克辛：《德国刑法学总论（第1卷）：犯罪原理的基础构造》，王世洲译，法律出版社2005年版，第438页。

② 参见高铭暄、马克昌主编：《刑法学》，北京大学出版社、高等教育出版社2022年版，第132页。

③ 参见劳东燕：《防卫过当的认定与结果无价值论的不足》，载《中外法学》2015年第5期。

④ 参见高铭暄、马克昌主编：《刑法学》，中国法制出版社1999年版，第241页。

使得刑法第二十条成为“僵尸条款”。笔者也认为基本相适应说不妥，但反对劳东燕教授主张的纯粹必需说。劳东燕教授主张全面放弃以法益衡量为基础的优越利益原理，在全面移植德国的个人保全和法确证二元论或者个人保全一元论的基础上，坚持正当防卫的限度标准只能是必需说。她认为这里的“必需”是指非此即不能有效制止不法侵害，或者是虽可能制止不法侵害，但会给防卫人带来人身或财产的危险。换言之，只要防卫行为是为制止不法侵害所必需且合理的手段，就属于没有超过防卫限度。① 在笔者看来，劳东燕教授这一观点并不妥当，可能从一个极端走向另一个极端。

（一）个人保全和法确证理论、纯粹必需说与我国刑法立法不符

刑法典是刑法解释学的逻辑起点。防卫限度的教义学解读，不能逾越刑法立法的规定。我国刑法对正当防卫的规定决定了无法直接、全面移植德国的个人保全、法确证理论。

首先，我国刑法对防卫限度标准有明确规定，这一点不同于德国。我国刑法第二十条第二款对防卫过当规定了两项标准：一是明显超过必要限度；二是造成重大损害。这里的损害结果显然就是指防卫行为所造成的法益侵害之结果。那么，如何判断这里的损害结果是不是“重大”呢？只能通过与不法侵害所造成或可能造成的法益损害结果之间的衡量，判断正当防卫人的利益是否处于优越地位。这是文义解释的当然结论，恐怕无人能够否认。因此，在我国刑法关于防卫限度标准规定如此明确的情况下，试图全面放弃以法益衡量为基础的优越利益原理，是不合适的。

相较而言，德国刑法关于防卫限度并没有明确规定，只能通过对德国刑法第 32 条第 1 款、第 2 款关于正当防卫的定义进行教义学解释而获得。德国刑法第 32 条第 1 款规定：“出于正当防卫的需要所实施的行

---

① 参见劳东燕：《防卫过当的认定与结果无价值论的不足》，载《中外法学》2015 年第 5 期。

为，不是违法行为。”第 32 条第 2 款规定：“为避免自己或者第三人遭受现时的不法侵害，而实施必要的防卫行为，是正当防卫。”德国刑法学界从第 32 条第 1 款中解释出“需要性”，从第 2 款中解释出“必要性”。[①] 可见，德国刑法学界关于正当防卫的限度标准，无论是必要性还是需要性，都是基于其本国立法实际而发展出来的。耶赛克与魏根特教授明确指出：“今天对正当防卫权的限制是源自于第 32 条的意义，其涵义与该条文的表述是相一致的。”[②] 一方面，德国刑法立法关于正当防卫没有明确规定限度标准，也没有提及法益衡量的内容；另一方面，德国刑法关于正当防卫的立法指导思想是保护个人权利，所以学者们才宣称“不涉及被侵害的法益与保护法益之间的价值关系”，所以，个人保全或法确证原理应运而生。正如耶赛克与魏根特教授所言的，“自我保护与权利证明思想，都是以现行法中的正当防卫为基础的，但是个人权利的考察方法依然是占优势的”[③]。即便如此，德国的正当防卫也不可能完全割裂与法益衡量的关系，所以在防卫限度的“必要性”的基础上，再加上“需要性”的条件，以将显著失衡等行为排除在正当防卫之外。德国刑法通说认为，当防卫的利益和攻击的利益之间出现明显失衡时，不成立正当防卫，正当防卫应遵守合比例原则。[④] 这里的“显著失衡”“合比例原则”都离不开“防卫利益”与“攻击利益”之间的衡量，只不过这种衡量不是简单的量的计算而是质上的优越地位（下文详述）。有德国学者试图以“社会伦理限制”代替法益衡量来解释需

---

① 至于二者的关系，在德国也是有争议的，有人认为二者是同义的，有人认为二者不是同义的。参见张明楷：《正当防卫的原理及其运用——对二元论的批判性考察》，载《环球法律评论》2018 年第 2 期。

② ［德］汉斯·海因里希·耶塞克、托马斯·魏根特：《德国刑法教科书》，徐久生译，中国法制出版社 2017 年版，第 462 页。

③ ［德］耶汉斯·海因里希·耶塞克、托马斯·魏根特：《德国刑法教科书》，徐久生译，中国法制出版社 2017 年版，第 450 页。

④ 参见［德］乌尔斯·金德霍伊泽尔：《刑法总论教科书》，蔡桂生译，北京大学出版社 2015 年版，第 172 页。

要性，即需要性是指反击行为在道德或伦理规范上是否合适。[①] 但是社会伦理规范在这个价值多元的社会是不可靠的，社会伦理限制“仅仅是一种空洞的形式。是否基于一个共同原则作出了限制，还值得怀疑”[②]。

这样看来，主张全面移植德国的个人保全、法确证原理，而将纯粹必需说（必要性说）作为我国防卫限度标准的观点，与我国刑法立法相违背。然而我们也不可能为了迎合德国的理论而削足适履地修改我国的现行刑法。劳东燕教授批评我国结果无价值论者用优越利益原理来解释我国的正当防卫是受日本刑法理论的影响。她认为，优越利益原理相对于日本刑法中的防卫过当的规定或许是妥当的，但是，“如果想将这样的解读照搬到我国刑法理论之中，则其必要的前提是，我国刑法对防卫过当的规定与日本的相关规定完全相同或基本相同”，基于罪刑法定的要求，解释论不能无视立法规定。[③] 但是，批评我国结果无价值论论者采取优越利益原理是基于日本刑法理论并无根据。日本刑法并没有对正当防卫的限度标准进行法益衡量或优越利益的提示性规定，日本刑法第 36 条第 1 款规定“为了防卫自己或者他人的权利，对于急迫不正的侵害而实施的行为”；第 2 款仅规定：“超出防卫限度的行为，可以根据情节减轻或者免除刑罚。”至于限度标准并无规定，只能通过解释日本刑法第 36 条第 1 款来获取。与此形成鲜明对比的是，我国刑法第二十条第二款通过“明显超过必要限度造成重大损害的”之规定对法益衡量进行了提示性规定。

其次，我国刑法第二十条规定正当防卫的保护对象包括公共利益和国家利益，这是个人保全和法确证原理所无法解释的。我国刑法第二十条第一款规定：“为了使国家、公共利益、本人或者他人的身体、财产

---

① 参见［德］乌尔斯·金德霍伊泽尔：《刑法总论教科书》，蔡桂生译，北京大学出版社 2015 年版，第 169 页。

② ［德］冈特·施特拉腾韦特、洛塔尔·库伦：《刑法总论 I——犯罪论》，杨萌译，法律出版社 2006 年版，第 168 页。

③ 参见劳东燕：《结果无价值逻辑的实务透视：以防卫过当为视角的展开》，载《政治与法律》2015 年第 1 期。

和其他权利免受正在进行的不法侵害，而采取的制止不法侵害的行为，对不法侵害人造成损害的，属于正当防卫，不负刑事责任。”这与德国的刑法立法是迥异的。德国刑法所主张的防卫权系基于保护个体利益的需要而设立的，是“个人对于不法侵害的自我主张的思想”，原则上禁止公民个人为保护公共利益和国家利益而进行正当防卫。[①] 因此，德国刑法第 32 条第 2 款规定的正当防卫只能是“为避免自己或者第三人遭受现时的不法侵害”。为了解决公共利益和国家利益在特定的紧急情况下需要保护的问题，德国刑法学界只能另辟蹊径，认为只有当受到不法侵害的国家利益和公共利益直接涉及个人利益时，才允许对其进行防卫。但是这种“曲线救国”的解释路径，还是难以掩盖其与个人保全、法确证原理之间所存在的矛盾。

最后，我国刑法关于特殊防卫权的规定，针对严重暴力不法侵害适度放宽了防卫限度，整体上不会导致“正向不正屈服”的问题。我国刑法第二十条第三款规定：“对正在进行行凶、杀人、抢劫、强奸、绑架以及其他严重危及人身安全的暴力犯罪，采取防卫行为，造成不法侵害人伤亡的，不属于防卫过当，不负刑事责任。”人们将该款称为特殊防卫。特殊防卫的意义在于面对严重暴力侵害时，适度放宽防卫限度，不会导致公民防卫权萎缩。至少在立法层面，不存在面对严重暴力侵害时“正向不正屈服”的问题。单就特殊防卫的规定看，我国的正当防卫也可谓是“凌厉”的。而德国刑法并无类似规定，需要通过个人保全或法确证原理以及必要性说为防卫权的行使拓展空间。德国也确实有学者在理论上探索类似我国的特殊防卫权，如伯恩斯曼从国家保护生命职责中产生的命题出发，认为在攻击者袭击了被攻击人的生命，以及攻击的结果将导致一种使生命持续地失去价值，如对性的完整的攻击，那么防卫人可以采取杀人的防卫行为。[②] 但是我国刑法中因为有特殊防卫

---

① 参见［德］汉斯·海因里希·耶塞克、托马斯·魏根特：《德国刑法教科书》，徐久生译，中国法制出版社 2017 年版，第 450～456 页。

② 参见［德］克劳斯·罗克辛：《德国刑法学总论（第 1 卷）：犯罪原理的基础构造》，王世洲译，法律出版社 2005 年版，第 441 页。

的规定，这种通过理论拓展防卫空间的必要性并不存在。需要特别说明的是，特殊防卫本身也受优越利益原理的约束，不存在没有任何限制和边界的正当防卫（从这个意义上，称无过当防卫或无限防卫都是不妥当的）。我国刑法第二十条第三款将特殊防卫的对象限定为“行凶、杀人、抢劫、强奸、绑架以及其他严重危及人身安全的暴力犯罪”，这背后其实还是基于法益衡量的优越利益原理，因为这些暴力犯罪严重危及防卫者的生命、健康、性自由等法益，与造成不法侵害人的伤亡相比，具有优越性，因此不属于防卫过当。

（二）德国这种“宽泛和凌厉”的正当防卫未必是最优的

法律是一个国家政治和文化的一面镜子，正当防卫作为一种法律制度与一国政治、社会、文化密切关联。正当防卫作为公民的一项权利，从根本上来说，就是在国家来不及救济的紧急情况下赋予公民的一种自救权，也就是解决公民自我救济权与国家保护权之间的平衡问题。这种平衡策略和程度的把握与一个国家的政治、文化传统密切相关。德国学者约翰内斯·卡斯帕坦言：“从国际比较的视野来看，德国的正当防卫权显得十分宽泛和‘凌厉’。”① 张明楷教授对德国正当防卫这一“宽泛和凌厉”的特性的深层次原因作过精彩阐述：其重要原因是19世纪初受强调个人的自由与权利绝对保护的康德学派的影响。到了19世纪中叶，黑格尔学派进一步加剧了这种影响，形成了“正”受“不正”侵害的这种超个人法的契机，这正是法确证原理的原点所在。在黑格尔看来，国家是绝对的理性存在，犯罪是对绝对存在的法之否定，是一种绝对无效的不法；与此相对，刑罚是否定之否定，恢复法秩序状态。② 在绝对国家观的基础上，产生了法确证原理的思想；个人保全理论恰恰又是来源于个人自由主义思想、古典自然法和社会契约论，认为防卫权是

① ［德］约翰内斯·卡斯帕：《德国正当防卫权的“法维护”原则》，陈璇译，载《人民检察》2016年第10期。

② 参见张明楷：《正当防卫的原理及其运用——对二元论的批判性考察》，载《环球法律评论》2018年第2期。

个人的自然权利。令人匪夷所思的是，绝对国家观（整体主义）与天赋人权（个人主义）这两种截然相反的思想在德国居然结合在一起成为正当防卫的理论基础。这种内在矛盾性，导致该理论一方面声称防卫限度上不考虑价值衡量，另一方面又声称在必要性的基础上仍然受到需要性的制约。从这个意义上来说，德国这种“宽泛和凌厉”且“内在矛盾”的正当防卫理论未必是最优的。耶塞克和魏根特教授也坦言：“在外国刑法中，对正当防卫的条件的规定大多比德国法要严格些，尤其要求被侵害的法益与被防卫的法益之间的价值均衡。”① 同属于欧洲的奥地利、瑞士、法国、比利时、意大利、荷兰、西班牙，甚至美国对防卫限度的限定也严于德国。美国学者 Kenneth W. Simon 认为，德国法律与英美法律的不同之处在于，它采用了一种更为宽松的比例合理性要求。② 比如，瑞士刑法典规定了价值均衡原则；意大利刑法典规定防卫行为必须与侵害相适应。

相比较而言，我国整体主义传统浓厚，盲目引入纯粹必需说可能导致防卫权从一个极端走向另一个极端，可能引发防卫权的滥用。日本学者山口厚就此指出，并非只要为了排除侵害所必要的反击行为，无论造成何种法益侵害都被允许，在法益显著失衡的场合，例如，小偷盗走一个苹果，开枪射杀小偷是唯一手段的场合，由于不符合“相当性”要件，属于防卫过当。③ 必要性原则必须要受到法益衡量原则的约束。为了正当防卫而开枪打死偷苹果的小偷，这恐怕是我们无法接受的，我们不能从一个极端走向另一个极端。

总之，“只要刑法上存在防卫过当的概念，就表明正当防卫受利益衡量的制约，受比例原则的限制，只不过是如何进行衡量和如何确定

---

① ［德］汉斯·海因里希·耶塞克、托马斯·魏根特：《德国刑法教科书》，徐久生译，中国法制出版社 2017 年版，第 472 页。

② See Kenneth W. Simon，Self-defense：Reasonable Beliefs or Reasonable Self-control? New Criminal Law Review，Vol. 11，Number 1，Winter 2008. pp. 51 –90.

③ 参见［日］山口厚：《刑法总论》，付立庆译，中国人民大学出版社 2018 年版，第 137 页。

‘比例’的问题”[①]。问题并不在优越利益原理上，而在操作规则的构建上。如何确定操作规则，正是本文接下来要讨论的问题。

三、以优越利益为基础的双阶层司法认定模型之提倡

“目前学说和判例所使用的一般性条款，并未触及事物的本质，只不过对限定正当防卫权的界定赋予了不明确的作用而已。期待性思考、相当性原则、社会责任思想、比例原则以及禁止滥用权力，无不如此。”[②] 防卫限度的标准根本上还是要回到正当防卫的本质问题上，正当防卫本质上是为了解决利益冲突问题。“如果一个社会为发挥个人的积极性和自我肯定留有空间……那么在相互矛盾的个人利益之间肯定会有冲突和碰撞。”[③] 一旦发生冲突，为了重建和平，要么一种利益向另一种利益让步，要么是两种利益都必须在某一程度上各自让步。回到这个本源问题上来看防卫的限度标准，其实就是如何协调、平衡利益冲突的问题。因此，正当防卫的限度标准回到法益衡量及优越利益原理是必由之路。纯粹的原理探讨并不能彻底解决正当防卫限度司法认定中一系列难题和乱象，必须建立审查模式（德语为 Aufbauschemata，也译为审查架构表、审查结构模式）。审查模式是一种为了解决案件判决任务的程序，一种有一定内容的、可普遍运用的程序。[④] 基于此，笔者以优越利益原理为基础原理，提出双阶层审查模式，也是一种司法认定模型。

---

① 参见张明楷：《正当防卫的原理及其运用——对二元论的批判性考察》，载《环球法律评论》2018 年第 2 期。

② ［德］汉斯·海因里希·耶塞克、托马斯·魏根特：《德国刑法教科书》，徐久生译，中国法制出版社 2017 年版，第 464 页。

③ ［美］E. 博登海默：《法理学——法律哲学与法律方法》，邓正来译，中国政法大学出版社 2017 年版，第 414 页。

④ 参见［德］英格博格·普珀：《法学思维小学堂——法律人的 6 堂思维训练课》，蔡圣伟译，北京大学出版社 2011 年版，第 187 页。

（一）双阶层司法认定模型的建构

我国刑法第二十条第二款规定防卫过当的标准“明显超过必要限度”和“造成重大损害”。“明显超过必要限度”与“造成重大损害”是何种关系？一直存在并列说、包容说和交叉说之争。[①] 值得特别提及的是，晚近劳东燕教授和陈璇教授对并列说进行了改造。劳东燕教授赞同并列说，并认为两个要件是相互独立的，主张实行“行为→结果”的审查模式。[②] 陈璇教授与劳东燕教授一样主张优先审查行为，但认为“重大损害结果并不具有独自证立防卫过当”的能力，从而淡化“造成重大损害”的功能，认为结果衡量只具有辅助功能，“行为为主，结果为辅”，同时在正当防卫限度判断的前面，加上了构成要件符合性的判断，形成独具特色的构成要件和防卫过当双层检验机制。[③] 陈璇教授在另外一篇文章中甚至主张“原则上放弃法益衡量”。[④]

笔者认为，从优越利益原理出发，“明显超过必要限度”与“造成重大损害”这两个法律明确规定的条件之间是阶层递进关系。阶层思维的基本特点有二：一是出罪思维，就是通过设定层级条件来限定犯罪成立，使司法人员按照无罪推定的要求认定犯罪；二是层层递进过滤审查。就是通过两个以上的阶层，层层过滤掉不构成犯罪的行为，从而最大限度防止错误认定犯罪，防止刑罚权的滥用。

1. “明显超过必要限度”与“造成重大损害”二者同等重要，都是优越利益的判断资料，不存在主、辅之分

如前所述，正当防卫作为违法阻却事由，其正当化的本质根据在于法益衡量，防卫限度标准的核心在于优越利益原理，无论是“明显超过

① 参见郭泽强、胡陆生：《再论正当防卫的限度条件》，载《法学》2002 年第 10 期。

② 参见劳东燕：《防卫过当的认定与结果无价值论的不足》，载《中外法学》2015 年第 5 期。

③ 参见陈璇：《正当防卫、维稳优先与结果导向——以“于欢故意伤害案”为契机展开的法理思考》，载《法律科学》2018 年第 3 期。

④ 参见陈璇：《正当防卫与比例原则——刑法条文合宪性解释的尝试》，载《环球法律评论》2016 年第 6 期。

必要限度”还是“造成重大损害”都离不开法益衡量，这是立法的明确规定，也是优越利益原理的必然归结。无论是判断何为“明显”，还是评估何为“重大”，都是从防卫人和侵害人两相比较而言的，更进一步说，就是从防卫人保护的利益和侵害人损失的利益两相比较而言的。作为优越利益判断资料的“明显超过必要限度”与“造成重大损害”，可以说二者有先后秩序，但不能说有主次之分，这是阶层论思想的基本要求。比如构成要件符合性、违法性、有责性三者之间有先后之分，但不能说哪个阶层处于主导地位，哪个阶层处于辅助地位。在这个意义上，陈璇教授提出行为必要性优先审查，淡化结果衡量，以行为为主，以结果为辅，甚至“原则上放弃法益衡量”，这本身就不是阶层论的思想。阶层论只有逻辑上的先后秩序而无主次之分，更不能淡化或者架空其中一个阶层。因此，陈璇教授的方案因淡化了结果衡量而陷入纯粹必需说的泥潭。至于加上构成要件符合性的判断层次，有叠床架屋之嫌，因为正当防卫的判断本来就属于犯罪论三阶层中违法性层面的问题，构成要件符合性判断并不在此范畴之内。

或许有人会认为这里的“明显超过必要限度”是行为限度，侧重于行为无价值论；“造成重大损害”是结果限度，侧重于结果无价值论。这依然是犯了看到“行为”就以为是行为无价值论，看到“结果”就以为是结果无价值论的常识性错误。结果无价值论在正当防卫问题上的基本立场是法益衡量和优越利益原理。防卫行为的强度、手段、工具、环境等都是进行法益衡量和优越利益判断的资料。为了正确判断侵害和防卫间是否相适应，必须“对冲突的利益以及侵害和防卫行为的一系列构成要素进行全面分析，然后才能得出正确的结论”①。何种手段是必要的，必然要有标准，最终衡量的标准还是优越利益，即是否属于保护优越利益所必需的。比如在多种手段可选择的情况下，选择较轻的手段是保护优越利益必需的，却选择较重的手段，那就是过剩的、过当

① ［意］杜里奥·帕多瓦尼：《意大利刑法学原理（注评版）》，陈忠林译，中国人民大学2004年版，第153页。

的。基于当时的情境无法选择其他手段时，即使采取可能造成不法侵害人伤亡的严重后果，也是必要的，不属于防卫过当。这里的必要性完全可以从优越利益保护原理中推导出来。

2.“明显超过必要限度”与“造成重大损害”在逻辑上是阶层递进关系

传统并列说虽然将“明显超过必要限度”与“造成重大损害”并重，但是在具体判断的顺序上，采取了并列耦合模式。这种并列耦合关系的基本特点是“一荣俱荣，一损俱损”。因此，传统通说一直认为凡是明显超过必要限度者必然造成重大损害，凡是造成重大损害者也莫不是明显超过了必要限度；不存在所谓“行为过当”而“结果不过当”或者相反的情况。这就使得立法上通过两个条件，分层次、分步骤过滤、限制防卫过当成立的立法意图落空。这是导致实践中防卫过当认定异化的重要原因。“明显超过必要限度”与“造成重大损害”正确的逻辑关系应当是阶层递进关系。

首先，无论是刑事实体法，还是刑事程序法，其存在的正当性根基绝不单纯是为了惩罚犯罪，更是为了限制国家刑罚权的恣意发动。如果单纯为了惩罚犯罪，没有刑法的“束缚”反而更加快捷、方便。“从这一点说刑法是无用的，是一种为了不处罚人而设立的规范。”① 因此，我们在解释和适用刑法过程中，要将某种行为认定为犯罪时，应当从出罪机能、限制国家刑罚权的角度考虑问题。比如犯罪成立条件的三阶层，通过构成要件符合性、违法性、有责性这三个阶段层层过滤，以出罪思维进行逐一审查，防止错误入罪。刑法第二十条第二款是关于防卫过当的规定，是国家刑罚权发动的规定，换言之，一旦防卫过当，就要给予防卫人相应的刑罚处罚。因此，为了防止刑罚权的滥用，应当从出罪的角度适用该条款。通过“明显超过必要限度”这个条件进行第一次过滤，将不应当认定为防卫过当的行为过滤掉；如果无法过滤掉，那

① [日] 西原春夫：《刑法的根基与哲学（增补版）》，顾肖荣等译，中国法制出版社2017年版，第65页。

么接着通过“造成重大损害”进行第二次过滤，将不应当认定为防卫过当的行为再次过滤掉，从而最大限度地防止将正当防卫行为错误认定为防卫过当。其次，1997 年刑法修订时，一方面增设了特殊防卫制度，即第二十条第三款“对正在进行行凶、杀人、抢劫、强奸、绑架以及其他严重危及人身安全的暴力犯罪，采取防卫行为，造成不法侵害人伤亡的，不属于防卫过当，不负刑事责任”；另一方面将防卫过当的标准由原来的“超过必要限度造成不应有的损害”，修改为“明显超过必要限度造成重大损害”。这样修改的目的就是严格限制防卫过当的认定，以纠正此前普遍存在的对防卫限度的把握过于严格的做法。[①] 从这个意义上说，笔者提出的双阶层递进标准符合限制防卫过当认定的立法目的。

3. 双阶层关系绝非仅仅是先后顺序的关系，而是立体的层层过滤关系

无论是劳东燕教授主张的“行为优先”，还是陈璇教授主张的“行为优先、结果为辅”，都只是停留在先后顺序上，而没有将阶层、递进的思维贯彻到底。真正的阶层论思想是层层过滤的出罪机制，从上一阶层向下一阶层递进，“不走回头路”。一个正确的审查模式，最重要的就是在逻辑上正确地排列个别审查步骤的顺序，不可重复回头审查，应当是简短的、经济的，具有普遍性的。[②] 以犯罪成立条件三阶层为例，一个行为不具有构成要件符合性就无须审查违法性，直接出罪；同样具备构成要件符合性而不具备违法性，就无须审查有责性，直接出罪。在防卫限度标准“明显超过必要限度”与“造成重大损害”这两个阶层的审查上，也是如此。没有“明显超过必要限度”（为叙述方便，简称行为必要性），即符合行为必要性的，系正当防卫，直接出罪，无须审查第二步“造成重大损害”（为叙述方便，简称结果相当性）。只有在不符合行为必要性的时候，才需要审查第二步的结果相当性。通过第二

---

① 参见赵秉志、肖中华：《正当防卫立法的进展与缺憾——建国以来法学界重大事件研究（十九）》，载《法学》1998 年第 12 期。

② 参见［德］英格博格·普珀：《法学思维小学堂——法律人的 6 堂思维训练课》，蔡圣伟译，北京大学出版社 2011 年版，第 187 ~ 189 页。

步的审查，如果符合结果相当性，也就是没有“造成重大损害”，就是正当防卫，出罪；如果不符合结果相当性，即造成了违反优越利益原理的重大损害，则才属于防卫过当而成立相应的犯罪。上述过程，可以用以下图1表示。

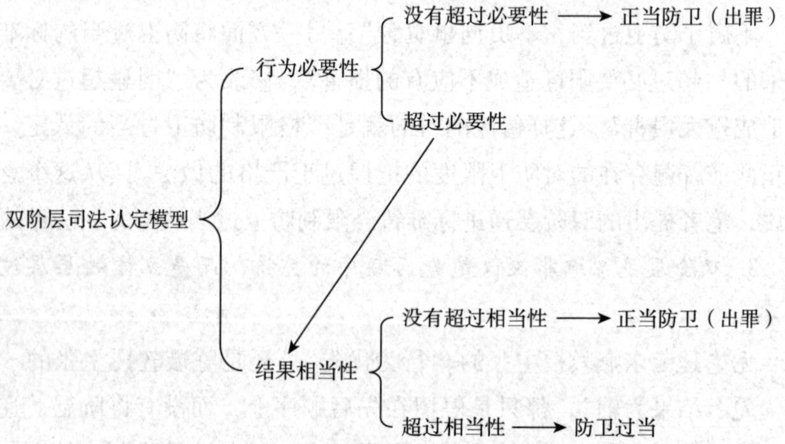

图1　防卫限度双阶层司法认定模型

（二）各阶层要素类型化的判断规则

上述从司法方法论的角度构建了防卫限度的判断标准，其主要功能在于提示司法人员对于涉及防卫行为的案件，原则上应当认定为正当防卫；不认定正当防卫时需要经过行为必要性和结果相当性这两个条件的层层过滤和排除，从而最大限度地防止将正当防卫认定为防卫过当。这种思维方式和认定方法的转变将会给正当防卫的司法认定带来根本性的影响。当然，仅有方法论的指导还是不够的，“明显超过必要限度”中的“明显超过”在具体办案中如何判断？“造成重大损害”中的“重大”在具体办案中如何衡量？还需要类型化的判断规则。正如罗克辛所言，必要性和需要性这些概念上，几乎没法解释，缺乏教义学的道路指导，导致了诸多互不一致的判决，为此，需要“通过法律素材和举止规范之间的相互作用，按照案件的类别就可以得出不同的解决方案”，描绘出“正当防卫的地图”。[①] 笔者针对双阶层标准，以优越利益原理为中心，结合司法实践，初步概括以下类型化的规则。

1. *行为必要性阶层的判断规则*

“明显超过必要限度”中的“明显超过”判断的基本方法，就是根据优越利益的基本原理，在当时的情况下，从一般人的立场上看，在防卫人实际可以采取的反击行为中，选择法益侵害性最小的方法，即“必须在具体的事态之下，以社会一般观念为标准来判断相当性”[②]。具体来说：第一步，司法人员应当把行为当时的全部情境均纳入考量的范围，设身处地地考虑行为人当时实际上可能采取的反击手段，以及有无其他能够同样达到防卫效果的替代性手段。第二步，司法人员应当把可能存在的替代性手段所产生的法益侵害与防卫人当时实际采取的防卫手段所产生的法益侵害结果进行比较，进而得出判断意见。这里的全部情境包括但不限于双方身体及力量对比，双方有无使用以及使用何种工具，双方行为的强度及力度，防卫人当时是否处于惊慌、恐惧、激愤状态等。

（1）事前判断规则。采取何种防卫手段才是适当的，有无替代性防卫措施，不能从事后损害后果的立场去评价，而应在当时的情境之下，也就是基于当时的情境进行动态的考量。传统观点认为，在这种情景之下，裁判者应以社会一般人（理性的第三人）的观念为标准进行事前判断，也就是裁判者设想社会一般人在当时情形下会如何行动，以此判断防卫人的利益是否处于优越地位。[③] 这种观点在多数情况下或许是有效的，但是大多数暴力型正当防卫案件发生在高度情绪化、紧张、激愤的情况下，上述理性第三人的观点在该类案件中可能是无效的。因为在暴力攻击快速、急切的瞬间，期望被攻击者按照理性的第三人进行反应，往往是不现实的，也是不公平的。心理学和神经科学研究表明，人类大脑有双重处理功能，人类行为首先包括一个即时的、无意识的

---

① 参见［德］克劳斯·罗克辛：《刑事政策与刑法体系》，蔡桂生译，中国人民大学出版社 2011 年版，第 39 页。

② ［日］前田雅英：《刑法总论讲义》，曾文科译，北京大学出版社 2017 年版，第 241 页。

③ 参见周光权：《正当防卫成立条件的“情境”判断》，载《法学》2006 年第 12 期。

“系统Ⅰ”反应，然后是一个经过深思熟虑的、反思性更强的“系统Ⅱ”反应。[①] 因此，在这种情况下，美国学者 Kenneth W. Simon 提出站在行为人的角度评估其“合理的自我控制程度”是合理的。[②] 例如，张某某陷入传销组织，被拘禁近 20 天，多次受到殴打，多次求助及逃跑未果。2018 年 2 月 10 日凌晨，张某某在监管人员王某某的看守下上厕所时，试图逃脱，双方发生争执，王某某掐住了张某某的脖子，张某某反击时用羽绒服帽檐上的带子将对方勒死。[③] 此案中行为人长期被非法拘禁，多次向外界求助及逃脱未果，并多次受到殴打，在当时又被对方掐住脖子。从这一系列情形进行动态考量，张某某用羽绒服帽檐上的带子勒住对方，在这种紧急情况下，从行为人的自我合理控制角度而言，当时的反应手段是适当的。又如，2016 年 1 月 21 日 16 时许，被害人蒋某某至上海市灵石路被告人严某某住处讨要债务。蒋某某踢开严某某居住的卧室房门，严某某持弹簧刀划伤蒋某某手部并捅伤其胸部。[④] 此案中，蒋某某非法侵入住宅，且严某某与蒋某某有质权债务关系，并不存在瞬间、急切的情形，基于社会一般人、理性第三人的立场考量，被告人严某某完全有制止对方进入的其他替代手段，却直接持弹簧刀桶伤对方，显然是过当的。

（2）一体性（整体性）规则。在进行必要性判断时，对于不法侵害和防卫行为在时间和空间上有连续性、持续性的场合，不宜将行为切割为片段而进行分段考察，应当坚持一体性（整体性）规则。具体判

① See D. Kahneman & S. Frederick, Representativeness Revisited: Attribute Substitution in Intuitive Judgment, in Heuristics and Biases: The Psychology of Intuitive Judgment 49 (T. Gilovich, D. Griffin, & D. Kahneman eds., 2002). 转引自 Kenneth W. Simon, Self-defense: Reasonable Beliefs or Reasonable Self-control? New Criminal Law Review, Vol. 11, Number 1, Winter 2008. p. 51 – 90.

② See Kenneth W. Simon, Self-defense: Reasonable Beliefs or Reasonable Self-control? New Criminal Law Review, Vol. 11, Number 1, Winter 2008. pp. 51 – 90.

③ 参见王万春等：《“云南小伙反杀传销监工案”调查：被女网友骗入组织，多次逃跑未果》，载澎湃新闻，https://mp.weixin.qq.com/s/7AmxHt5kQfXyB1TTvshKMQ，最后访问日期 2023 年 9 月 23 日。

④ 参见上海市静安区人民法院刑事判决书（2016）沪 0106 刑初 434 号刑事判决书。

断的标准：一是行为在客观上具有时间和空间的连续性、延续性，行为样态具有共通性；二是不法侵害人在主观上的不法侵害意图的同一性。换言之，前后行为在主观上、客观上具有连续性时才可以适用整体性规则。所以，只是在“有些时候就需要，不是将个别行为分别作为判断对象，而是将一系列行为作为一个整体（一体性）进行整体判断”①。比如在昆山于某明案件中，刘某龙的不法侵害是一个持续的过程，刘某龙先是下车对于某明拳打脚踢，后又返回车内取出砍刀对于某明连续数次击打，刀甩落在地后，又上前抢刀，被致伤后，仍没有放弃侵害的迹象。在这种情况下，不法侵害整体上处于持续状态，应当按照整体性规则，此时于某明反击刺杀刘某龙并不属于防卫过当。

需要特别注意的是，整体性规则不是绝对的，必须前后行为在主观上、客观上具有连续性时才可以适用。正如日本学者桥爪隆指出：“在两个暴力之间存在很大分离的场合，由于原本就不存在进行整体性评价的基础，因而起始就应分别评价二者。”②

2. 结果相当性阶层判断规则

我国刑法第二十条第二款的“重大损害”必须基于优越利益原理进行判断，而不能一旦出现重伤或死亡的后果就认为属于防卫过当的“重大损害”。优越利益原理所遵从的标准就是受到较高评价的利益优于受到较低评价的利益。与紧急避险不同，正当防卫所侵害的利益即使大于所保护的利益也并不一定是防卫过当，关键是与对方的侵害相比较是否处于优越地位。

（1）质的优越性规则。正当防卫的优越利益是质的优越，不是简单的量的计算。法益衡量的关键在于判断是否处于优越地位。正如张明楷教授所指出的，“人们通常所说的‘正当防卫所造成的损害大于所避免的损害’只是一种表面现象，或者只是就结果进行的静态比较，其中

---

① ［日］山口厚：《刑法总论》，付立庆译，中国人民大学出版社2018年版，第137页。

② 参见［日］桥爪隆：《刑法总论之困惑（二）》，王昭武译，载《苏州大学学报（法学版）》2015年第2期。

忽视了不法侵害造成的危险以及防卫人的优越地位。如果全面考虑不法侵害的各种危险以及防卫人的优越地位，就不会认为正当防卫造成的损害大于所避免的损害。"① 例如，犯罪嫌疑人蓝某某在家中睡觉，察觉有人偷窃其养殖的家禽，盗窃行为人陈某某随即奔逃，蓝某某追赶，抓扯住陈某某的左手衣袖，陈某某左手用力向后甩挣，因路滑倒地致颅脑损伤死亡。② 此案尽管造成了盗窃行为人死亡的后果，但是蓝某某抓扯盗窃行为人的行为属于防卫行为，追赶和拉衣袖的行为与不法侵害的盗窃行为相比处于优越地位，盗窃行为人死亡的后果并不能改变这一点。防卫的基础是不法侵害者创造了风险的客观事实，但是从受害者的角度来看，对风险的反应是正确的，即使最终导致伤害，也可能合理的风险。③ 但是毕竟"防卫的重点不是为了伤害，而是为了挫败攻击"④，像德日刑法中经常讨论的直接开枪打死偷苹果的少年、为了几块豆腐而剥夺他人的生命，就属于显著的法益不均衡，属于防卫过当。总之，优越性不是简单的数量上的加减计算，而是要规范性地从质上判断，正如日本学者山口厚所指出的，"被侵害者的优越地位不是量的，而是所谓的质的优位性、优越性"⑤。

（2）防御型和攻击型区别对待规则。攻击型防卫是指为了立即制止不法侵害而对侵害人实施反击；防御型防卫是指并不是排除侵害本身，而是单纯地防止被害发生。防御型防卫的手段限制要比攻击型防卫要宽，所谓的"武器对等原则"原则上仅适用于攻击型防卫。原因在于防御型防卫面对侵害人的攻击，处于优越地位，没有其他更优的行为

① 参见张明楷：《正当防卫的原理及其运用——对二元论的批判性考察》，载《环球法律评论》2018 年第 2 期。

② 参见王楷：《男子追小偷致其摔倒身亡或担刑责 回应：审查起诉阶段》，载网易新闻，http：//news. 163. com/16/1115/18/C5UEAT22000187V8. html，最后访问日期 2023 年 7 月 1 日。

③ See Kimberly Kessler Ferzan，Justifying Self-Defense. Law and Philosophy，Vol. 24，No. 6 (Nov.，2005)，pp. 711-749.

④ George P. Fletcher，Punishment and Self-Defense，Law and Philosophy，Vol. 8，No. 2 (Aug.，1989)，pp. 201-215.

⑤ ［日］山口厚：《刑法总论》，付立庆译，中国人民大学出版社 2018 年版，第 116～117 页。

选择，为了回避侵害，而采取必要手段，只要不是为了保护显著轻微的法益，原则上不属于防卫过当。例如，日本有这样的案例：一女子在站台上等车，被醉酒男子骚扰和纠缠，该男子还抓住女子的大衣领，该女子出于想要摆脱侵害的目的，推搡该男子，该男子从站台上跌落至轨道，被驶入的电车与站台夹死。① 这个案例中，行为人作为女性，为了预防侵害，推搡挣脱的行为，在当时情况下属于不得已而采取的回避侵害的手段，属于防御型防卫，并不过当，该男子的死亡属于意外事件。但是在攻击型防卫中就会有所不同，比如发现小偷盗窃财物，原本可以通过呵斥、抓捕甚至伤害等方法来进行防卫，却直接开枪将小偷击毙，这属于直接制止不法侵害的攻击型防卫，这时造成的侵害与保护的利益相比，显然是失衡的，因而属于防卫过当。

3. *后果考察规则*

所谓后果考察是指在法律应用过程中，运用一定解释方法得出某种解释结论后，另设一个对解释后果的特别审查，也就是后果考察。当这种后果对法律适用具有负面效益，甚至可能产生荒谬结论的时候，就要放弃这种解释结论，解释的正当性来自结果的有益性。后果考察适用于所有的实践行为和法律的执行。② 因此，后果考察规则也可以借鉴到防卫过当的判断上。具体来说，就是在完成前述行为必要性和结果相当性审查步骤基础上，得出防卫过当与否的结论后，再另设一个对判断结论特别的后果考察。在具体运用后果考察规则时，要特别注意朴素正义审查法和常识常理审查法。当判断结果违背朴素的正义观念或者违反基本的常识、常理时，就需要反思审查过程中是否充分考虑全部情况、是否存在判断疏漏和失误。比如，昆山于某明案中，如果得出防卫过当的结论，那么用朴素的正义和常识常理进行后果考察，就会发现这个判断结论难以接受。

---

① 参见［日］前田雅英：《刑法总论讲义》，曾文科译，北京大学出版社2017年版，第243页。

② 参见［德］英格博格·普珀：《法学思维小学堂——法律人的6堂思维训练课》，蔡圣伟译，北京大学出版社2011年版，第74～77页。

四、结语

当下防卫过当的司法异化现象，唯结果论只是一种现象的描述，这种现象的产生原因并非法益衡量或优越利益原理存在问题，而是判断规则存在偏差。笔者从办案的体验出发，立足于现行刑法之规定，在优越利益原理的基础上，以阶层论出罪的思维，提出双阶层司法认定模型，并初步提出一些类型化的判断规则，这可能是纠偏防卫过当司法异化现实、有效的方法。

从实务案例检视共谋共同正犯与共犯的区分*

方　军**

关键词

共同犯罪　区分制参与体系　共谋共同正犯　教唆犯　帮助犯

内容摘要：以犯意产生的先后区分教唆者与共谋共同正犯，明显违背通说认为的教唆犯与正犯之间的不法内涵关系，逻辑上会导出教唆犯也应被视为正犯的不当结论；而以行为的样态作为区分教唆犯和共谋共同正犯的标准，同样会颠覆通说关于各种犯罪参与形态的竞合关系。以自己的犯罪抑或他人的犯罪，或者行为人对犯罪行为的利益参与程度作为区分共谋共同正犯与帮助犯的标准，会不当扩大或缩小正犯的认定范围；以有无共谋事实为标准同样无法区分共谋共同正犯与帮助犯，因为共谋的实质即为共同的犯罪故意。无法清楚区分共谋共同正犯与教唆犯和帮助犯之间界限导致我国实务中以共谋共同正犯处理的案例均不当扩

* 本文系中国社会科学院大学2023年度卓越研究项目（项目编号：校20230029）的阶段性成果。

** 中国社会科学院大学法学院副教授，法学博士。

大了正犯的认定范围，将原本应作为教唆犯和帮助犯处理的情形视为正犯。因此，不应承认共谋共同正犯概念。

在犯罪参与体系上，如果采行区分制体系，如何在定性上清楚区隔正犯与共犯的界限便是不可回避的核心问题。共谋共同正犯概念起源自日本的司法实务，后被我国学者引进。当前，国内多数重要学者与文献均认可日本的刑法学说与实务见解，肯定共谋共同正犯理论。① 而一旦承认共谋共同正犯概念，如何区分共谋共同正犯和共犯（教唆犯、帮助犯）之间的界限便很重要，它决定了正犯的成立范围。

国内主张肯定共谋共同正犯理论的学者一般均是从参与共谋者对于犯罪完成所起的实质作用角度论证此一概念的合理性，似乎并未重点考虑一旦肯定共谋共同正犯概念，其与共犯如何区分的问题。共谋共同正犯并未参与着手实行，起码从形式上看，其与教唆犯和帮助犯的界限并非泾渭分明。如果共谋共同正犯和共犯无法区隔开，这一概念在司法实务中适用的结局就是裁判者凭借个人的处罚直觉极度扩大正犯的范围，毫无疑问会给刑事司法的法安定性带来负面影响，并且在理论上也势必会严重冲击区分制参与体系本身。有鉴于此，本文将首先分析共谋共同正犯与教唆犯及帮助犯区分的各种重要观点与理论，在明确各种区分努力均宣告失败以后，指出我国实务中目前以共谋共同正犯理论为基础的数个判决实质上造成了正犯认定范围过宽的弊病，必须予以改正，进而得出我国刑法学不宜肯定共谋共同正犯理论的最终结论。

一、共谋共同正犯与教唆犯的区分

教唆犯的成立，必须有一个违法的主行为，教唆犯才可有所依附，

① 参见张明楷：《刑法学》，法律出版社2021年版，第542～543页；黎宏：《刑法学》，法律出版社2012年版，第275～277页；周光权：《刑法总论》，中国人民大学出版社2021年版，第352～355页；林亚刚：《共谋共同正犯问题研究》，载《法学评论》2001年第4期；刘艳红：《共谋共同正犯论》，载《中国法学》2012年第6期。

这便是共犯从属性的要求。[①] 而对于所谓的共谋共同正犯来说，单纯共谋者要成立正犯，必须有其他的参与者着手实行犯罪，也存在类似从属性的性质。我国台湾地区的司法实务在论及共谋共同正犯议题时向来的说法就是“二人以上以共同犯罪之意思，事前通谋，推由其中部分之人实行，其未参与实行之共谋者，固为学说上所称之共谋共同正犯，依‘司法院’释字第一〇九号解释，仍成立共同正犯”[②]。所谓的“推由他人实施”，其意思不外乎是让他人去实施犯罪，可问题在于，在教唆他人犯罪的场合，教唆者不也是让他人（被教唆者）去实施犯罪，不也是“推由他人实施”？并且，无论是教唆犯还是共谋共同正犯，二者在犯罪实行阶段都没有任何的行为分担和参与，因此，如何区分二者便成为问题。

（一）以犯意产生先后为标准的检讨[③]

一般认为，教唆犯与共谋共同正犯最重要的区别就在于：教唆犯是教唆一个原本不存在犯罪意思的人去实施犯罪，而共谋共同正犯的实行者原本就有参与犯罪的意思。[④] 换句话说，共谋是已有犯罪意思的行为人之间的相互交流沟通，而教唆则是使没有犯罪意思的人产生犯罪故意。[⑤]

可是，认为教唆犯与共谋共同正犯的界限在于实行者犯意产生的时间先后不同，其中的逻辑存在明显的谬误：按照今天刑法学的通说，正犯的不法内涵高于共犯的不法内涵，所以它们才构成法条竞合的补充关

---

① Vgl. Johannes Wessels, Wemer Beulke, Helnlut Satzger, Strafrecht, Allgemeiner Teil, 43. Aufl., 2013, Rn. 551.

② 参见台湾地区“最高法院”2014 台上 4052 号刑事判决书；2014 台上 4467 号刑事判决书。

③ 参见方军：《共谋共同正犯否定论》，载《政治与法律》2015 年第 5 期。

④ 参见林亚刚：《共谋共同正犯研究》，载《法学评论》2001 年第 4 期；刘艳红：《共谋共同正犯论》，载《中国法学》2012 年第 6 期。

⑤ 参见周光权：《论正犯的观念》，载《人民检察》2010 年第 7 期。

系。[1] 既然让一个原本就有犯意的人去犯罪，或者说加强实行者的犯意会构成不法内涵高的（共谋共同）正犯，何以让一个原本没有犯意的人去犯罪却反而构成较前者的不法内涵更低的共犯（教唆犯）？换句话说，一般认为，正犯对于整个犯罪事实处于决定性的、核心的支配地位，居于边缘地位者即为共犯。[2] 如此，则让其他原本就有犯意的人去犯罪的，成立正犯，那么教唆一个没有犯意的人去犯罪的，岂不是具有更为核心的支配地位，更应该成立不法内涵高的正犯，即教唆者更应该成立正犯？由此，如果按照犯意产生先后的标准区分共谋共同正犯和教唆犯，那么，进一步得出的推论将是教唆犯的不法内涵高于共谋共同正犯的不法内涵！这一推论的结果将完全推翻通说关于正犯与共犯的不法内涵关系，这是不能被接受的结论。因此，这一区分教唆犯和共谋共同正犯的理论显然存在问题。

德国学说上有观点认为，共同正犯的本质就是一种交互教唆的关系，德国刑法第26条规定对于教唆犯和其所教唆的犯罪行为（正犯）同等处罚，这一实定法规定足以说明共同正犯实行交互归责原理的理由。[3] 认为共同正犯的本质在于相互教唆的观点尽管仍然具有值得深入探讨和商榷的空间，但它毫无疑问也从侧面说明共同正犯和教唆犯如果单从犯意的引起与被引起的面向上看，根本无从区分。由此看来，共谋事实上即包含了相互教唆，如果承认共谋共同正犯概念，当然便会加剧正犯与共犯区分上的困难。与此同时，就程序面向来看，主观要素的证明本身就是异常困难的。所以，要从实行者犯意产生的先后去区分教唆犯和共谋共同正犯，基本是“不可能的任务”。

（二）以行为样态为标准的反思

我国台湾地区的实务判决曾经指出，“刑法上之教唆犯，系指仅有

① 参见林钰雄：《新刑法总则》，我国台湾地区元照出版公司2021年版，第619页。

② Vgl. Claus Roxin，Täterschaft und Tatheffrrschaft，8. Aufl.，2006，S25.

③ Vgl. Ingeborg Puppe，Der gemeinsame Tatplan der Mittäter，ZIS 2007，S. 235.

教唆行为者而言。倘系首议人且参加谋议，就其犯罪实施之方法以及实施之程度有所计划，以促成犯罪之实现，复提供犯罪工具，并约定事成后分赃款，则该首议人推由其他之人实施犯罪行为，即为共同正犯而非教唆犯。”[①] 按照这一实务见解的看法，教唆犯只能有唆使他人实行犯罪的教唆行为，至于教唆的方式方法是嘱托、请求、指示以及引诱或威胁等都没关系。但是教唆犯也只能有这些唆使行为，倘若在实施这一行为之外，进而对于犯罪实施的具体方法和程度进行计划，或是再予以提供犯罪工具以及进行分赃，此时，便会从教唆犯摇身一变为共谋共同正犯。“教唆犯仅能实施使他人萌生犯意的教唆行为；如实施教唆行为后，复进而参与谋议犯罪的实现，或虽未实施教唆行为，但曾参与谋议犯罪的实现者，均属于共谋共同正犯的范围。”[②] 我国大陆地区学者也有类似的看法，认为在提议犯罪的教唆行为之外，复又实施了共同谋议行为的，如果共谋行为应当被评价为实行行为，根据吸收犯的理论，要以作为实行行为的共谋行为吸收作为非实行行为的教唆行为，此时不宜再认定为教唆犯。[③] 换句话说，对于既有教唆行为又有谋议行为的，应当认定为正犯。

本文认为，即便行为人实施教唆行为后，进而又对犯罪的进程和方式方法与实行者进行协商或谋议，也仍然是属于教唆，而非从教唆犯一跃升格为正犯。在教唆者使他人产生犯罪决意后，对于犯罪的进程和方式方法进行协商，至多也只能是认为有助于被教唆人顺利实施犯罪行为，教唆人的这部分参与贡献对于实行者的实行行为来说，也只能算作是帮助行为。而按照通说的说法，教唆犯与帮助犯这一参与程度高低的不同共犯形式，属于法条竞合的补充关系。[④] 换句话说，当行为人既有

---

① 参见台湾地区“最高法院”1982 台上 5841 号刑事判决书。

② 参见甘添贵：《共谋共同正犯与共犯的区别》，载我国台湾地区《法令月刊》2010 年第 2 期。

③ 参见林亚刚、何荣功：《论“共谋”的法律性质及其刑事责任》，载《浙江社会科学》2002 年第 3 期。

④ Vgl. Johannes Wessels，Wemer Beulke，Helnlut Satzger，Strafrecht，Allgemeiner Teil，43. Aufl. ，2013，Rn. 790.

教唆行为，也有帮助行为时，只能论以教唆犯，帮助行为部分被教唆行为所吸收，不再另论。

同理，当行为人实施教唆行为后，复又谋议犯罪的方法和程序等，并进而提供犯罪工具，且参与事后分赃，也仍然只能定性为教唆犯。行为样态的标准，实质上等于是说在教唆行为外，如果还有其他任何的行为贡献，就能从教唆犯变为正犯。换言之，教唆犯加上帮助犯等于正犯。显然，这颠覆了通说关于各种犯罪参与形态竞合关系的理论。这一标准的核心问题在于：即便若干个处于犯罪的边缘角色合力，也不可能在简单相加后就变成支配犯罪进程的核心角色。这一点，对于数个扮演边缘角色的参与人是如此，对于同一个参与人扮演数个边缘角色（既是教唆者也是帮助者）也应是如此。

二、共谋共同正犯与帮助犯的界分

帮助犯的成立，提供帮助的时间节点并没有限制，既可以在正犯犯罪实行时提供协助，也可以于犯罪预备阶段提供助力，并且，只要并非不法构成要件所描述的构成要件行为，那么帮助犯的帮助方式也没有定型的限制，不仅物理的帮助可以成立，而且精神的帮助也足以建构帮助犯的不法基础。因此，帮助犯与共谋共同正犯的区分也就成为问题。

（一）以自己共同犯罪的意思为标准的批评①

在论述共谋共同正犯的成立要件时，便有文献指出要成立共谋共同正犯，所有的参与共谋者必须都具有明确的正犯意志。② 我国学者同时指出，如果不是共同实行犯罪的意思，而仅仅是为帮助他人去犯罪的意思，则这种意思便不属于共同实行犯罪的意思，基此意思对他人犯罪进

① 参见方军：《共谋共同正犯否定论》，载《政治与法律》2015年第5期。
② 参见张明楷：《外国刑法纲要》，清华大学出版社2007年版，第320页。

行加功的，并非共谋共同正犯，而是属于帮助犯。[①] 不难看出，论者根据正犯意思还是共犯意思来区分共谋共同正犯与共犯，即视犯罪是自己的犯罪抑或他人的犯罪，或者以行为人与犯罪行为的利益参与程度作为区分正犯与共犯的标准。这便又回到了早已被学说证明不可行的正犯与共犯区分的纯粹主观理论。

而我国台湾地区的实务见解针对共谋共同正犯与帮助犯的区别也明确指出，“共谋共同正犯与帮助犯，虽同具有行为人所从事者，系犯罪构成要件以外之行为特征，但前者乃出于共同犯罪之意思，利用他人之行为而共同完成自己犯罪之计划；后者则纯以帮助他人犯罪之意思，而非自己共同犯罪之意思，二者尚属有间。”[②] 显然，此一见解也是以正犯意思还是共犯意思这一主观标准来区分正犯与共犯。

正如黄荣坚教授指出的，以行为人到底是为自己犯罪还是为了他人犯罪的主观意思作为区分正犯与共犯的标准本身是一个无法实证的概念。[③] 而针对主观理论，更有批评指出行为人主观的想法在实务上经常不被确定或证明，并且对于主观态度的评价也将开启恣意以及专断的可能性。[④] 与此同时，主观理论也与相关实定法规定及理论通说相冲突，例如，德国通说认为德国刑法第 242 条规定的盗窃的所有意图不仅包括为自己所有，也包括为第三人所有。[⑤] 我国刑法理论界的通说同样认为，相关财产犯罪中主观要素的“非法占有目的”，既包括行为人为自己非法占有，也包括为第三者非法占有。[⑥] 由此，按照主观理论，在为他人所有意图而实施盗窃的场合，将永远不成立正犯。毫无疑问，这显

① 参见刘艳红：《共谋共同正犯论》，载《中国法学》2012 年第 6 期。主张共谋共同正犯理论的学者同样可以“自己共同犯罪意思”这一主观标准来区分共谋共同正犯和教唆犯，在此一并检讨。

② 参见台湾地区“最高法院”2007 台上 1271 号刑事判决书。

③ 参见黄荣坚：《刑罚的极限》，我国台湾地区元照出版公司 1999 年版，第 126 页。

④ Vgl. Eric Hilgendorf, Brian Valerius, Strafrecht, Allgemeiner Teil , 2013, §9 Rn. 15.

⑤ Vgl. Gunther Arzt, Ulrich Weber, Bernd Heinrich, Eric Hilgendorf, Strafrecht Besonderer Teil, 2. Aufl. , 2009, §13 Rn. 67.

⑥ 参见张明楷：《刑法学》，法律出版社 2021 年版，第 1250 页。

然不合理。

其实，在根本的目的思考方向上，主观理论已经严重偏离了刑法归责的核心。归责的目的在于找出谁支配了法益侵害事实的发生，而如果将对于法益侵害是否具支配性完全取决于行为人的主观想法，则必然会不当地使正犯的范围扩大或缩小：一方面，采用主观标准可能使正犯范围不当扩大，例如，甲、乙二人唆使丙窃取一辆汽车，以便共同使用该车辆，依照主观理论，甲、乙二人也是正犯，可显然甲、乙仅仅只是唆使他人犯罪的教唆犯；另一方面，采用主观标准又可能使正犯范围不当缩小，导致亲手实现构成要件的人不被作为正犯对待。如果坚持彻底的主观理论的话，基于为他人的利益而实施犯罪的场合，即便亲手实施构成要件，也将成立共犯。毫无疑问，这是不合理的，它完全无视构成要件概念对正犯认定的意义，推翻了“亲自实现构成要件之人，应毫无例外地成为正犯”这一命题。

事实上，本文认为，主张共谋共同正犯概念的人要区分共谋共同正犯与帮助犯，只得求助于主观理论，以正犯意志或者利益归属作为判断的准则。这是因为，仅止于预备阶段参与的共谋共同正犯，毕竟没有分担任何的构成要件行为，或者构成要件以外、但对犯罪的完成起到不可或缺作用的角色分担行为。而帮助犯同样也是如此，所以要区分二者，就只能转向主观面来求答案。

（二）以有无共谋事实为标准的考察

有学者认为，共谋共同正犯“必须具有共谋的事实；而实施帮助行为，不以参与共谋为条件，即使没有参与共谋而只要有‘事前通谋’而实施帮助行为，亦不影响帮助犯的成立”[①]。论者似乎是认为共谋共同正犯和帮助犯区分的关键在于有无共谋的事实，并将共谋与事前通谋予以区分，可问题恰恰在于如何区分共谋与事前通谋。

在本文看来，共谋与事前通谋事实上是无法区分的。按照共谋共同

---

① 林亚刚：《共谋共同正犯研究》，载《法学评论》2001 年第 4 期。

正犯肯定论者的看法，所谓的共谋，是指数个参与人为了实行特定的犯罪，互相就犯罪的实行如何共同发挥作用而进行意思沟通。[①] 根据2002年7月8日《最高人民法院、最高人民检察院、海关总署关于办理走私刑事案件适用法律若干问题的意见》第十五条的规定，“通谋是指犯罪行为人之间事先或者事中形成的共同的走私故意”。对比共谋与通谋，如果是在事先形成的共同故意的话，二者的含义根本无法区分，都是行为人之间就犯罪的实行进行的意思沟通。

本文认为，所谓的共谋事实，本质上就是共同的犯罪故意，而通谋的实质也不外乎是共同的犯罪决意，因此，希望以共谋和通谋来区分共谋共同正犯和帮助犯显然无疑是失败的尝试。

三、无法区分的结局：实务中共谋共同正犯认定的浮滥

有文献指出，“实际的情况是，中国司法实务界对共谋共同正犯概念是相当陌生的，更谈不上对共谋共同正犯理论的了解，以及将其运用于共犯问题的处理。”[②] 其实，我国司法实务界对于共谋共同正犯理论并不陌生，有些裁判文书中已经引用了共谋共同正犯理论。[③] 在将仅仅参与了谋议却又未实行者作为从犯处理感觉明显会宽纵与不适合的场合，实务希望通过借助共谋共同正犯这一概念的操作将其认定为主犯。

（一）案例一

江苏省徐州市中级人民法院在（2014）徐刑初字第00021号刘某兴、张某新等抢劫案一审刑事判决书中，引用了共谋共同正犯概念。[④]

---

① 参见刘艳红：《共谋共同正犯论》，载《中国法学》2012年第6期。

② 张开骏：《共谋共同正犯理论的反思》，载《中国法学》2018年第6期。

③ 湖北省宜昌市中级人民法院（2012）鄂宜昌中刑终字第00154号裁定书的裁定理由中也出现了共谋共同正犯理论，关于本案的评释，请参见方军：《共谋共同正犯否定论》，载《政治与法律》2015年第5期。

④ 参见江苏省徐州市中级人民法院（2014）徐刑初字第00021号刑事判决书。

2013年2月被告人刘某兴和黄某华在网上聊天认识后，二人预谋抢劫并购买了枪支等作案工具。其后刘某兴又在网上邀约被告人张某新共同参与抢劫。三人前往苏州市相城区某金店踩点，其间因三人产生分歧，刘某兴和张某新借故离开。因黄某华此前有案底，刘某兴和张某新二人想撇开黄某华作案，并对黄某华说“五一”后找时机再下手。刘某兴和张某新二人欲在几省交界容易逃跑的丰县和沛县等地抢劫金店，并且在宿迁市和沛县等地购买了摩托车以及斧头等作案工具。2013年4月11日，刘某兴和张某新二人先后到沛县以及丰县某金店踩点。12日晚上8时左右，刘某兴、张某新二人携带枪支和斧头等作案工具进入该金店抢得价值53万余元的黄金饰品后逃离现场。

徐州市中级人民法院在判决书中指出：“经评议认为，被告人黄某华与被告人刘某兴、张某新为了实施抢劫，共同预谋，并准备作案工具，均是抢劫犯罪的共谋共同正犯，并未超出黄某华持枪抢劫金店的概括犯意，因此，被告人黄某华应对被告人刘某兴、张某新持枪抢劫金店的行为承担责任，但被告人黄某华系犯罪预备，可以比照既遂犯从轻、减轻或者免除处罚。”

首先，吊诡的是，既然认定黄某华也是共谋共同正犯，而刘某兴和张某新二人既然已经是抢劫罪既遂，按照共同正犯的交互归责原理（部分实行全部责任），正犯中的一人在共同决意范围内既遂，对于其他的共同正犯也应一体视为犯罪既遂，可为何黄某华到最后还是被认定为犯罪预备而非犯罪既遂？其次，刘某兴和张某新在抢劫金店的此次作案中，二人自行重新踩点并且购买犯罪工具，对此，黄某华既非组织谋划者，又非实行者，只是作案的枪支是由黄某华和刘某兴二人此前共同购买的，即便采取所谓的实质的实行正犯论，又如何能够将黄某华的行为视为实行行为？最后，事实上刘某兴、张某新二人是想撇开黄某华实施抢劫，而二人抢劫使用的枪支是刘某兴与黄某华此前购买的，因此，即便黄某华为刘某兴、张某新二人的抢劫行为客观上提供了犯罪工具，如果无法认定黄某华成立共犯关系的脱离，至多也仅能将其认定为帮助犯。

本文认为，这一案例事实上凸显了共谋共同正犯概念在司法适用上的不合理性：一旦认定为正犯，即便是属于预备阶段参与很轻微的行为，只要其他共同参与者达到既遂，理论上，单纯共谋者也必须以正犯的既遂来处断，而没有任何从轻处断的空间存在。可是事实上，单纯预谋者完全可能基于客观的原因（基于意志以外的原因）没有继续着手实行，这种情形和一般的共谋共同正犯中的单独共谋者基于谋议而不参与实行完全不同，一概认定其成立共谋共同正犯既遂，明显与事前共谋时便议定不参与实行者的罪责程度不相当。

上述案例中，刘某兴和张某新分别被判无期徒刑和十五年有期徒刑，或许案件的审理法院也认识到将黄某华认定为共谋共同正犯并且是犯罪既遂，对于黄某华的处刑明显过于严厉且不当，因此才认定其为犯罪预备，进而只判处六年有期徒刑。但是这样做的后果，姑且不论黄某华到底是不是正犯的认定问题，本项判决也明显违背了共同正犯交互归责的基本法理，实为明显的法理错误判决：其他共同正犯已然是犯罪既遂，为何作为单纯共谋者的正犯却可以是犯罪预备？

（二）案例二

浙江省杭州市中级人民法院在（2018）浙01刑终299号刑事裁定书中也明确适用了共谋共同正犯理论。[①]

2016年5月17日11时许，被告人龙某伙同周某、熊某（均已判刑）以买画为名至浙江省台州市开发区被害人李某家中，窃得李某的画作6幅（经估价价值人民币165000元）。同年5月19日12时许，被告人龙某伙同周某、熊某至浙江省杭州市某别墅区，由龙某在外接应，周某、熊某以买画为名至被害人竺某家中，窃得竺某

① 参见浙江省杭州市中级人民法院在（2018）浙01刑终299号刑事裁定书。

的画作7幅（经估价价值人民币45000元）。周某、熊某盗画后在小区道路上被小区保安当场抓获。涉案画作已发还被害人竺某。一审法院以盗窃罪判处被告人龙某有期徒刑七年六个月，并处罚金人民币3万元。龙某上诉称其未参与杭州竺某画作被盗案，完全不知晓周某、熊某的所作所为。

杭州中院在判决中指出："同案犯周某、熊某的供述能够相互印证，证明杭州竺某画作被盗案系该二人与上诉人龙某结伙，经事前通谋联系被害人竺某后，以登门买画为名伺机盗画，其中以龙某为主谋，且由龙某将二人送至被害人所居住小区，周某、熊某为共同实行犯。据此，上诉人龙某虽然没有直接接触被害人竺某及其画作，未亲手参与实行盗窃，仍成立共谋共同正犯，应当对直接正犯的行为及结果承担责任。"

在杭州中院的判决主文中不难发现，论证龙某成立共谋共同正犯的理由为：第一，龙某与周某、熊某二人在着手实施盗窃前进行了共谋，并且龙某为主谋；第二，由龙某将周某与熊某二人送至实施盗窃的地点。可是，即便进行了共谋，并且在共谋的过程中发挥了主导作用，从规范的视角来看，至多不过是起到教唆犯的作用。因为无法想象的是，参与共谋的人如果不是最先起意并唆使他人，如何能够认定其起主导作用？而一个教唆者将实行者送至犯罪地点，就实行盗窃来说，教唆者所起的作用仅仅是提供了帮助，其对于实行行为的贡献甚至小于望风者。如此看来，龙某的行为，不过是一个教唆行为加上一个帮助行为。

由于帮助犯、教唆犯与正犯的不法内涵与责任内涵是层升的关系，[①] 而如果承认区分制参与体系，就必须肯认正犯与教唆犯和帮助犯存在本质的不同，就此，一个行为人并不会由于既有教唆行为又有帮助行为，其行为性质便一跃而从狭义共犯蜕变为正犯。换句话说，教唆行为加帮助行为无论如何不可能变成正犯行为，是否成立正犯，必须要从正犯本身的标准加以检验，而无法从直觉上以教唆行为加帮助行为直接

① 参见林钰雄：《新刑法总则》，我国台湾地区元照出版公司2021年版，第416页。

推论成立正犯。一个简单的例子便是，教唆杀人者在与杀手谋议后，为杀手提供了手枪等作案工具，并且将杀手送至被害人住所地，此时，套用上述判决的逻辑，教唆者也理应论以共谋共同正犯，可是，如果此时的教唆者都成立共谋共同正犯，那什么时候教唆者应该被论以教唆犯？难道除了教唆行为以外不能对正犯有任何的加功才能被称之为教唆犯？很显然，将教唆者认定为正犯是不合适的。因此，龙某至多只是教唆犯而已。

或许有人认为，此时教唆者既教唆又提供帮助，仅仅论以教唆的话便对教唆者处刑过轻。可是，首先，正如周光权教授指出的，“造意不为首”，提起犯意的人通常都应该是从犯，仅在造意后又着手实行以及针对未成年人提起犯意、为犯罪集团或者聚众犯罪造意等罕见的场合，才有成立主犯的余地。[①] 其次，对于教唆犯的处罚，本来就是“按照他在共同犯罪中所起的作用处罚”，换句话说，教唆犯可以比照正犯进行处罚，我国刑法中并没有将教唆犯的处罚比照从犯一样处理，即比照实行犯应当减轻处罚。在日本，其刑法明确规定对于教唆犯判处正犯的刑罚，即教唆犯和正犯在量刑上没有任何区别。因此，担心对于既有教唆又有帮助行为的人论以教唆会轻纵处罚的忧虑并不存在。

（三）小结

从前面两则案例看，显然，共谋共同正犯理论不当地扩大了正犯的认定范围，将一些原本应当认定为教唆犯或者帮助犯的情形，通过共谋共同正犯这一概念的操作转变为正犯。

其实，如果用犯罪支配理论界定正犯的范围，对于仅仅在犯罪预备阶段的参与人，不可能认为他对于整个的犯罪实施过程具备支配力，即便是德国理论界有人主张的温和的犯罪支配理论也认为，例外地容许于犯罪预备阶段的犯罪贡献成立共同正犯的情形，仅仅限于犯罪组织/团伙的首领。因为幕后首脑可能基于脱罪目的而于犯罪实施期间动身前往

---

① 参见周光权：《造意不为首》，载《人民检察》2010年第23期。

公共场所等地，借以排除他和同伙之间有关系的所有嫌疑。例如，为了同伙 C 与 D 能够共同闯入银行盗窃保险箱内的财物，犯罪集团首脑 B 拟定了一个详细的犯罪计划。而在 C 与 D 盗窃期间，B 则去剧院观赏戏剧演出，以此设法获得犯罪期间不在场的证明。此时，鉴于 B 在预备阶段的关键性贡献，B 可以被评价为共同正犯。[①] 与此不同，在共谋共同正犯理论和我国的司法实践中，仅仅是事前的通谋、准备犯罪工具，或者再加上事后的分赃，仅此就足以作为成立共同正犯的理由，而不论是一般的纠集数人实施犯罪还是固定的犯罪组织，显然不当地扩大了共同正犯的范围，导致正犯认定的泛滥。因此，即便是德国上述主张温和的犯罪支配理论和司法实务，应该也不会将前文提及的两则案例认定为正犯。

也正因为共谋共同正犯理论不当地扩大了正犯的认定范围，因此，共谋共同正犯理论支持者才又不得不想方设法地限缩正犯的范围，像是承认共谋共同正犯脱离制度：将共谋共同正犯分为追随型、平等型以及首谋型等类型，并且赋予不同类型以不相同的脱离条件。[②] 问题在于，同是共同正犯的下位类型，缘何实行共同正犯没有被分成不同的类型，并且不同的类型被赋予不同的脱离条件？这是不是在人为地分裂共同正犯的概念？共同正犯的成立基础以及处罚根据是统一的，为何对于共同正犯的脱离可以有不同的标准与条件？从这里也可以看出来，共谋共同正犯概念基本上从其诞生时起便存在内在缺陷。

四、结语

学说上通常都认为，教唆犯是教唆一个原本不存在犯罪意志的人去实施犯罪，而共谋共同正犯的实行者原本就有参与犯罪的意思，因此，

---

① Vgl. Eric Hilgendorf, Brian Valerius, Strafrecht, Allgemeiner Teil , 2013, §9 Rn. 83, 84.

② 参见王志祥、韩雪：《共谋共同正犯脱离制度在我国刑法中的确立》，载《国家检察官学院学报》2015 年第 2 期。

应该以犯意产生的先后去区分教唆者与共谋共同正犯：使他人产生犯罪决意的为教唆犯；与已经有犯罪决意者一起谋划犯罪的是共谋共同正犯。可是，既然让一个原本就有犯意的人去犯罪会构成不法内涵高的（共谋共同）正犯，那么，让一个原本没有犯意的人去犯罪（教唆犯）的不法内涵较前一情形显然应该更高，会导出教唆犯也应成立正犯的结论，如此则完全颠覆了通说关于正犯与共犯由于不法内涵高低而成立的法条竞合的补充关系。显然，这一标准是错误的。当然，实务上也有尝试以行为样态的标准来区分共谋共同正犯与教唆犯，主张在教唆犯之后如果还有详细谋议犯罪计划以及提供犯罪工具等诸种协力行为的，便从教唆犯转变为共谋共同正犯。其实，教唆之后的谋议行为或者提供犯罪工具行为也只是帮助的性质，按照教唆行为和帮助行为之间成立法条竞合的补充关系法理，最后也只能认定为教唆犯。教唆行为加上帮助行为等于正犯行为的做法，在法理上是不应成立的。即便若干个处于犯罪的边缘角色合力，也不可能相加后就能变成支配犯罪进程的核心角色。由此看来，教唆犯与共谋共同正犯根本无从区分，也正因为如此，日本的司法实务中接近98%的共同犯罪都是作为共同正犯（包括共谋共同正犯在内）来处理，而教唆犯却仅仅占0.2%[①]，便不难理解了。

共谋与教唆如何区分的标准让人眼花缭乱，关于标准的争论莫衷一是的背后其实代表着标准的恣意，随之而来的结局就是何为共谋、何为教唆任由论述者根据自己的需要随意主张。像是我国就有学者将德国实务上著名的“澡盆案”中请求自己姐妹帮助溺毙自己新生婴儿的生母视为共谋者。[②] 其实，在“澡盆案”中，婴儿的生母是由于自己产后身体极度虚弱而请求其姐妹帮助杀害婴儿的，是典型的教唆他人犯罪，怎么可以被认为是共谋者？简单点说，如果这都不算是教唆，那什么还能算是教唆？

---

① 参见［日］西田典之：《日本刑法总论》，王昭武、刘明祥译，中国人民大学出版社2013年版，第291页。

② 参见陈珊珊：《论共谋共同正犯》，载《时代法学》2006年第4期。

主张共谋共同正犯肯定论者和我国台湾地区实务见解均一致认为应从是正犯意思还是共犯意思的这一主观理论的角度切入来区分共谋共同正犯和帮助犯。事实上，之所以只能从主观角度来区分二者，原因在于帮助犯的成立可以在犯罪预备阶段提供助力，并且，只要并非不法构成要件所描述的构成要件行为，帮助的方式也没有限制，无论是物理的帮助抑或精神的帮助都可以建构帮助犯的不法基础。而共谋共同正犯同样在于预备阶段有参与贡献，而参与贡献的方式也无外乎向实行者提供精神助力或者物理帮助。但是，正犯与共犯区分的主观理论早已被历史证明是不可行的。因此，共谋共同正犯与帮助犯之间也无法清晰地划定各自的理论边界。

正因为共谋共同正犯和教唆犯以及帮助犯之间无法划出清晰的适用界限，导致我国实务中明文肯定共谋共同正犯的案例中正犯范围的恣意认定和扩张。而这些实务案例中认定为共谋共同正犯者，其实应属于教唆犯和帮助犯。对于预备阶段单纯共谋者的参与很轻微，而其他共谋者实行既遂的案例，实务见解一方面肯定单纯共谋者是共谋共同正犯，另一方面为了量刑的实质正义考虑，又认为共谋者是犯罪预备，更是明显违背了共同正犯之间交互归责的基本法理。这也从侧面凸显了共谋共同正犯理论的不合理性。

综上所述，一旦承认共谋共同正犯概念，将会把本已模糊的正犯与共犯的界限推向无解的境地，成为压垮区分制参与体系的最后一根稻草，从而全面走向单一制体系。因此，如果认为区分制参与体系是共犯参与体系较为不坏的选择，就不应引入共谋共同正犯概念。

对于包括共谋共同正犯在内的任何一个概念的引进，都不应该仅仅考虑其解决具体问题的合理性（甚至连是否合理也得打个问号）就对其过快且不假思索地继受，而必须将其放在当今整个刑法学的理论体系背景与未来发展趋势下进行系统的考察与检验，否则就会面临处处无法自圆其说的窘境。而更为严重的问题就是扭曲和掣肘整个理论体系的未来发展方向。

诈骗行为构造与非法占有目的的认定

史令珊[*]

关键词
非法占有目的　交易型诈骗　使用型诈骗　传销型诈骗

内容摘要： 非法占有目的的认定需要结合诈骗行为的构造具体展开。交易型诈骗中，交易对价的基础事实对于非法占有目的认定具有决定意义。如果交易对价客观存在，行为人虚构事实为了赢得交易机会或隐瞒了交易对象存在的权利瑕疵，不能认为行为人实施了非法占有行为。使用型诈骗的场合，应重视考察行为人取得财物的用途和资金走向。当大量资金及其流向无法查清，行为人对此无法作出合理解释，可以考虑推定非法占有目的。我国刑法规定的组织、领导传销活动罪属于传销型诈骗，团队计酬型传销依法不构成犯罪。传销型诈骗的认定应同时考虑多层级返利机制，以及销售活动的真实性。非法占有目的的认定还有必要注意欺诈发生的行业（领域）以及行为对象等。

---

* 中南财经政法大学国家治理学院讲师，法学博士。

一般人观念中的欺诈和诈骗有着相近的内涵，是否有必要将一定欺骗行为上升作为犯罪处理往往取决于造成的财产损失有多大。案件办理中，这种朴素的国民观念难免影响实务人员对诈骗罪成立范围的判断，民事欺诈与刑事诈骗之间的界限容易被模糊。根据我国刑法的规定，只有客观上虚构事实、隐瞒真相的行为导致了被害人财产损失，且行为具有非法占有目的时，行为才依法成立诈骗罪，非法占有目的是诈骗犯罪区别于单纯民事欺诈最鲜明的标志。非法占有目的的认定根本上是个事实问题，但由于属于主观要件，其成立与否需要根据案件事实综合判断，这就使得非法占有目的的概念充满浓厚的价值色彩，实践认定难免充满争议。近年来司法解释和司法文件围绕非法占有目的作出了大量列举式规定，这对于实务认定起到了重要的指导作用，但正如任何事物都具有两面性，采取司法文件的明文列举方式也难免存在局限，办案人员处理文件规定之外的情形很可能因为缺乏具体指引，面临认定上的难题。本文立足于刑事诈骗的行为构造，重点探讨交易型诈骗、使用型诈骗、传销型诈骗中非法占有目的的认定规则，以期对实践有所助益。①

一、非法占有目的：含义与认定思路

在讨论实践中非法占有目的的具体认定之前，有必要先对于概念的规范内涵进行清晰界定，当我们在讨论非法占有目的时，我们究竟在说些什么。面对同一事物或概念，当人们着眼的侧面不同，得到的结论也就不同，如何解释最终取决于追求的目标。如果仅就字面通常文义而言，占有作为社会生活中最基础的概念，意指占有人对不动产或者动产的实际管理和控制，那么只要是非法破坏了他人对财产实际管理和控制状态的，都能够被认为是非法占有的行为。罪刑法定时代，特定概念用

① 诈骗罪是一种发展变化十分迅速的犯罪，其行为类型多种多样，实务中还可能存在不同的组合和变种。本文主要是结合司法实践中常见或极具特殊性的诈骗行为类型，对非法占有目的的认定思路予以具体展开。

语的文义是刑法解释的起点，但许多时候严格遵照条文字面上的意思却并不能完全契合刑法的目的和精神。根据刑法规定，犯罪的本质是行为的严重社会危害性，即严重的法益侵害性。现实生活中，违约、侵权、非法使用等都侵犯了财产权利，但刑法的谦抑性特点决定了其不可能也不应该对生活当中所有的欺骗性行为进行规制回应，只有那些主观恶性与危害结果达到了一定严重程度的“高端欺诈”“深度欺诈”才值得被作为诈骗罪处理。因此，刑法理论和实务中非法占有目的的规范内涵远不止于字面含义，一般被解释为将公私财物非法转为自己或者第三人非法所有为目的。非法占有目的承载着限制刑法介入财产关系范围的机能，刑法中的非法占有，除了破坏他人对财物的实际占有，更重要的是，行为人将他人财物当作自己的所有物进行支配使用，深层次地侵害和动摇了他人财产所有权。非法占有目的的这一规范内涵及其功能定位近年来被多份司法解释和文件所明确肯定。

比如，2001 年最高人民法院《全国法院审理金融犯罪案件工作座谈会纪要》（以下简称 2001 年纪要）指出：“金融诈骗犯罪都是以非法占有为目的的犯罪。在司法实践中，认定是否具有非法占有为目的，应当坚持主客观相一致的原则，既要避免单纯根据损失结果客观归罪，也不能仅凭被告人自己的供述，而应当根据案件具体情况具体分析。根据司法实践，对于行为人通过诈骗的方法非法获取资金，造成数额较大资金不能归还，并具有下列情形之一的，可以认定为具有非法占有的目的：（1）明知没有归还能力而大量骗取资金的；（2）非法获取资金后逃跑的；（3）肆意挥霍骗取资金的；（4）使用骗取的资金进行违法犯罪活动的；（5）抽逃、转移资金、隐匿财产，以逃避返还资金的；（6）隐匿、销毁账目，或者搞假破产、假倒闭，以逃避返还资金的；（7）其他非法占有资金、拒不返还的行为。”

又如，2010 年《最高人民法院关于审理非法集资刑事案件具体应用法律若干问题的解释》（以下简称 2010 年解释）第四条第二款指出：“使用诈骗方法非法集资，具有下列情形之一的，可以认定为‘以非法占有为目的’：（1）集资后不用于生产经营活动或者用于生产经营活动与筹集资金规模明显不成比例，致使集资款不能返还的；（2）肆意挥霍集资款，致使集资款不能返还的；（3）携带集资款逃匿的；（4）将集资款用于违法犯罪活动的；（5）抽逃、转移资金、隐匿财产，逃避返还资金的；（6）隐匿、销毁账目，或者搞假破产、假倒闭，逃避返还资金的；（7）拒不交代资金去向，逃避返还资金的；（8）其他可以认定非法占有目的的情形。”

再如，2017 年《最高人民检察院关于办理涉互联网金融犯罪案件有关问题座谈会纪要》（以下简称 2017 年纪要）规定：“以非法占有为目的，使用诈骗方法非法集资，是集资诈骗罪的本质特征。是否具有非法占有目的，是区分非法吸收公众存款罪和集资诈骗罪的关键要件，对此要重点围绕融资项目真实性、资金去向、归还能力等事实进行综合判断。犯罪嫌疑人存在以下情形之一的，原则上可以认定具有非法占有目的：（1）大部分资金未用于生产经营活动，或名义上投入生产经营但又通过各种方式抽逃转移资金的；（2）资金使用成本过高，生产经营活动的盈利能力不具有支付全部本息的现实可能性的；（3）对资金使用的决策极度不负责任或肆意挥霍造成资金缺口较大的；（4）归还本息主要通过借新还旧来实现的；（5）其他依照有关司法解释可以认定为非法占有目的的情形。”①

现有司法解释和司法文件关于非法占有目的的认定思路，至少反映出如下特点：（1）司法文件都是围绕非法集资或者金融诈骗规定的情形，而且几乎都是以行为人获取资金后的态度和对资金的处分行为来认定行为人是否具有非法占有目的。（2）认定非法占有目的的具体情形整体上呈现扩大化趋势，比如 2017 年纪要所列明的“大部分资金未用

① 此外，2003 年《公安部关于对涉嫌非法出具金融票证犯罪案件涉及的部分法律问题的批复》规定：“对于行为人通过诈骗的方法非法获取资金，造成数额较大资金不能归还，并具有下列情形之一的，可以认定为具有非法占有的目的：（1）明知没有归还能力而大量骗取资金的；（2）非法获取资金后逃跑的；（3）肆意挥霍骗取资金的；（4）使用骗取的资金进行违法犯罪活动的；（5）抽逃、转移资金、隐匿财产，以逃避返还资金的；（6）隐匿、销毁账目，或者拒不说明资金去向，或者搞假破产、假倒闭，以逃避返还资金的；（7）其他非法占有资金、拒不返还的行为。”

于生产经营活动”“资金使用成本过高”“对资金使用的决策极度不负责任或肆意挥霍”等均是此前因在实践中产生争议较大而没有规定的情形。(3)重视综合判断。符合司法解释或者司法文件规定情形的,“可以”或者“原则上可以”认定行为人主观上具有非法占有目的。在非法集资或金融诈骗的场合,判断行为人主观上是否具有非法占有目的,考察资金的具体使用和行为人事后返还款项的态度无可厚非。不过,现实生活中还有大量欺骗行为并不涉及或是主要涉及资金的后续使用,难以适用或参照前述司法解释和司法文件关于非法占有目的的认定情形,而且,根据案件具体情况具体分析在实践中很容易沦为笼统性标准,造成司法认定的含混、不明确。本文正是受到司法文件规定特点的启发,尝试对于不同诈骗行为类型中非法占有目的的认定思路与方法,在理论上作进一步提炼。

二、交易型诈骗中非法占有目的的认定

交易型诈骗,指的是行为人以售卖或购买特定商品、服务等为由,骗取他人财物的行为类型。秉持诚实、恪守承诺是市场交易的前提和基础,但在经济交易中人们又不得不容忍某种程度的欺诈,所以只有那些法益侵害性与非难可能性达到一定程度的欺诈才可能进入诈骗罪的调整范围。在交易型诈骗的场合下,行为人虚构事实、隐瞒真相,如果完全不具备进行真实交易的行为事实,明显可以肯定其主观具有将他人财物非法所有的目的,依法构成诈骗罪。比如,《刑事审判参考》第1247号案例李某等诈骗案,被告人李某等明知无法为不符合国家成人教育招生条件和程序的人员办理正规有效的成人高等教育文凭,仍对外谎称能够办理并能上网认证,骗取被害人财物。[1] 第1264号案例吴某、张某某、刘某诈骗案,被告人与网络“关键词”注册持有人取得联系,虚构有

① 参见中华人民共和国最高人民法院刑事审判第一、二、三、四、五庭主办:《刑事审判参考》(总第113辑),法律出版社2019年版,第74~81页。

买家欲予高价收购的事实，以制作网络监测报告、专利证书、国际端口申诉等配套产品为由收取高额费用，事后查明这些业务根本不存在。[①]这两起案例中，行为人完全捏造交易的能力和事实骗取他人财物，行为的定性比较清晰。实践中，行为人虚构事实、隐瞒真相，提供了一定的商品或服务的情形，行为究竟属于单纯的民事欺诈还是诈骗犯罪，容易产生混淆。

案例1：谎称韩国化妆品诈骗案。张某等被告人成立甲公司，注册品牌化妆品，谎称韩国品牌销售。其实该化妆品系国内生产厂家生产，产品真实有用，价格也比较适中，并非伪劣产品。甲公司和张某谎称该产品为韩国产品，目的是便于销售。此外，甲公司为了提高产品销售量，在市场上公开招收代理商。甲公司主要有三个部门：招商部、导师部和物流部。甲公司在招代理商的过程中对代理商谎称产品不愁销售，为此让导师一人分饰两个角色，以导师身份传授代理商销售知识取得被害人信任，同时冒充美容院老板身份向代理商（被害人）订货。在销售的前六个月，该产品在市场上销售情况良好，代理商赚取了不少利润，为此大量订货。半年后，产品销售逐渐惨淡，最终导致货物囤积滞销。对于代理商所订货物，甲公司办理了部分退货，但因资金问题无力全部退货，导致有的代理商遭受数额较大的财产损失。其中部分未能退货的代理商遂以甲公司销售产品的品牌和促销方式虚假，犯诈骗罪为由，向当地公安机关报案。公安机关以诈骗罪立案侦查。[②]

案例2：冒充主任医师诊断案。秦某系某民营医院的院长，该医院中西医结合科的主任医师王某退休，为了不影响医院的经济效益，秦某决定让助理医师李某冒充王某坐诊开处方。三年间共计开

① 参见中华人民共和国最高人民法院刑事审判第一、二、三、四、五庭主办：《刑事审判参考》（总第114辑），法律出版社2019年版，第89~94页。

② 参见何荣功：《刑法适用方法论》，北京大学出版社2021年版，第80~81页。

具处方合计药物价值 180 万余元。对于秦某和李某行为的定性存在民事欺诈与诈骗犯罪的争议。

上述两个案例中行为人客观上都实施了虚构事实、隐瞒真相的行为，案例 1 中甲公司和张某声称提供有着广泛销路的韩国化妆品，结果提供产品为国内厂家生产，案例 2 中，李某冒充自己是具有更高信誉资质的主任医师坐诊、开药。肯定行为构成诈骗罪的观点通常会认为，即便案件中存在真实的商品、服务，但上述案件中交易相对方是为了特定品牌产品或有特定资质的服务才支付的费用，而实际上交易对象为行为人所虚构，行为应构成诈骗罪。这种看法从交易相对方的角度，充分评价了双方约定中交付对象的重要属性未能得到实现的事实，但是这种视角和结论恐怕不符合我国刑法的规定，特别是关于我国民事欺诈与诈骗犯罪之间应有界限的规定。诈骗罪保护的法益是财物所有权以及其他本权，案例 1 和案例 2 涉及的是特定商品或服务的出售，该类案件中，行为人以商品或服务的使用价值换取交易相对方的财物价值，行为人主观上是否具有非法占有目的和客观上是否属于非法占有行为，重点需要考察有无形成交易对价关系。

如果行为人交付的商品、服务不具备应当具备的价值功效，非法占有目的往往会被肯定，比如《刑事审判参考》第 1373 号案例阚某诈骗案，“被害人以投资、收藏的目的向行为人购买高档普洱茶、支付货款，行为人实际交付的却是低档普洱茶，虽然该普洱茶也有确定的市场价值，能够满足普通消费者的食用需求，但是高档普洱茶所具有的收藏和投资价值是其独有的特征，也是低档普洱茶所不具备的价值”。[①] 本案中商品明显不具备其本应具备的收藏价值，交付行为只是行为人对其非法占有他人财物的一种掩饰，依法成立诈骗罪。与此不同的是，案例 1 中双方约定的交易对象是可供销售的化妆品，事实上行为人也提供了具

① 参见中华人民共和国最高人民法院刑事审判第一、二、三、四、五庭主办：《刑事审判参考》(总第 124 辑)，法律出版社 2020 年版，第 70～75 页。

有真实效用、价格适中的产品，尽管对于品牌产地、销售前景实施了欺骗，但这并不影响化妆品的使用和正常销售，对于产地、商业前景或声誉度等的包装或夸大只是违反了诚实信用原则，不能简单地将行为认定为刑事诈骗。同样的，案例 2 中的病人需要具备医疗资质、知识的医生提供问诊、开药服务，最终也确由行为人所提供，不能因为在职称上存在欺骗行为就否认存在交易对价，进而认为行为人具有非法占有财物的目的。

刑法介入平等主体之间交易关系的正当性，应有别于民事法充分保障契约自由与诚实信用原则的立场。在我国，民事欺诈与刑事诈骗是严格区分、不能混同的，行为仅仅是为了赢得交易机会而夸大商品或服务的品质、效果，与根本上就没有交易意愿和交易对价的诈骗犯罪存在本质区别。如果前述案例中行为人提供的是价值低廉、质量粗劣“三无”化妆品或者行为人没有任何医术冒充医生给病人看病，虚开药物谋取非法利益，由于交易事实与对价根本不存在，行为依法构成刑事诈骗，而非民事欺诈。我国司法实践一直以来也是坚持这一判断思路，最高人民检察院在发布的典型案例吴某强、吴某祥等 60 人诈骗案中明确指出：“在网络销售型诈骗中，被告人为了达到骗取钱款的目的，需要对其出售的商品进行虚假宣传，这其中存在着与民事欺诈、虚假广告罪之间的界分问题。在办理这类案件时，检察人员要从商品价格、功能、后续行为等角度综合考虑。……行为人为了拓宽销路、提高销量，对所出售的商品作夸大、虚假宣传的，可按民事欺诈处理；情节严重的，符合虚假广告罪构成要件的，依法可以虚假广告罪论处。”

为了进一步理解交易事实与交易对价对于认定非法占有目的的意义，这里再举两个案例予以说明。

案例 3：租车“两头骗”案。“两头骗”案件在实践中的情形比较复杂，典型如行为人采取欺骗手段与汽车租赁公司签订租赁协议，后为了从他人处借款，谎称车主委托自己将车辆办理质押，获得借款后将大部分借款用于挥霍。

对于这类案件的定性，存在几种不同的观点，一种意见认为，行为人对车辆出租人、借款人同时构成诈骗罪，另一种意见则认为只对于车辆出租人构成诈骗罪，对借款人的行为只属于民事欺诈。

案例4：李某房屋转租案。李某在某大学租赁张某的房屋从事水果零售生意，合同约定房屋租期为三年，双方约定未经协商一致房屋不得随意转租。合同签订后，李某发现水果零售生意不景气，于是尝试将该水果店转租给王某，租期为剩余的二年六个月。李某担心张某不同意房屋的转租和避免转租中的麻烦，于是找到自己的朋友占某冒充张某并签字同意房屋转租，与王某签订了二年六个月的水果店租赁（转租）合同。后房东张某发现经营水果店的不是李某，问及其中缘故，才知道事情过程及真实情况。张某和王某遂以李某犯合同诈骗罪向公安机关报案。①

案例3中行为人对借款人隐瞒了其对于车辆仅享有使用权的事实，行为明显具有欺骗性，但是，行为人也确实使借款人占有车辆并依法享有质押权，即便款项最终无法归还，由于质押权的优先受偿受到法律保护，借款人并不存在财产损失，这种情况下，如果认定行为人存在不支付代价就取得借款的行为和意图显然与案件事实存在矛盾。与案例3行为人不具备办理质押的权限而行使这一权能类似，案例4中李某谎称自己从所有权人处获得了转租许可，其与王某签订的租赁（转租）合同明显存在权利瑕疵，不过这同样没有影响交易相对方获得实际对价，在本案中具体表现为王某事实上获得水果店的经营权，其所支付的租金并没有遭受损失，李某的行为不构成诈骗罪。相反，如果说上述案例中的行为人对车辆并不实际占有，或者说对于房屋没有任何的权利基础，虚构事实、隐瞒真相与他人签订合同，导致交易相对方根本无从获得相应

① 参见何荣功：《刑法适用方法论》，北京大学出版社2021年版，第78～79页。

对价，行为则可能构成诈骗罪。①

针对案例3和案例4的情形，实践中有一种观点认定行为构成诈骗罪，主要是基于无权处分就肯定行为人主观上对他人财物具有非法占有目的，没有针对受让人是否事实上取得了相关权益进行区分认定。实际上，无论是无权处分，还是违法甚至是涉嫌构成犯罪的交易行为，是否成立诈骗犯罪都必须考察交易事实与交易对价的有无。比如，赌博在我国是违法犯罪行为，但如果存在真实的赌博事实，符合刑法规定的，成立赌博罪；相反，如果行为人设置圈套诱人参赌，输赢受人为控制，骗取他人财物，那么，行为依法成立诈骗罪。② 还有，一些利用交易平台实施的欺骗行为定性，行为人没有经过国家有关主管部门批准，设立模拟的电子期货交易平台，采取骗术引诱客户从事期货交易，此类案件中行为人只要保证客户盈亏的市场涨跌真实性，比如以正规期货交易平台数据为准，并不存在伪造和篡改行情数据使他人盈亏的情况，那么便只能视情形依法认定为非法经营罪或者开设赌场罪，即便交易人遭受大额财产损失，也不能认为存在诈骗罪调整的问题。③

三、使用型诈骗中非法占有目的的认定

使用型诈骗，指的是行为人通过虚构或隐瞒财物用途的方法，骗取他人财物的行为类型。④ 根据行为和责任同时存在的原理，诈骗犯罪的故意和非法占有目的当然必须存在于诈骗行为实施之时，取得财产之后

---

① 类似案例如：张某自称房东，将上海市虹口区一套住房挂在网上出租，并在短短一个月内先后和6名租客签订租房合同并收取房租和押金，直到张某迟迟不交房，租客们才发现张某并不是户主，自己的租金也早被他拿去赌博挥霍。本案经上海市虹口区人民检察院提起公诉，法院以合同诈骗罪对张某判处刑罚。

② 参见中华人民共和国最高人民法院刑事审判第一、二、三、四、五庭主办：《刑事审判参考》（总第57辑），法律出版社2007年版，第33～42页。

③ 参见左袖阳：《虚拟期货交易平台案件的刑法定性》，载《环球法律评论》2023年第1期。

④ 所谓投资型、借贷型诈骗，是依据行为人所声称财物用途的不同，针对使用型诈骗行为人声称使用资金理由的不同作出的进一步划分。

才产生非法占有目的的，依法并不成立诈骗犯罪。但是，在使用型诈骗的场合，行为人实施欺骗行为，使自己能够在经过被害人授意的情况下在一段时间内支配使用财产，如果最终不能归还财产，单独从实施欺骗行为时的外观上来看难以判断损失究竟是经营投资失败造成还是诈骗犯罪的结果。使用型诈骗非法占有目的的认定往往需要诉诸行为人取得财物之后的态度和财物的具体使用情况，这与在交易场合重视从是否存在交付以及交付对象判断行为是否显示出非法占有所有他人财物的意图存在显著不同。只是，资金用途和财物处置的方式形形色色，行为符合司法解释和司法文件规定的情形与具有非法占有目的之间的常态联系也并不一定完全准确，有必要作进一步讨论。

（一）资金用途性质与非法占有目的的认定

实践中，行为人以欺骗手段取得他人财物使用的，财物的处置大体上存在以下三种情形：（1）按照合同或者与债权人约定使用财物，到期虽然不能偿还或者归还，但行为人积极履行偿还或者归还义务；（2）行为人取得财物后积极逃避偿还或者归还义务，比如积极隐匿财物，用于个人挥霍，或者进行违法犯罪活动，导致所使用财物无法归还；（3）行为人的行为既不属于第一种情形，也不属于第二种情形，比如行为人以欺骗手段取得银行贷款后改变资金用途，到期不能偿还。第一种情形与第二种情形分别属于典型的无罪、典型的有罪案件，事实能够比较明显地反映出行为人是否具有非法占有目的。值得进一步探讨，也是实践中产生争议较大的，是第三种情形中行为的定性，也就是行为人既没有按照约定使用资金，但也并不存在肆意挥霍、携带逃匿、销毁账目等明显显示出其意图排除所有权人支配，积极非法所有资金的情形。

目前，司法解释和司法文件针对行为人改变了资金用途的情形，大多都将资金用于生产、经营活动作为否定非法占有目的的事实根据。比如2010年解释规定“可以认定为‘以非法占有为目的’：（1）集资后不用于生产经营活动或者用于生产经营活动与筹集资金规模明显不成比例，致使集资款不能返还的”；2017 年纪要规定“可以认定具有非法占有目的：（1）大部分资金未用于生产经营活动，或名义上投入生产经营但又通过各种方式抽逃转移资金的”。这是因为，在一般社会观念看来，如果将资金用于生产经营有助于实现资金增值，提升资金的偿还能力，即便最终形成了财产损失也不能认为行为人非法占有该笔资金，因为行为人具有归还资金的意愿并客观上为此付出了努力。实践中也基本上能够对于行为人虽然没有将资金投入双方约定的用途，但投入属于生产经营活动的行为定性达成一致，例如，甲为企业吸收资金开展生产经营活动，以企业装修的名义向乙借款 10 万元，但是实际上该企业并不需要装修，所借 10 万元全部被用于了该企业其他项目的合法经营，最后因经营不善，该 10 万元无法偿还。[①] 沿着这一思路，有待我们进一步去归纳总结的是，现实中将资金投入不同性质、风险、回报率的各类用途，及其对于提升行为人资金偿还能力的具体判断问题。

比如，行为人擅自改变用途将资金用于投资股票、期货交易。

对于行为人违反约定将资金用于投资股票、期货交易能否认定非法占有目的，实务中持肯定和否定立场的案例都不乏见。《刑事审判参考》第 1372 号案例黄某某诈骗案中，一审、二审法院就针对黄某某将大量钱款用于高风险股票投资，能否认定其主观上的非法占有目的产生分歧。一审判决从事后造成财产损失的视角，认为行为人的投机行为属于明知没有还债能力而大量借款，二审判决从事前将行为人公司、个人

---

① 类似案例还可以参照《刑事审判参考》第 85 号案例郭某某被控贷款诈骗案，裁判理由指出，“郭某某最终将贷款人民币 300 万元分别以现金形式或者以所购房产用作贷款抵押等方式用于企业经营活动，而并非用于其个人经营活动及挥霍；贷款未能如其归还，确因郭某某等人对公司、企业经营管理不善所致，但该公司始终表示将尽快归还贷款本息，且担保单位亦未拒绝承担担保责任。因此，利用含有虚假项目的财务报表申请贷款，能否认定为‘以其他方法诈骗贷款’而构成贷款诈骗罪，关键在于结合案件的其他事实来证明行为人主观上是否具备‘非法占有贷款的目的’。根据《纪要》的上述精神，分析本案中对郭某某行为的不同定性，检察院主张郭某某主观上具有非法占有目的并构成贷款诈骗罪，显然是未能正确区分贷款诈骗罪（刑事违法行为）与贷款诈欺（民事违法行为）在主观方面的界限，而法院认定郭某某因主观上不具备‘非法占有目的’而不构成贷款诈骗罪，则准确地把握了二者主观方面的界限。”

房产价值与借款数额作比较，在考察二者基本持平的状况后评估将资金投资股市对其还款能力可能造成的具体影响。现实中高风险投资既可能提升资金再生能力，也可能对资金安全造成巨大风险，不过这种风险通常是相对而言的，某项投资对一个人来说可能是高风险，但对另一个人来说可能是适度风险。一般而言，在评估风险投资对于还款能力的影响时，至少需要综合考虑风险承受能力、预期的回报潜力、资金流动性、投资的多样化程度等因素。以将资金投入高风险领域为由认定行为人主观上具有非法占有目的，同样也离不开对行为人投资时的资产、负债状况、投资目标和风险承受能力的考察，如果能够确保投资过程中风险与回报的大致平衡，认定其罔顾偿还能力、极不负责任使用资金是不妥当的。

又如，行为人将资金用于偿还个人或公司债务。

2017 年纪要针对根据行为人“归还本息主要通过借新还旧来实现的”可以认定非法占有目的作出了规定，但是对于何谓借新还旧以及如何看待企业负债经营、行为人对外融资的情形未能作出适当指引。沿用特定用途有助于实现资金增值，提升偿还能力进而排除行为人主观上具有非法占有目的的思路，对于那些改变资金用途将资金用于归还债务的情形也应该作出区分，予以具体认定。如果资金是用来偿还公司生产经营所欠债务的，则也应当认为属于公司经营活动的一部分，一般情况下应否定非法占有目的的成立。但是，如果资金用于偿还的公司债务属于“拆东墙补西墙”，是对于提升资金偿还能力不具有实际意义的借新还旧，该情形下则可以考虑肯定非法占有目的。在资金用于偿还个人债务的场合，行为的性质同样有必要结合案件事实具体分析，不能因为骗得的资金用于偿还的是个人债务而非公司债务，就简单地肯定非法占有目的。资金用于偿还个人债务，如果确系因生产经营所欠，行为人偿还债务旨在维系公司日常运转从而提升还款能力，那么就不宜认定非法占有目的。

再如，行为人为募集资金向机构或个人支付高额服务费用。

实践中，一部分企业为扩大资金募集能力，委托机构或个人采用随机拨打电话、线下推广等方式吸引投资，并为此支付了高额费用是否属于2017年纪要中规定的“资金使用成本过高”“对资金使用的决策极度不负责任或肆意挥霍”，存在一定争议。资金的募集是公司生产经营活动的核心组成，当为此所支付的费用是与公司生产经营活动，提升款项支付能力相匹配，也即契合生产经营活动的目标和利益，此时即便支付的费用较高，也不应认为该支出属于恣意处置。对此有观点指出，可以依据生产经营活动的类型与规模，考量与其所必须偿还的骗取资金数额是否大致“相当”，以此认定行为是否具有非法占有目的。比如，从事洗车行这一薄利经营活动，与所骗取一两千万元借款的行为明显“不相当”，可以认定为“以非法占有为目的”；从事房地产开发这一经营行为，与所骗取一两千万元借款的行为则大致“相当”，难以认定具有非法占有目的。[①] 不过现实中评判一定的行业前景或利润高低并不十分容易，以涉案项目实际的整体盈利能力为基准来判断支付的高额费用所占的比例是否超出了合理限度，也许更具可操作性。如湖北某公司主营的油茶种植、加工和销售业务，在2013年收入600万余元，净利润负20万元；2014年收入140万元，净利润20万元；2015年收入102万元，净利润负122万元；2016年至2018年主营业务收入为0。在这种盈利状况下，涉案公司委托速某公司、舞某公司进行推广宣传，并将股权销售金额的30%作为佣金支付。[②] 本案就属于在公司盈利能力很弱的情况下，将股权销售金额的30%支付给中介机构，尽管从数额比例上看30%占比并非绝大多数，但是结合公司整体盈利状况可以发现，这与其盈利能力形成了强烈反差，本案人民法院判决认定行为属于肆意处置公司资金是合适的。

---

① 参见张宵月：《三方面准确认定生产经营借款型诈骗犯罪目的》，载《检察日报》2017年11月1日。

② 参见张金玉、阳韵：《使用资金极度不负责任应认定为具有非法占有目的》，载《人民司法》2022年第32期。

（二）非法占有目的的推定与举证责任

如前指出，最高司法机关数次针对非法占有目的的认定制发的司法文件，几乎都是以行为人获取资金后的态度和对资金的处置行为来认定行为人是否具有非法占有目的。这种做法的优势在于，减轻实践中认定非法占有目的的难度和不确定性，帮助司法人员将骗用或者获取其他不法经济利益的行为，与集资诈骗等刑事犯罪相区分并形成基本轮廓。问题在于，司法解释和司法文件重视资金用途对于非法占有目的的认定意义，使得实践中渐渐出现了这样一种认识或做法，如果无法查清资金的去向或具体用途，便认为案件的事实不清、证据不足，倾向于否定诈骗犯罪的成立。

案例5：被告人邓某、李某等人运营某网络金融平台，未经国家有关部门批准利用某网络金融平台发布虚假的借款项目，以高额利息为诱饵，承诺保本付息，并向社会不特定公众进行推广。被告人合谋通过签订虚假转让协议的方式，将所募集的2000万余元转入张某的个人账户，后该笔资金去向不明。案发时，尚有3300万余元无法归还。二审法院判决认为，根据现有证据不能必然得出邓某、李某等人意图非法占有该2000万余元资金的结论。一审法院在不能证实资金被邓某、李某等人实际占有，且不排除可能被其他人占有或者挥霍的情况下推定被告人将所募集资金非法占为己有，明显缺乏证据支持，且不能排除合理怀疑，故一审法院认定其犯集资诈骗罪定性有误，予以纠正。①

案例6：被告人吕某、李某谎称其所经营的某饲料有限公司需要向某公司购买农产品原材料，制作实际内容虚假的购销合同，与某银行支行处签订贷款合同，骗取贷款人民币300万元，造成银行损失人民币225万元。经查明，李某并未用于购销农产品，贷款被

① 参见北京市高级人民法院（2018）京刑终88号刑事判决书。

用于偿还债务等其他开支。被告人称上述款项被用于公司生产经营，却并未说明款项具体去向。人民法院认为，从现有证据看，不能证实被告人具有非法占有该贷款的主观目的，也无法排除被告人将贷款用于公司经营，故认定被告人犯贷款诈骗罪，事实不清，证据不足。①

案例7：在一起不服检察机关不起诉决定的刑事申诉案中，办案机关公开了听证会中的答复申诉理由，并将案件的处理作为防止刑法介入经济纠纷的典型。2019年3月，陆某向自己的朋友王某表示自己承包了南方某省某土方工程，并说服王某投资。随后，双方便签订了项目联合施工协议，约定资金由王某负责，陆某负责项目协调。协议签订后，陆某以做工程需要买保险、请人吃饭等为由，多次请王某出资近6万元。事后王某发现陆某并没有承包该土方工程，而是将上述款项用于消费，便催陆某还款。催要无果后，王某以陆某涉嫌诈骗罪向公安机关报案。公安机关经立案侦查，以犯罪嫌疑人陆某涉嫌诈骗罪移送审查起诉，检察院机关经过两次退回补充侦查，认为犯罪事实不清、证据不足，遂对该案作出不起诉决定。申诉人王某不服，提出刑事申诉。受案机关最终形成一致意见：原案证据既不能证明陆某虚构承接南方某省某土方工程的事实，也不能证明陆某有非法占有王某财物的故意；关于资金去向，是用于承揽工程中共同消费还是用于陆某个人消费，均未查清。原案因事实不清，证据不足，作不起诉的决定正确。②

这几起案件的共同点在于在案证据无法显示资金的去向、用途，行为人对于因自己欺骗行为造成的财产损失无法说明，或者说尽管提出了抗辩理由，但公诉机关经查证后并无客观证据相印证。2001年纪要指

① 参见江苏省溧阳市人民法院（2016）苏0481刑初147号刑事判决书。

② 参见范佳敏：《刑事诈骗还是经济纠纷 听证现场一一解答》，载微信公众号“芜湖检察”，2022年9月5日。

出，“在司法实践中，认定是否具有非法占有为目的，应当坚持主客观相一致的原则，既要避免单纯根据损失结果客观归罪，也不能仅凭被告人自己的供述，而应当根据案件具体情况具体分析”。前述办案机关将资金去向作为认定行为人是否具有非法占有目的的重要依据，而不是仅凭损失结果定罪，贯彻避免刑事手段插手民间经济纠纷的政策方针，这种谨慎立场在一定程度上反映出司法实践在对非法占有目的及诈骗犯罪调整范围的认识发生变化。但是，资金用途、流向查不清是否就意味着应否定犯罪的成立？如果对此持肯定意见，是否可能从单纯依据损失结果认定非法占有目的，走向了单纯依据资金用途、走向来认定非法占有目的的另一端？案件事实是整体性的存在，特别是考虑到使用型诈骗案件的特点，非法占有目的的认定通常需要考虑各个不同阶段的行为事实，综合判断相比于单一区分标准更有助于掌握案件的全貌。综合考虑案件的具体情况，在充分保障行为人反证权利的情况下，如果简单地以事实不清、证据不足将行为作无罪处理可能导致对犯罪打击的不力。[①]

刑事诉讼法第五十一条规定：“公诉案件中被告人有罪的举证责任由人民检察院承担，自诉案件中被告人有罪的举证责任由自诉人承担。”犯罪的认定由国家承担证明责任并达到证明标准是近代刑事法的一项基本原则。资金用途及其流向在使用型诈骗的场合属于重要的构成要件事实，在性质上属于公诉机关的举证范围，这意味着，行为人对于资金去向并不负担主动交代的义务，原则上不会因为拒不交代而受到刑法上的不利评价。2010 年解释将“拒不交代资金去向，逃避返还资金”规定为可以认定以非法占有为目的的情形之一，但实践中这一规定的适用必须受到严格限制，否则可能动摇司法机关依法承担证明责任。为避免违背事实有疑问时有利于犯罪嫌疑人和被告人的原则，有必要强调适用推定制度的限制条件。推定是一种事实认定方法，属于司法证明中的例

① 参见史令珊：《诈骗犯罪中非法占有目的的推定及其限度》，载《江汉学术》2022 年第 2 期。

外，使得一些事实不通过司法证明即可得到认定。[①] 推定制度并不符合刑事诉讼的基本原则和法律规定，但在受到法定程序和程序公正制约的情况下是被容许的。实践中运用推定需要满足以下两方面的重要条件：第一，公诉机关要针对基础事实要达到证明标准。第二，推定允许反驳，为被告人权利提供程序保障。在前文邓某、李某等人集资诈骗案中，邓某、李某无故将2000万余元转入他人账户后资金去向不明，且不能对此作出合理解释。在吕某、李某贷款诈骗案中，针对高达300万元的贷款款项损失，二人仅提出用于公司生产经营，却无法说明款项的具体去向，也没有客观证据相印证。办案机关如果针对案件中欺骗行为、大额资金去向不明等基础事实的证明达到确实、充分的证明标准，特别是在充分给予行为人提出反证的机会的情况下，行为人对于自己所借资金的用途和流向拒不交代或者不能作出合理解释，就不排除其主观上对借款具有非法占有目的。

随着信息技术的不断发展，犯罪活动也在发生结构性变化，资金的用途、流向难以查清的情况十分普遍，司法实务适应犯罪情势的变更，相应简化一些犯罪构成要件的证明具有现实必要性。近年来，不乏司法解释围绕资金性质的问题作出规定，例如，2010年《最高人民法院、最高人民检察院、公安部关于办理网络赌博犯罪案件适用法律若干问题的意见》第三条规定："对于开设赌场犯罪中用于接收、流转赌资的银行账户内的资金，犯罪嫌疑人、被告人不能说明合法来源的，可以认定为赌资。"2016年《最高人民法院、最高人民检察院、公安部关于办理电信网络诈骗等刑事案件适用法律若干问题的意见》第七条规定指出："确因客观原因无法查实全部被害人，但有证据证明该账户系用于电信网络诈骗犯罪，且被告人无法说明款项合法来源的，根据刑法第六十四条的规定，应认定为违法所得，予以追缴。"还有，2022年《最高人民法院、最高人民检察院、公安部关于办理信息网络犯罪案件适用刑事诉

① 参见邓子滨：《刑事法中的推定》，中国人民公安大学出版社2003年版，第504～507页。

讼程序若干问题的意见》第二十一条规定，“对于涉案人数特别众多的信息网络犯罪案件，确因客观条件限制无法收集证据逐一证明、逐人核实涉案账户的资金来源，但根据银行账户、非银行支付账户等交易记录和其他证据材料，足以认定有关账户主要用于接收、流转涉案资金的，可以按照该账户接收的资金数额认定犯罪数额，但犯罪嫌疑人、被告人能够作出合理说明的除外。案外人提出异议的，应当依法审查。”办案机关应充分关注信息网络社会财产流转的新特征，针对资金账户多、资金规模大、资金流向复杂的状况，整体性把握司法文件规定的情形以及推定的适用。在使用型诈骗案件中，虽然资金的具体流向无法查清，但如果现有证据已经能够证明资金没有投入生产经营活动或者投入生产经营活动的资金与所得资金明显不成比例，或者大量资金及其流向出现“断崖式”消失或中断，涉案人员无法对此作出合理解释，司法机关依法可以对被告人作出不利的认定。[①]

四、传销型诈骗中非法占有目的的认定

（一）我国传销犯罪的行为构造与本质

我国刑法第二百二十四条之一规定了组织、领导传销活动罪，关于组织、领导传销活动罪与诈骗犯罪的关系问题，一直以来无论是理论界还是实务界争议都比较大。时延安教授指出，传销犯罪不是诈骗犯罪，不需要认定非法占有目的，不应套用财产犯罪的原理解释经济犯罪。[②]张明楷教授认为：“在《刑法修正案（七）》公布之前，对组织、领导传销活动的行为一般以非法经营、诈骗、集资诈骗等罪论处；《刑法修

① 参见何荣功：《把握“非法占有目的”须考量五方面事实》，载《检察日报》2019年1月25日。

② 参见时延安：《组织、领导传销活动罪的入罪法理》，载《检察日报》2021年7月10日。

正案（七）》增设的组织、领导传销活动罪大体是一种诈骗犯罪。”[①] 陈兴良教授则明确提出，刑法第二百二十四条之一其实就是一种诈骗的特殊类型。[②] 实践中，针对同一事实的定性，有的在侦查起诉阶段是以集资诈骗罪移送，法院判决更改定性为组织、领导传销活动罪，有的则是完全相反。《刑事审判参考》2021 年第 6 辑刊登了《组织、领导传销活动罪与诈骗犯罪的界分》一文，从犯罪主观方面、犯罪客观方面、犯罪客体、犯罪所得处置等六个方面详尽论述了两罪的不同之处，不认为二者之间会发生竞合。[③] 组织、领导传销活动罪确实与诈骗犯罪在行为构造与罪责程度上存在明显差异，不过这并不意味着本罪不具备诈骗犯罪侵犯财产所有权的本质特征，本罪的成立仍需要进行非法占有目的的判断。

首先，采取多层级的返利机制本身是一种价值中立的营销手段，组织、领导传销活动罪中“骗取财物”的规定有其独立的构成要件地位。

我国刑法第二百二十四条之一规定：“组织、领导以推销商品、提供服务等经营活动为名，要求参加者以缴纳费用或者购买商品、服务等方式获得加入资格，并按照一定顺序组成层级，直接或者间接以发展人员的数量作为计酬或者返利依据，引诱、胁迫参加者继续发展他人参加，骗取财物，扰乱经济社会秩序的传销活动的，处五年以下有期徒刑或者拘役，并处罚金；情节严重的，处五年以上有期徒刑，并处罚金。”该条文中置于“骗取财物”之前的是关于传销行为手段的描述，也即传销组织基本的分层级、入门费特征，主张组织、领导传销活动罪与诈骗犯罪界分的观点通常会认为，本罪入罪的法理在于行为人制造了一个高度风险且带有欺诈性的经营模式，这种“拉人头”式的经营模式本

---

① 张明楷：《诈骗犯罪论》，法律出版社 2021 年版，第 1059～1060 页。

② 参见陈兴良：《组织、领导传销活动罪：性质与界限》，载《政法论坛》2016 年第 2 期。

③ 参见中华人民共和国最高人民法院刑事审判第一、二、三、四、五庭主办：《刑事审判参考》（总第 130 辑），人民法院出版社 2021 年版，第 250～260 页。

身就显示出了严重的社会危害性或者说法益侵害性，值得刑法规制。[①]

但其实，我们在现实生活中大量可见使用这种多层级返利机制来进行商业推广的合法经营模式，比如，保险从业人员每发展一个新的保险代理人，便可获得提成。又如，日常生活中，一些刚开业的餐馆为了打响名声、广纳客源，会开展一些消费返利的优惠活动，如餐馆允诺对能够拉来另外五人消费的顾客予以返利甚至免单。还有，电商平台的贴补活动。用户可以选择邀约好友注册账户，点击砍价、消费返利等等，邀请者与被邀请者实际上也形成了某种上下线关系，且邀请人能够因为被邀请人的购买行为而获取一定形式的利益。在这些日常生活中的合法例证中，行为之所以不涉嫌违法犯罪，除了因为利益绑定层级有限，更重要的是，经营主体实际提供了满足他人实际需求的产品或服务，存在真实的价值对换，创造了真实利润。与此相反的，则是不存在真实的财产交换，不是因销售行为赚取合理利润来维持经营，而是以发展更多下线人员所缴纳的资金，回填上线人员所需返利，这注定是引起资金损失的传销活动。也正是在此意义上，我国刑法第二百二十四条之一中的“骗取财物”有其独立的构成要件，成立组织、领导传销活动罪除了要具备传销活动的基本行为特征外，无法脱离“骗取财物”的认定，这是将本罪与具有经营性质的传销活动相区分的关键。

其次，我国刑法意义上的传销与行政法上的规定存在显著不同，存在真实经营活动的团队计酬型传销被排除在组织、领导传销活动罪规制的范围之外。

2005年国务院《禁止传销条例》第二条首次对行政法意义上的传销进行了界定：“本条例所称传销，是指组织者或者经营者发展人员，通过对被发展人员以其直接或者间接发展的人员数量或者销售业绩为依据计算和给付报酬，或者要求被发展人员以交纳一定费用为条件取得加入资格等方式牟取非法利益，扰乱经济秩序，影响社会稳定的行为。”

---

① 参见时延安：《组织、领导传销活动罪的入罪法理》，载《检察日报》2021年7月10日。

第七条根据第二条的规定进一步明确，该条例所禁止的分别是拉人头型、入门费型、团队计酬型这三种传销形式：“下列行为，属于传销行为：（一）组织者或者经营者通过发展人员，要求被发展人员发展其他人员加入，对发展的人员以其直接或者间接滚动发展的人员数量为依据计算和给付报酬（包括物质奖励和其他经济利益，下同），牟取非法利益的；（二）组织者或者经营者通过发展人员，要求被发展人员交纳费用或者以认购商品等方式变相交纳费用，取得加入或者发展其他人员加入的资格，牟取非法利益的；（三）组织者或者经营者通过发展人员，要求被发展人员发展其他人员加入，形成上下线关系，并以下线的销售业绩为依据计算和给付上线报酬，牟取非法利益的。”

我国刑法第二百二十四条之一将“以缴纳费用或者购买商品、服务等方式获得加入资格”与“按照一定顺序组成层级，直接或者间接以发展人员的数量作为计酬或者返利依据”以并列方式规定下来，所以，刑法意义上的传销必须同时满足入门费与拉人头两个要素，团队计酬型传销行为被明确排除在犯罪圈之外。2013 年《最高人民法院、最高人民检察院、公安部关于办理组织领导传销活动刑事案件适用法律若干问题的意见》第五条再次表明对于团队计酬行为出罪的司法立场，规定“传销活动的组织者或者领导者通过发展人员，要求传销活动的被发展人员发展其他人员加入，形成上下线关系，并以下线的销售业绩为依据计算和给付上线报酬，牟取非法利益的，是团队计酬式传销活动。以销售商品为目的、以销售业绩为计酬依据的单纯的团队计酬式传销活动，不作为犯罪处理。”“以销售商品为目的”“以销售业绩为计酬依据”的团队计酬，由于仍是在通过真实销售所得进行利润分配，这种经营活动，与不创造实际价值必然引起财产损失的传销型诈骗存在根本差别。

不可否认，组织、领导传销活动罪与诈骗罪在行为构造上存在差别，由于参与传销的人往往对参与活动的性质、取得利益的方式是清楚的，我国传销犯罪并不符合刑法理论和实务对诈骗犯罪经典构造的理解，即“行为人实施欺骗行为→对方陷入或者继续维持认识错误→对方基于认识错误处分（或）交付财产”。不过这并不妨碍二者在采取欺骗手段确定性地引起他人财产损失这方面是共通的，我国将组织、领导传销活动作单独规定主要是出于以下现实因素的考量。第一，便于刑法规制传销活动。[①] 在刑法修正案（七）之前，实践中传销一般按照非法经营罪或是诈骗犯罪处理，一些不应当作为犯罪处理的采取多层级返利机制的经营活动可能被认定为犯罪，而一些明显具有诈骗犯罪性质的传销活动却可能因为难以符合诈骗犯罪的基本构造，在认定时面临争议。第二，形成区别对待，罚当其罪。虽然传销活动的核心“剧本”往往是由组织、领导者创作、散播，但是传销活动的参与者对危害结果的发生与扩大也难辞其咎，大多数参与者自愿参与并为了获得高额返利而将身边人不断拉人，相比于诈骗犯罪，传销犯罪构造上的复杂性决定了有必要对其体现罪责评价上的区分度。第三，如果将组织、领导传销活动作为诈骗犯罪来处理，那么大量为追逐高额回报自愿加入其中、不断发展下线的参与者便居于被害人地位，对其遭受的财产损失要予以返还，这种结论不仅违反常情、常理，也无法起到正面引导作用。依据本文观点，组织、领导传销活动罪与诈骗犯罪一般不会发生竞合，主要是因为组织、领导传销活动罪的成立不要求存在受骗者或被害人，但这并不排斥本罪具有诈骗性质，本罪的成立要求行为人主观上具有非法占有他人财物的故意，客观上采取了违法的推广营销手段而且以没有创造真实利润的经营活动作为支撑。

（二）具体情形的认定

事物的性质根本上是由事物的构造决定的，组织、领导传销是否成立我国刑法第二百二十四条之一规定的传销型诈骗，同样需要立足于其构造。理解传销型诈骗的核心构造需要注意两方面内容：一是传销型诈骗与交易型诈骗、使用型诈骗等在构造上不同；二是传销型诈骗具备诈骗罪的本质。就前者而言，与交易型诈骗和使用型诈骗不同的是，传销型诈骗并不存在因欺骗遭受财产损失的被害人，参与者自愿加入组织获

---

① 参见黄太云:《〈刑法修正案（七）〉解读》，载《人民检察》2009 年第 6 期。

得返利资格并拉入下层级的参与者，多层级返利机制的有无对行为的定性具有重要意义。换句话说，重视多层级返利机制在组织、领导传销活动罪成立中的地位是由传销型诈骗的构造决定的。与交易型诈骗和使用型诈骗一样，传销型诈骗作为非法占有型财产犯罪，不能忽视行为人使用传销手段是否通过真实销售或项目盈利，这关系行为人是否具备不创造真实利润，必然引发资金链断裂，进而引起参与人财产损失的故意。

2018 年最高人民检察院下发的第 41 号指导性案例叶某某等组织、领导传销活动案“指导意义”部分就专门指出，除了聚焦入门费、设层级、拉人头等传销基本特征，还应围绕企业资金投入、人员组成、资金来源去向，判断传销组织有无实质经营活动，有无创造经济价值。该案的基本情况是，2011 年 6 月，叶某某等人成立宝某公司，先后开发“经销商管理系统网站”“金某网商城网站”（以下简称金某网）。金某网的经营模式是：（1）经上线经销商会员推荐并缴纳保证金成为经销商会员，无须购买商品，只须发展下线经销商获得推荐奖金，晋升成为股权会员，享受股权分红。（2）经销商会员或消费者在经销商会员处购物消费满 120 元以上，向宝某公司支付消费金额 10% 的现金，即可成为返利会员参与消费额双倍返利，可获一倍现金返利和一倍的金某币（虚拟电子货币）返利。（3）金某网在全国各地设立省、地区、县（市、区）三级区域运营中心，各运营中心设区域代理，由经销商会员负责本区域会员的发展和管理，享受区域范围内不同种类业绩一定比例的提成奖励。本案被告人辩解称，宝某公司是依照我国法律规定合法成立，公司的经营方式实现了消费者、商家、平台的共赢，属于消费模式的创新。人民法院经审理查明，涉案公司在香港、上海先后注册的食品、生物科技公司等均系空壳公司，公司的主要收入是保证金、10% 消费款，支出主要是返利、推荐奖和运营费用，组织、运营方式不具有可持续性，人员不可能无限增加，资金链必然断裂，符合传销活动骗取财物的本质特征。①

---

① 参见《叶某某等组织、领导传销活动案》，载《最高人民检察院公报》2018 年第 5 期（总第 166 号）。

指导性案例中涉案公司提供商品、服务明显只是名义上或虚拟的，自始至终未创造实际价值，传销活动属于传销型经营还是传销型诈骗，行为性质相对清晰。实践中更为复杂的，是行为人提供了一定形式的商品、服务，但究竟是被用作真实销售，还是被作为自上而下传递入门资格费的道具，容易产生混淆。下面通过两个案例予以说明。

案例8：新某培训网案。经营者采取“直销”的经营方式，推销新某培训网上的线上教学资源，包括教学讲座、培训视频、电子书刊等，消费者使用该网站进行线上学习须支付相应门槛费，在付费成为会员的同时，消费者便获得推介他人购买网站浏览权的资格，然后由新某公司根据既定的返利规则，给予会员推介分红、直推优惠等奖励。

案例9：电商平台化妆品案。某公司运营销售化妆品的电商平台，因销售业绩不理想，决定在全国范围内招募会员，通过会员发展下线的模式销售化妆品。每一个会员从银卡等级做起，让消费者通过自己的特定账户下单，会员得以积累记录当月的业绩，银卡等级会员若在三十日内业绩达到2500元，即可升级成金卡等级。金卡等级的会员可以开始自招代理，其业绩提成为21%～28%，按其属于金卡内部何种等级而定，金卡的级别越高，享有的提成返点也就越高。

上述两个案例都使用了金字塔式返利的营销机制不存在疑问，但在能否认为存在真实销售、经营活动的问题上，由于相关经营者极为巧妙地选取了推广营销标的，无论是由于个人体质不同，导致使用效果差异极大的美容化妆品，还是貌似就特定专业知识进行讲解的所谓授课视频，都在是否以销售为目的赚取利润的判定问题上较为模糊，从而导致办案机关证明涉案行为属于传销型诈骗，而不是单纯的业务推广模式，难度较大。司法实践中，只要一项有产品销售、存在返利层级、发展人头数量的经营模式涉嫌传销犯罪，组织者、领导者一般都会以团队计酬型传销不属于犯罪作为抗辩理由。有学者据此指出，“实践中一些非法传销行为难以清晰地归入‘诈骗型’抑或‘经营型’，既然存在推销商品、提供服务的情况，就很难说其不是一种经营行为”[①]。对此本文并不十分认同，尽管交易对象的特殊性、交易模式的花样翻新等，都会让团队计酬型传销与刑法所规制的拉人头、入门费式传销之间的界限含糊不清，但这并不意味着二者的界分没有必要抑或是完全无迹可寻，相反，这恰恰是判断在性质上属于行政违法的传销活动是否适用刑法的关键。

经过对实践中具体情形的归纳梳理，是判断销售商品、销售业绩是否真实至少需要考虑以下三个方面的内容。

第一，商品或服务的价值与定价。商品或服务定价的异常，往往能够说明经营活动的真实性。如果卖方所售商品不具有市场价值，或者就其易手价格而言明显超值，则该商品可能被认为是自下而上传递买方入门资格费的道具，反之如果定价与价值相匹配，则可以认为一定业务模式是试图从财产交换的过程中赚取售价与成本之间的差值利润，存在真实经营活动，不属于组织、领导传销活动罪规制的范围。

> 案例10：卢某某、何某某组织领导传销活动案。2016年，被告人卢某某购买单价398元产品后加入广东某生物工程有限公司，该公司依据代理商发展下线数量分为代理商、市级代理商、省级代理商、国级代理商、全球代理商共五级，代理商按照一定比例收取下级购买产品的销售额提成并依据所处不同代理级别每日按一定比例收取根据公司当日销售额分得的“推广费”。经人民法院查明，某运营中心及进口商品店有多种类别的商品销售，但必须购买特定的几种统一价格为398元的商品（如大米、木耳、面膜等）才能获得会员资格。[②]

① 时延安：《组织、领导传销活动罪的入罪法理》，载《检察日报》2021年7月10日。

② 参见广东省中山市第一人民法院（2017）粤2071刑初1538号刑事判决书。

该案中，虽然传销组织确有提供商品且商品具有一定的价值，但显然与其 398 元的价格不符。下线人员购买统一定价为 398 元的商品是为了获得会员资格而非真正购买该商品，而且下线人员普遍不关心上述特定商品的使用价值及价格，其目的在于获得加入及提成的资格，商品实际上为传递入门资格费的“道具”，其盈利的模式仍然是通过发展下线人数而非销售商品获得利润，所以其本质上属于无真实商品交易的传销型诈骗。

一些虚拟货币新型传销案件的处理也与上述判决思路一致，如果发行的虚拟币没有价值支撑，则很可能会被认为是传销活动的道具，而参与者购买虚拟货币的投资费用就会被认为属于传销活动入门费。比如在颜某、郑某、汪某等组织、领导传销活动罪一案中，人民法院在判决中指出，被告人以区块链、数字货币、加密货币投资的名义，通过境外虚拟币交易平台，发行不需要计算产生、没有价值支撑的“MH 币”，再通过网络推广、虚假宣传，建立起层级分明的组织体系，发展会员炒作交易“MH 币”，进行以投资为名、传销为实的行为，以骗取财物。① 相反，如果将具有使用价值并可以在各交易所自由买卖交易的虚拟货币作为传销对象，由于虚拟货币具有商品的属性和价值特征，因此即便发币行为本身或者业务模式属于传销活动，但也不构成我国刑法第二百二十四条之一规定的组织、领导传销活动罪。

需要注意的是，司法机关不能基于商品的销售价格明显高于成本价，就认为行为人采取了多层级返利机制，销售商品、销售业绩系虚假的，进而认定构成组织、领导传销活动罪。商品完全不具有实际价值与在商品销售过程中存在溢价在性质上有差异，定价是否明显偏离了实际价值应以市场价格作为参照。从理论上讲，商品的价格是围绕价值波动的，但现实中价值的确定十分复杂，真正的传销组织所销售的道具商品，往往是经过精心挑选的特定种类商品，这类商品或服务的价值认定

① 参见安徽省合肥市蜀山区人民法院（2021）皖 0104 刑初 39 号刑事判决书。

带有先天的模糊性与争议性，如蜂蜜、艾灸或电子学习产品、课件等，所以从商品或服务的定价入手审查其是否与使用价值存在严重偏离，从而否定销售活动的真实性，成立刑法意义上的传销犯罪，尽管是一项核心判断标准却仍需要其他标准作为辅助。

第二，产品的最终去向。为证明业务模式是真实地通过销售盈利，就有必要证明产品的最终去向是消费者，而不是仅在会员之间流转。如果产品只在会员之间流转，卖不出去或者卖出去的比例小，会员入门费所购买的商品只停留在数字上，这就较难证明是正常的销售盈利模式。

比如，权某、张某等组织、领导传销活动罪案。某公司通过该种模式吸引参与人员 2 万余人，非法获取资金数亿元，所谓的产品均由加盟人员购买，后台系统管理数据反映的全部奖励均来自加盟人员缴纳的资金。[①] 这种情况不同于以商品的使用价值换取买方的财物价值，赚得售价与成本之间差值利润的真实销售，可以认为，卖家试图通过道具商品的买卖，自下而上传递收取买方的入门资格费，并以此诱惑下游参与者继续推进这一循环。实践中，一些案件存在一部分商品被销往消费者，一部分商品则停留于参与者之间的情况，该情形下则需要判断真正的消费者与传销人员的比例，如果大多数商品都是传销人员的道具，只有少数商品转移给真正的消费者，符合其他条件的也属于传销活动；如有部分商品转移给真正的消费者，还需要进一步判断行为人主要是通过销售商品获利，还是通过收取入门费获利。倘若主要通过收取入门费获利，符合其他条件的，也应认定为传销活动。[②]

第三，返利机制的具体设置。多层级返利机制，尽管其本身是一种价值中立的营销手段，但是当利益绑定关系的会员层级过多、奖励机制过于激进，则可能产生恶化运营性质的风险性。实践中，采用传销手段进行促销的经营组织往往呈现出动态变化的过程，在一定的业务模式当中，如果行为人采用的返利激励机制较为激进，那么就注定要向参与者

① 参见江苏省徐州市泉山区人民法院（2017）苏 0311 刑初 34 号刑事判决书。

② 参见张明楷：《诈骗犯罪论》，法律出版社 2021 年版，第 1063 页。

分配更高的利润，由此导致总的利润空间被压缩。由于企业产品的销售和发展并不随着人员的增长而扩张，原本以销售盈利为主、激励措施为辅的经营活动，为了不至于入不敷出，销售具有一定质量价值的商品便容易转向相对质次价高、价格与价值愈加背离的伪劣产品，乃至纯粹的道具商品，从而保证正向盈利，因此，返利规则具体是如何设定的，也能在很大程度上说明企体销售和利润的真实性。

案例11：罗某公司系经核准的直销企业，涉案口服液为该公司直销产品。2012年初，郭某甲以恒某公司名义与罗某公司达成合作协议，由其负责销售涉案口服液等美容产品。郭某甲接手销售涉案口服液后，改变经营模式，旗下经销商由代理制改为会员制。具体方式为：涉案口服液零售价1680元/支，会员价796元/支，每5支为1套产品，至少购买1套产品才能成为会员。购买1套产品（3980元）成为普通会员，可以按会员价消费产品，但不享有发展下线资格，没有返利；购买2套（7960元）、6套（23880元）、10套（39800元）产品，分别成为钻石会员、小加盟店、大加盟店后可以发展下线。采用“倍增”方式发展下线会员，但一个会员只能发展两个直接下线会员，再发展的会员只能按照上述模式成为自己下线会员的会员，并按照加入先后顺序形成上下级关系，依此类推，无限发展。①

被告人及辩护人提出，其行为虽系传销行为，但是以销售商品为目的，以销售业绩为计酬依据的单纯的团队计酬式传销活动，不应作为犯罪处理。本案有一定市场价值的产品作为支撑，而且加入的一部分会员同时也是产品的使用消费者，此时销售活动、销售业绩的真实性有必要综合整个商业运作方式予以判断。人民法院经审查返利机制模式发现，上线会员的计酬依据虽与下线会员的销售业绩有关，但主要以发展下线

① 参见湖北省松滋市人民法院（2015）鄂松滋刑初字第00119号刑事判决书。

的人数为主，因为下线会员无论自己消费多少金额的产品都不计入销售业绩，上线也无报酬；下线会员即使销售了产品，但如果不与新会员挂钩也只能作为自身消费，会员本人与上线均无报酬。本案中，奖励机制的设置使参与者进购商品或服务在本质上并不以销售为导向，而看重的是高额返利。不论产品的价值与实际销量如何，其显然不属于以商品买卖盈利作为导向的业务模式，涉案公司对自己是以销售商品为目的的团队计酬型传销的抗辩难以成立，该案属于以拉人头为目的传销型诈骗。

五、余论

如前所述，诈骗罪是一种发展变化十分迅速的犯罪类型，随着社会文化以及人们生活观念与生活方式的变迁，诈骗犯罪的手段、对象、发生率等都会随之变化。办案人员除了需要关注诈骗行为类型的具体构造，相应调整认定行为人主观上是否具有非法占有目的的素材与侧重点，诈骗行为所发生的领域（行业）也会在很大程度上影响欺诈行为是否成立诈骗犯罪的判断，非法占有目的的认定需要考虑受骗者或者被害人遭受的财产损失是否值得刑法保护。众所周知，如果交易人的财产损失系交易机会、交易风险造成的，则属于风险自担的行为，与诈骗罪无关。比如，在从事邮票（币）平台交易中，价值 1 元的邮票（币）被炒至数百元甚至数千元，巨额收益和损失的风险都很高。特定领域交易对象本身价格的波动就受多种因素影响，交易相对方同意进行高风险交易就意味着默认了解市场的特点和风险，获得因市场价格浮动而产生收益的同时也应承担其造成的财产损失，行为人为了引人入局可能在行业前景或预期收益上虚构事实，隐瞒真相，但是这些特定领域（行业）利益和规则未必都值得刑法保护。如“套路贷”案件中，“套路贷”的行为模式基本上可以概括为行为人通过借贷合同与他人形成借贷关系，以“砍头息”“保证金”等名义使借款数额增加，并通过各种手段索要“债务”。该情形下如果同意签订借贷合同的另一方对所有事实与后果清清楚楚，就难以认为行为人客观上实施了诈骗犯罪行为，并非只要有

“套路”及有人承担财产上的不利后果就成立诈骗罪。与此不同的是，在打击整治养老诈骗专项行动中，一批专门针对老年群体实施的欺骗诱导行为被认定为诈骗罪。如行为人以“投资养老”“以房养老”等名义吸引投资，并宣传承诺高回报、低风险，案发时造成巨额款项无法归还，且受害人绝大多数是老年人。此类案件的处理，考虑到被害人的特殊性以及保护的必要性，往往不能简单地以被害人自陷风险或平等主体间的契约自由认定行为人无罪。因领域（行业）的特殊性，刑法介入保护财产关系的必要性可能出现一定程度的降低或者提升，即便客观上呈现相同或类似的行为构造，因交易对象或者行为对象的不同，对于行为社会危害性是否达到足以用刑法规制的判断也是不同的，这将从根本上影响认定非法占有目的的思路与方法。

纯正轻罪缓刑适用条件的解释适用*

魏　东**

关键词

纯正轻罪　缓刑适用条件　预防刑功能论　刑法解释融贯性论

内容摘要：纯正轻罪缓刑适用条件的研究方法论，有必要转向能够有效统摄刑法教义学方法论和罪刑法定原则统摄方法论的刑法解释融贯性论，凝练出纯正轻罪缓刑适用条件的规范功能类型，在此基础上进行规范功能类型化解释，进而实现规范功能类型化解释论融贯性。我国刑法中一般缓刑的适用条件，可以根据其规范功能类型划分为综合刑量条件、预防刑除外条件、特殊预防刑实质条件、一般预防刑实质条件等四个条件（缓刑适用条件规范功能类型四分法）。基于缓刑适用条件的预防刑功能论法理及其解释论融贯性要求，纯正轻罪缓刑适用条件，应当基于综合刑量无须审查论立场，确定为预防刑除外条件、特殊预防刑实

* 本文系四川大学法学院双一流专项研究课题“刑法解释方法的体系化与教义化探索”（课题编号：sculaw0505）的阶段性成果。

** 四川大学法学院教授、博士生导师，法学博士。

质条件、一般预防刑实质条件等三个条件（纯正轻罪缓刑适用条件规范功能类型三分法），进行规范功能类型解释，并且符合解释论融贯性要求。需要特别强调，“宣告缓刑对所居住的社区没有重大不良影响”的解释论，应当基于“一般预防刑实质条件论”具体阐释其规范内涵，才符合解释论融贯性要求。

引言：典型案例与问题意识

冉某某危险驾驶案：2023 年 12 月 3 日 21 时 45 分，冉某某因饮酒而呼叫代驾，代驾驾驶冉某某轿车到冉某某居住的小区大门口后离开，冉某某自驾车欲将该车停放至附近停车场（因小区内暂无停车位），行驶约 1.6 公里，在成都市青羊区西三环路三段内侧辅道距玉宇路路口约 50 米处，被执勤民警查获，查明冉某某血液酒精含量 297.4 毫克/100 毫升。冉某某在公安机关调查阶段即真诚认罪认罚，在检察机关审查起诉阶段即签署了《认罪认罚具结书》，公诉机关对其提出的量刑建议为拘役四个月、缓刑五个月，并处罚金。冉某某在庭审中明确认罪认罚并请求判处缓刑，辩护人亦在庭审中提出了判处缓刑的辩护意见。法院判决认为：有关司法解释明确规定危险驾驶罪被告人“血液酒精含量超过 180 毫克/100 毫升的”属于“一般不适用缓刑”的情形，被告人冉某某“醉酒驾驶机动车血液酒精含量 297.4 毫克/100 毫升，不符合醉酒驾驶犯罪判处缓刑的适用条件，本院曾发函要求公诉机关调整量刑建议，公诉机关未书面回函调整，故控辩双方提出缓刑意见，均不予采纳”，最终对冉某某判处拘役二个月，并处罚金人民币 3000 元。[①]

显性问题：冉某某犯轻罪（危险驾驶罪），其“血液酒精含量超过 180 毫克/100 毫升的”情节能够在何种意义上影响缓刑适用条件的解释适用？

轻罪治理是一个重大的时代课题。我国学者从刑法教义学上进行了

---

① 参见四川省成都市青羊区人民法院（2024）川 0105 刑初 78 号刑事判决书。

分析。首先，轻罪可以分为纯正轻罪与非纯正轻罪。纯正轻罪是指罪名意义上的轻罪，即最高法定刑为三年有期徒刑以下的犯罪；不纯正轻罪是指罪量意义上的轻罪，即无论犯罪的最高法定刑是否三年有期徒刑，只要该罪的法定刑中包含三年以下有期徒刑的量刑幅度，该部分犯罪就属于轻罪。其次，轻罪治理的重要法理。“在我国历史形成的重刑结构下，应当通过司法解释扩张轻罪范围、限缩重罪范围，扩大和完善非监禁刑、缓刑、社区矫正制度的适用，从而限制重刑的适用。”① 其中，“通过司法解释扩张轻罪范围、限缩重罪范围”有其特定含义，对此，我国有学者进一步指出：“对轻罪进行扩张解释，是指使轻罪的适用范围向较重的行为扩张，而不是指使轻罪的适用范围向更轻的行为扩张。”② 即在许多情形下实际上是对重罪的限制解释，而“对重罪原本就应当进行限制解释，因为如果对重罪进行扩张解释，基本上会违反罪刑相适应原则”③。因此，前述典型案例所涉危险驾驶罪是纯正轻罪，研究作为纯正轻罪的危险驾驶罪的缓刑适用条件，不但有利于实现个案公正，而且有利于“举一反三”地解决所有纯正轻罪（以及非纯正轻罪）缓刑适用条件的解释论问题，为深入研究轻罪治理时代课题并提出合理解决方案贡献理论智识。

由此可见，本案涉及轻罪治理领域刑法教义学的多个法理，诸如轻罪治理刑事政策理念（法理）、犯罪论、刑罚论（以及非监禁化论和免除处罚论）、罪刑关系论，单独审查其中某个法理，可能并不存在明显疑问（或者虽然存在争议但是争议不大）；但是，一旦具体个案中同时出现了多个“从宽处理”与“从重处理”情节时，多个法理之间的解释论融贯性问题就可能显现，直接影响具体个案中轻罪治理法理的解释论适用以及轻罪处理结果的最终确定（如是否适用缓刑）。本文探讨纯

① 陈兴良：《轻罪治理的理论思考》，载《中国刑事法杂志》2023 年第 3 期。

② 张明楷：《重刑化与轻刑化并存立法例下的刑法适用》，载《法学论坛》2023 年第 3 期。

③ 张明楷：《重刑化与轻刑化并存立法例下的刑法适用》，载《法学论坛》2023 年第 3 期。

正轻罪缓刑适用的解释论融贯性问题，以醉驾型危险驾驶罪为例，2023年《最高人民法院、最高人民检察院、公安部、司法部关于办理醉酒危险驾驶刑事案件的意见》（以下简称《2023 年意见》）第十条规定了 15 种情形“从重处罚”，第十一条规定了 4 种情形“从宽处理”，第十四条明确规定了 10 种情形“一般不适用缓刑”，其中包括“血液酒精含量超过 180 毫克/100 毫升的”“其他情节恶劣的情形”等，那么，轻罪司法上非犯罪化、非监禁化理念与《2023 年意见》第十条、第十一条、第十四条规定的法理之间如何实现融贯性？可以说，这个具体的问题意识，只有在将其上升为轻罪治理一般的问题意识之后，从一般的问题意识的理论高度，才能周全合理地对具体的问题意识予以有效解决。

因此，纯正轻罪缓刑适用条件刑法教义学的解释论融贯性问题意识，可以抽象凝练出以下三个问题（问题意识）：其一，纯正轻罪缓刑适用条件的研究视角转向；其二，纯正轻罪缓刑适用条件的规范功能类型论；其三，纯正轻罪缓刑适用的一般预防刑实质条件解释论。

一、纯正轻罪缓刑适用条件的研究视角转向

纯正轻罪缓刑适用条件的研究视角有多重，包括轻罪治理刑事政策视角、行政犯教义学研究视角、刑罚论研究视角、综合论研究视角等。本文提出纯正轻罪缓刑适用条件的解释论融贯性问题意识，可谓是一种解释论融贯性视角、综合论研究视角（的问题意识），需要综合采用各种研究视角并力求实现各种研究视角的解释论融贯性。

纯正轻罪缓刑适用条件的解释论融贯性视角，需要将论题放置于轻罪解释论融贯性的一般原则之下，展开深入研讨。轻罪中绝大多数都是行政犯（行政犯轻罪），而纯正轻罪基本上都是纯正行政犯轻罪。例如，针对非法经营罪、非法采矿罪、洗钱罪等行政犯（其中包含有大量非纯正的轻罪）的解释适用，通常会在行政犯的行为定性、不法、责任、共犯、竞合诸范畴，以及各范畴之间的关系等方面出现解释性争议。这些争议通常只出现在行政犯的解释适用中，而在传统的自然犯解

释适用中通常并不存在。又如，针对帮助信息网络犯罪活动罪、危险驾驶罪等纯正行政犯轻罪（几乎所有轻罪名都归属于行政犯）的解释适用，一方面，同样存在前述行政犯解释性争议，另一方面，还存在基于轻罪治理理论而需要特别讨论的轻罪司法上非犯罪化、非监禁化争议，轻罪解释适用中存在的这些争议可以进一步细分为轻罪司法上非犯罪化争议与轻罪非监禁化争议，以及轻罪定性处理中的其他争议。应当说，这是一种务实的、突出问题意识具体针对性的研究视角，强调针对这些争议所涉刑法教义学相关法理进行精细化阐释和运用，提出具有针对性的法教义学解决方案。客观而论，基于刑法教义学具体针对性视角的行政犯解释适用研究方法论（以下简称刑法教义学方法论），极大地推动了我国行政犯教义学理论的创新发展，有力地指导了我国行政犯司法实践；但是，毋庸讳言，刑法教义学方法论的创新发展并没有完全解决司法实践中出现的重大争议问题，对于行政犯具体罪名罪刑关系论的法理阐释仍然存在不少争议，对于具体案件的定性处理还有较多分歧，以致学术界难以形成理论共识，实践中难以实现类案同判，客观上形成了较多行政犯共识性解释难题无法获得有效解决的局面，并不令人满意。

针对行政犯（其中包含大量的行政犯轻罪）解释适用刑法教义学方法论所出现的行政犯共识性解释难题，学术界也予以了及时回应，这就是：部分学者在理论研究方法论上转向了刑法基本原则统摄视角，将行政犯解释适用中所出现的行政犯共识性解释难题，统摄于罪刑法定原则等刑法基本原则贯彻执行的高度来提出解决方案。例如，理论界针对行政犯共识性解释难题诟病最多、最集中、最具有代表性的批评意见是，认为法定犯的认定中违反罪刑法定原则的现象日渐增多，“试图冲破刑法构成要件、渲染以刑制罪、鼓吹超越刑事立法规定、建议修改刑法加重犯罪处罚力度等种种现象，在法定犯的适用中不断出现且尤为明显”①。在轻罪治理领域，理论界同样是重点针对轻罪司法上违反罪刑法定原则的问题提出批评意见，“某一行为在行政机关皆给予宽容或者

① 刘艳红：《法定犯与罪刑法定原则的坚守》，载《中国刑事法杂志》2018 年第 6 期。

能够运用行政处罚就可以适当处理的前提下，更应对通过扩张解释将其轻罪化的倾向抱有警惕，滥用刑罚、过宽打击将会过度耗费司法资源，产生极端的非正义，这是我们应当吸取的教训"[①]。应当说，将行政犯（以及行政犯轻罪）司法适用上的行政犯共识性解释难题，统摄归结为违反罪刑法定原则，问题意识是明确的，理论指导价值是巨大的，但是基于罪刑法定原则等刑法基本原则统摄视角的行政犯解释适用研究方法论（以下简称罪刑法定原则统摄方法论），问题意识的具体针对性明显不足，理论深刻性也有进一步明晰化的必要。

上述分析表明，一方面，刑法教义学具体针对性视角的行政犯解释适用研究尚存不足，对行政犯具体法理阐释中出现的观点分歧，尚没有找到有效解决分歧、形成共识的理论工具和方法论；更有甚者，部分研究成果意识到无法在既有的刑法教义学体系内有效解决行政犯共识性解释难题，片面强调各抒己见、求同存异，在一定程度上抛弃了有效解决行政犯共识性解释难题的理论旨趣，也在一定程度上阻滞了理论共识的创新发展研究。另一方面，刑法基本原则统摄视角的行政犯解释适用研究也存在不足，对行政犯法理研究单纯强调贯彻刑法基本原则，既不具体，也不全面，忽视了刑法论、犯罪论、刑罚论以及罪刑关系论层面的具体法理和方法论，也忽视了国家政治社会生活、刑事政策发展等意识形态层面的丰富内容和统领功能，同样无法在理论工具和方法论层面有效地统摄解决行政犯共识性解释难题。可见，行政犯解释适用研究，还需要在继续强化既有的刑法教义学具体针对性视角和刑法基本原则统摄视角的基础上，进一步转变思维，另辟蹊径，探寻新的研究视角。对此，本文认为，应当引入刑法解释的融贯性理论和方法论，在整合并超越既有的刑法教义学具体针对性视角和刑法基本原则统摄视角的基础上，探索创新基于刑法解释融贯性视角的行政犯解释适用研究，才能有效地统摄解决行政犯解释适用的行政犯共识性解释难题，并形成理论共

---

① 林维：《警惕轻罪适用中罪刑法定和无罪推定的背离》，载《法治日报》2022 年 6 月 22 日。

识。作为行政犯的纯正轻罪缓刑适用条件问题的理论研究，既需要运用刑法教义学方法论和罪刑法定原则统摄方法论，提出在司法上如何具体解决轻罪司法上非犯罪化争议、轻罪非监禁化争议以及轻罪定性处理中的其他争议等行政犯共识性解释难题的解决方案，又不能完全停留于刑法教义学方法论和罪刑法定原则统摄方法论的理论研究，而应该进行解释论融贯性视角、综合论研究视角转向，使行政犯共识性解释难题的解决方案符合解释论融贯性要求，然后才能有效解决纯正轻罪缓刑适用条件问题。

刑法解释的融贯性是刑法解释学的重要命题。尽管中国刑法解释的研究内容已经触及世界范围内刑法解释学所论及的基础理论与前沿理论诸问题，形成了较为完备的中国刑法解释学理论系统，但是，刑法解释的融贯性理论（命题）仅有少数刑法学者提出和关注，[①] 远没有获得应有的重视和充分的运用。例如，行政犯解释适用中所出现的前述行政犯共识性解释难题，往往都涉及刑法解释的融贯性问题，并且融贯性问题越来越凸显，甚至可以说，这些行政犯共识性解释难题在本质上就是刑法解释的融贯性理论所关注和讨论的核心问题。但是，如前所述，目前理论界提出的众多理论方案，诸如犯罪论、犯罪分层治理论、实质出罪论、能动司法论、罪刑法定原则论等，尽管相关理论研究也在一定程度上有力推动了刑法理论和司法实践的创新发展，但毋庸讳言，目前刑法学界总体上仍然停留于传统刑法教义学理论（以及罪刑法定原则论）的自我完善和自说自话，并没有深刻洞察刑法解释的融贯性问题，从而欠缺问题意识的理论深刻性。可以认为，正是由于既有理论研究欠缺问题意识的理论深刻性，避开了刑法解释的融贯性理论和方法论，仅凭刑法教义学方法论和罪刑法定原则统摄方法论，根本上就缺乏必要的、能够对症下药的理论工具和方法论，根本上就无法有效解决问题。因此，行政犯解释适用研究方法论，有必要转向能够有效统摄刑法教义学方法

① 参见魏东：《中国刑法解释学理论体系的本土化构建》，中国社会科学出版社 2023 年版，第 1、283 页。

论和罪刑法定原则统摄方法论的刑法解释融贯性论。

刑法解释学认为，所谓刑法解释的融贯性，是指刑法解释必须基于整体法秩序上的协调一致性要求，坚持协调一致的刑法解释原则、目标、立场和方法，确保刑法内部各要素之间、刑法与宪法及其他各部门法之间的逻辑协调一致性和信念相互证立性，而不至于出现解释过程和解释结论上无法解决的矛盾。① 可见，刑法解释的融贯性是建立在逻辑和信念（价值）两个层面上的整合命题：一是具有法理逻辑协调一致性（一致性论），强调消弭众多法理间的断裂和隔阂；二是具有信念相互证立性（相互证立性论），强调贯通信念间的价值融合和可解释性循环。此命题，可谓是刑法解释的融贯性二特性整合论（一致性与相互证立性整合论）。由此命题，可以类型化地阐释和验证刑法解释的融贯性问题：当部分刑法教义学法理间阐释缺乏协调一致性时（一致性存疑时），应当重点运用一致性论进行融贯性审查；当部分裁判结果背离刑法整体法理与意识形态时（相互证立性存疑时），应当重点运用相互证立性论进行融贯性审查；当刑法解释同时出现一致性存疑和相互证立性存疑的问题时，应从刑法解释的融贯性二特性整合论问题意识出发，全面审查刑法解释结论整体有效性和实践正确性，经由二特性整合论确保刑法解释的融贯性实现。简言之，刑法解释的融贯性命题，不仅关注刑法教义学方法论所涉犯罪论（以及其中的行为定型、不法与责任）、共犯论、刑罚论以及罪刑关系论等众多理论本身的正确性，而且更关注众多理论之间的逻辑协调一致性和信念相互证立性（二特性整合论），更强调刑法解释必须符合法理逻辑协调一致性和信念相互证立性的整体有效性（一致性与相互证立性整体有效性论）。

综上所述，纯正轻罪缓刑适用条件的研究方法论，有必要转向能够

---

① 参见魏东：《中国刑法解释学理论体系的本土化构建》，中国社会科学出版社 2023 年版，第 283 页。该书中，笔者给出的概念是："刑法解释的融贯性，是指刑法解释基于整体法秩序上的一致性和协调性要求，以协调一致的刑法解释原则、目标、立场和解释方法体系，确保刑法解释方法、过程和结论的逻辑一致性、协调性和相互证立性。"本文在概念的表述上有所调整，但是在概念的基本内容上没有变化。

有效统摄刑法教义学方法论和罪刑法定原则统摄方法论的刑法解释融贯性论。基于刑法解释融贯性论视角进行纯正轻罪缓刑适用条件的解释适用研究，强调有效统摄纯正轻罪缓刑适用条件的刑法教义学方法论，既要全面观照轻罪治理政策论、纯正轻罪论、缓刑论及缓刑适用条件论等法教义学原理，又要全面审查法教义学原理内部法理的一致性与相互证立性整体有效性论；强调罪刑法定原则统摄方法论，既要注意解释运用轻罪治理，尤其是纯正轻罪缓刑适用条件论所涉法教义学原理，又要注意将解释论统摄于罪刑法定原则进行一致性与相互证立性整体有效性论审查。总之，纯正轻罪缓刑适用条件的适用研究方法论，既不是单纯的刑法教义学方法论，也不是笼统的罪刑法定原则统摄方法论，而是能够有效统摄刑法教义学方法论和罪刑法定原则统摄方法论的刑法解释融贯性论，尤其强调进行刑法解释的一致性与相互证立性整体有效性论审查。

二、纯正轻罪缓刑适用条件的规范功能类型论

纯正轻罪缓刑适用条件的刑法解释融贯性论视角转向，需要借助刑法教义学方法论和罪刑法定原则统摄方法论，凝练出纯正轻罪缓刑适用条件的规范功能类型，在此基础上进行规范功能类型化解释，进而实现规范功能类型化解释论融贯性。因此，纯正轻罪缓刑适用条件的刑法解释融贯性论视角转向，需要突出强调两个关键命题：纯正轻罪缓刑适用条件的规范功能类型论和纯正轻罪缓刑适用条件的规范功能类型化解释论融贯性。前者是基础，后者是目标，即以纯正轻罪缓刑适用条件的规范功能类型论为基础，以实现纯正轻罪缓刑适用条件的规范功能类型化解释论融贯性为目标。

纯正轻罪缓刑适用条件的规范功能类型化解释论融贯性，是指基于刑法解释融贯性要求，对纯正轻罪缓刑适用条件的规范功能类型进行划分和类型化解释，使纯正轻罪缓刑适用条件的解释符合法理逻辑协调一致性和信念相互证立性的整体有效性（一致性与相互证立性整体有效

性论)。

关于缓刑适用条件的传统刑法教义学。一般认为,我国刑法第七十二条至第七十七条所规定的缓刑是一般缓刑,是指人民法院对于被判处拘役、三年以下有期徒刑的犯罪分子,在其具备犯罪情节较轻、有悔罪表现、没有再犯罪的危险、宣告缓刑对所居住的社区没有重大不良影响的条件时,暂缓其刑罚执行,在规定的考验期内若没有出现再犯新罪或者发现漏罪等法定的事由,原判刑罚就不再执行的制度。缓刑适用条件有以下三个:(1)犯罪分子被判处拘役或者三年以下有期徒刑的刑罚;(2)犯罪情节较轻、有悔罪表现、没有再犯罪的危险、宣告缓刑对所居住的社区没有重大不良影响;(3)犯罪分子不是累犯和犯罪集团的首要分子。[①] 不难发现,缓刑适用条件的传统刑法教义学,其中融入了罪刑法定原则统摄方法论,表面上看,缓刑适用条件的传统刑法教义学论明确列举缓刑适用三条件,既符合刑法第七十二条至第七十七条的规定,又符合法教义学的法理抽象特征。

但是,实质上分析,缓刑适用三条件各自的规范功能内涵不明确,规范功能类型化不足,各条件之间的规范功能关系并不清晰。例如,针对缓刑适用的第二个条件,我国有学者将其概括为适用缓刑确实不致再危害社会,其中,犯罪情节较轻、有悔罪表现、没有再犯罪的危险三个要素的设定是基于法律理由,宣告缓刑对所居住的社区没有重大不良影响是基于政策理由,[②] 但是,并没有从规范功能上阐释这些法律理由和政策理由的具体内涵,更没有明晰法律理由和政策理由的规范功能关系,难以实现刑法教义学法理的解释论融贯性,其根本缺陷在于研究视角问题:仅停留于刑法教义学方法论和罪刑法定原则统摄方法论,而没有进一步进行缓刑适用条件的刑法解释融贯性论视角转向。

基于缓刑适用条件的刑法解释融贯性论视角转向,可以凝练出缓刑适用条件的规范功能类型,进而可以进行纯正轻罪缓刑适用条件的规范

---

① 参见贾宇主编:《刑法学(上册·总论)》,高等教育出版社2023年版,第365~367页。

② 参见张明楷:《刑法学》,法律出版社2021年版,第790页。

功能类型划分。分析传统刑法教义学中的缓刑适用条件论，可以发现：一方面，缓刑属于刑罚范畴，具体归属于刑罚暂缓执行[①]范畴，应当运用刑罚论的报应刑和预防刑理论进行法理解释，其中主要是运用预防刑理论，因为对犯罪人适用缓刑的根本意义在于预防犯罪份子再次犯罪[②]，同时不至于出现明显不利于一般预防的后果（与一般预防法理不存在明显矛盾）。另一方面，传统刑法教义学在具体列举、分析缓刑适用条件时，又没有完全遵循缓刑适用条件的预防刑功能论进行法理构造和功能解释，而是采取如前所述的就事论事解释方法，分别论述各种法律理由和政策理由，在一定程度上忽视了从规范功能上阐释这些法律理由和政策理由的具体内涵，忽视了法律理由和政策理由的规范功能关系。

因此，基于缓刑适用条件的预防刑功能论法理进行分析，尚有必要重新审视传统刑法教义学中的缓刑适用条件，重塑缓刑适用条件的规范功能类型。在此基础上，对纯正轻罪缓刑适用条件的规范功能类型进行划分和类型化解释，使纯正轻罪缓刑适用条件的解释符合法理逻辑协调一致性和信念相互证立性的整体有效性。

其一，对传统刑法教义学中的缓刑适用的第一个条件进行规范功能类型解释：将其解释为综合刑量条件（报应刑和预防刑的综合刑量条件、综合刑量要素）。显然，纯正轻罪（不包括被判处管制或者免除处罚的纯正轻罪）完全符合这一条件，因为纯正轻罪本来就是根据综合刑量（法定刑最高刑为三年以下有期徒刑）来界定的，因而纯正轻罪缓刑适用条件中不必再讨论综合刑量条件。

其二，对传统刑法教义学中的缓刑适用的第二个条件进行规范功能类型解释：将其解释为预防刑实质条件（预防刑要素），具体包括特殊预防实质条件和一般预防实质条件（特殊预防要素和一般预防要素）。

那么，基于缓刑适用条件的预防刑功能论法理进行分析，如何认识传统刑法教义学中的缓刑适用的第二个条件所包含的四个要素，即犯罪

---

① 贾宇主编：《刑法学（上册·总论）》，高等教育出版社2023年版，第363页。
② 贾宇主编：《刑法学（上册·总论）》，高等教育出版社2023年版，第365页。

情节较轻、有悔罪表现、没有再犯罪的危险、宣告缓刑对所居住的社区没有重大不良影响的条件？本文认为，基于缓刑适用条件的预防刑功能论法理进行分析，可以得出以下三个结论：第一，犯罪情节较轻原则上不属于纯正轻罪领域的预防刑实质条件。因为犯罪情节较轻是针对所有轻罪名和重罪名所作的一般规定，以此确定具体犯罪的综合刑罚量，犯罪情节较轻在规范功能上是确定具体犯罪的综合刑罚量（犯罪分子被判处拘役或者三年以下有期徒刑的刑罚）的必要条件，既然纯正轻罪的综合刑罚量（法定刑）已经符合要求，换言之，犯罪情节较轻已经由立法（者）纳入纯正轻罪的综合刑罚量（法定刑）进行了特别考量，并且作出了立法规定（轻罪的法定刑立法配置），那么，犯罪情节较轻就不应纳入纯正轻罪领域的预防刑实质条件之中考量。只有重罪名才需要考量犯罪情节较轻，因为重罪名只有在犯罪情节较轻时，才可能符合犯罪分子被判处拘役或者三年以下有期徒刑的刑罚这一综合刑罚量条件。同时，犯罪情节较轻本来就不是预防刑实质条件的内容，不能说，只要犯罪情节较轻（即便犯罪分子拒不认罪悔罪），就有利于实现特殊预防和一般预防；也不能说，只要不属于犯罪情节较轻（即便犯罪分子真诚认罪悔罪），就一定不利于实现特殊预防和一般预防。第二，有悔罪表现、没有再犯罪的危险是纯正轻罪领域的特殊预防刑实质条件。显然，尽管纯正轻罪符合犯罪分子被判处拘役或者三年以下有期徒刑的刑罚这一综合刑罚量条件，但是，纯正轻罪的犯罪分子如果没有悔罪表现，就应当认定其具有犯罪的危险，就不符合特殊预防刑实质条件。第三，宣告缓刑对所居住的社区没有重大不良影响是纯正轻罪领域的特殊预防刑实质条件和一般预防刑实质条件（没有重大不良影响的双重预防刑实质条件）。当纯正轻罪犯罪分子符合特殊预防实质条件（已包含在有悔罪表现、没有再犯罪的危险特殊预防刑实质条件之中）时，由于消除了再犯危险，当然就符合宣告缓刑对所居住的社区没有重大不良影响的要求；当不至于出现明显不利于一般预防的后果（与一般预防法理不存在明显矛盾）时，当然也符合宣告缓刑对所居住的社区没有重大不良影响的要求。因此，宣告缓刑对所居住的社区没有重大不良影响的文义内涵，尽管是纯正轻罪领域的特殊预防刑实质条件和一般预防刑实质条件的总和（以下简称没有重大不良影响的双重预防刑实质条件论），但是，在犯罪分子已经有悔罪表现、没有再犯罪的危险这一特殊预防刑实质条件的前提下，没有必要再审查宣告缓刑对所居住的社区没有重大不良影响所内含的特殊预防刑实质条件（因为特殊预防刑实质条件已经在有悔罪表现、没有再犯罪的危险中审查确定了），而只需要特别审查宣告缓刑对所居住的社区没有重大不良影响所内含的一般预防刑实质条件（以下简称没有重大不良影响的一般预防刑实质条件论）。申言之，宣告缓刑对所居住的社区没有重大不良影响的规范功能解释论，应由没有重大不良影响的双重预防刑实质条件论转向没有重大不良影响的一般预防刑实质条件论。亦即只有将宣告缓刑对所居住的社区没有重大不良影响这一规定，规范功能性地解释为一般预防刑实质条件，才符合缓刑适用条件的刑法解释融贯性要求，这就是没有重大不良影响的一般预防刑实质条件论命题的具体内涵。

显然，作为纯正轻罪缓刑适用条件的预防刑实质条件，即犯罪情节较轻、有悔罪表现、没有再犯罪的危险、宣告缓刑对所居住的社区没有重大不良影响，在纯正轻罪犯罪分子具备有悔罪表现、没有再犯罪的危险两个条件时，应当依法确认犯罪分子符合预防刑实质条件中的特殊预防刑实质条件（其中犯罪情节较轻应作为综合刑量条件）；在纯正轻罪犯罪分子具备宣告缓刑对所居住的社区没有重大不良影响要素时，应当依法确认犯罪分子符合预防刑实质条件中的一般预防刑实质条件。根据诠释性循环理论，对特殊预防刑实质条件和一般预防刑实质条件进行如下判断（解释结论）：纯正轻罪缓刑适用条件的特殊预防刑实质条件，是纯正轻罪犯罪分子具备有悔罪表现、没有再犯罪的危险两个条件；纯正轻罪缓刑适用条件的一般预防刑实质条件，是纯正轻罪犯罪分子具备宣告缓刑对所居住的社区没有重大不良影响条件；作为纯正轻罪缓刑适用条件的预防刑实质条件，是特殊预防刑实质条件和一般预防刑实质条件的总和，具体要求是，纯正轻罪犯罪分子同时具备有悔罪表现、没有再犯罪的危险两个条件和宣告缓刑对所居住的社区没有重大不良影响条件。

其三，传统刑法教义学中的缓刑适用的第三个条件是预防刑除外要素（除外条件）。纯正轻罪的犯罪分子如果是累犯和犯罪集团的首要分子，明显不符合缓刑适用条件的预防刑功能论，当然不符合缓刑适用条件中的特殊预防实质要素和一般预防实质要素（除外条件的双重预防功能论）。显然，纯正轻罪缓刑适用条件中的预防刑除外条件比较客观、明确，通常不存在争议，故纯正轻罪缓刑适用条件中不必再讨论这一条件。

综上所述，基于缓刑适用条件的预防刑功能论及其解释论融贯性要求，可以得出结论：（1）我国刑法中一般缓刑的适用条件，根据其规范功能类型划分为以下四个：一是犯罪分子的综合刑量条件，即被判处拘役、三年以下有期徒刑的犯罪分子和犯罪情节较轻；二是预防刑除外条件，即对于累犯和犯罪集团的首要分子，不适用缓刑；三是特殊预防刑实质条件，即有悔罪表现，没有再犯罪的危险；四是一般预防刑实质条件，即宣告缓刑对所居住的社区没有重大不良影响。基于缓刑适用条件规范功能类型四分法，应当对综合刑量条件、预防刑除外条件、特殊预防刑实质条件、一般预防刑实质条件，进行规范功能类型解释，并且符合解释论融贯性要求。（2）基于缓刑适用条件的预防刑功能论及其解释论融贯性要求，纯正轻罪缓刑适用条件，应当基于综合刑量无须审查论立场，确定为预防刑除外条件、特殊预防刑实质条件、一般预防刑实质条件等三个条件。（3）根据纯正轻罪缓刑适用条件的规范功能类型划分，纯正轻罪缓刑适用条件只包括预防刑实质条件和预防刑除外条件两个方面（预防刑实质条件和预防刑除外条件论），其中，预防刑实质条件具体包括特殊预防刑实质条件和一般预防刑实质条件；而不需要将传统刑法教义学中的综合刑量要素作为缓刑适用条件进行特别审查（综合刑量无须审查论），因为纯正轻罪当然符合缓刑适用条件中的综合刑量条件（被判处拘役、三年以下有期徒刑的犯罪分子）。（4）在作为纯正轻罪缓刑适用条件的预防刑实质条件中，有悔罪表现、没有再犯罪的危险是特殊预防刑实质条件（特殊预防刑实质条件论），宣告缓刑对所居住的社区没有重大不良影响是一般预防刑实质条件（一般预防刑实质条件论）。(5) 纯正轻罪犯罪分子在符合特殊预防实质条件和预防刑除外条件这一前提条件限定（前提条件限定论）时，只需要集中审查判断宣告缓刑对所居住的社区没有重大不良影响中的一般预防刑实质条件（一般预防刑实质条件论），并且宣告缓刑对所居住的社区没有重大不良影响中的一般预防刑实质条件是决定对纯正轻罪犯罪分子适用缓刑的唯一决定因素（一般预防刑实质条件决定论）：只要符合宣告缓刑对所居住的社区没有重大不良影响中的一般预防刑实质条件，依法应认定纯正轻罪犯罪分子符合缓刑适用条件，并决定对纯正轻罪犯罪分子适用缓刑；只有不符合宣告缓刑对所居住的社区没有重大不良影响中的一般预防刑实质条件时，才能依法认定纯正轻罪犯罪分子不符合缓刑适用条件，并决定对纯正轻罪犯罪分子不适用缓刑。可见，对纯正轻罪缓刑适用条件的判断，是基于缓刑适用条件的预防刑功能论及其解释论融贯性要求，由一系列新命题重塑了纯正轻罪缓刑适用条件的新法理：一是纯正轻罪缓刑适用条件，坚持预防刑实质条件和预防刑除外条件论、综合刑罚量无须审查论；二是纯正轻罪缓刑适用条件中的预防刑实质条件，坚持特殊预防刑实质条件论、一般预防刑实质条件论；三是纯正轻罪缓刑适用条件中的一般预防刑实质条件，坚持前提条件限定论、一般预防刑实质条件决定论。

不难看出，纯正轻罪缓刑适用条件的新法理塑造，对于重塑非纯正轻罪以及重罪的缓刑适用条件新法理也具有启发意义，有利于重塑缓刑适用条件的预防刑功能论统摄命题。

三、纯正轻罪缓刑适用的一般预防刑实质条件解释论

纯正轻罪犯罪分子在符合特殊预防实质条件和预防刑除外条件（前提条件限定论）时，基于一般预防刑实质条件论、一般预防刑实质条件决定论，纯正轻罪缓刑适用的一般预防刑实质条件宣告缓刑对所居住的社区没有重大不良影响，值得特别研究。

如前所述，宣告缓刑对所居住的社区没有重大不良影响的解释论，应当基于一般预防刑实质条件论来具体阐释其规范内涵，才符合解释论融贯性要求。所谓一般预防，是指通过制定、适用和执行刑罚，防止犯罪的发生。基于预防犯罪目的所裁量的刑罚，属于预防刑。[①] 要达到一般预防的目的，应当特别注意刑罚的适当性、公开性和及时性，其中，缓刑适用涉及刑罚的适当性以及适用和执行刑罚等问题。理论上，有学者认为，制定、适用和执行刑罚，既要考虑特殊预防，也要考虑一般预防，二者不可偏废，如果舍弃了其中的任何一个方面，刑罚的目的都将难以实现。[②] 另有学者认为，裁量预防刑时应当重点追求特殊预防，不得使积极的一般预防优于特殊预防；裁量预防刑时难以追求积极的一般预防，不得追求消极的一般预防；但是，如果一般预防的必要性小则应当从宽处罚。[③] 这些论述，表明一般预防在刑罚功能论和刑罚目的论上的具体阐释还存在争议。对此，有学者指出，积极的一般预防是以确立公民对刑法的忠诚为特征的（忠诚论），[④] 表明刑法观念上的一个重大转折，积极的一般预防建立在使公民学会忠诚的基础之上，公民不再是威吓的客体，而是获得了某种人格体的存在，从而通过理性的刑罚制度的建构，使之从社会认同中获得正当性，对公民产生亲和力，使之不再是在刑罚威吓力的作用下恐惧的对象，而是能够从中感受到正义的信赖，乃至信仰的对象。这是一个刑法融入社会，融入公民心灵的漫长过程。[⑤]

本文认为，积极的一般预防忠诚论观点，较好地诠释了宣告缓刑对所居住的社区没有重大不良影响的解释论根据，有利于证成一般预防刑实质条件论的解释论融贯性。申言之，宣告缓刑对所居住的社区没有重大不良影响的解释结论是：宣告缓刑对所居住的社区没有造成动摇公民

---

① 参见张明楷：《论预防刑的裁量》，载《现代法学》2015 年第 1 期。

② 参见吴振兴主编：《刑法学通论》，高等教育出版社 1993 年版，第 350 页。

③ 参见张明楷：《论预防刑的裁量》，载《现代法学》2015 年第 1 期。

④ 参见周光权：《刑法诸问题的新表述》，中国法制出版社 1999 年版，第 28 页。

⑤ 参见陈兴良：《刑法研究》（第十卷），中国人民大学出版社 2021 年版，第 65、69 页。

对刑法的忠诚信念，没有造成社区严重恐惧、恐慌或者怀疑生活安全等，就符合宣告缓刑对所居住的社区没有重大不良影响所内含的一般预防刑实质条件。在具体解释宣告缓刑对所居住的社区没有重大不良影响时，还应注意以下问题。

（一）宣告缓刑对所居住的社区没有重大不良影响的反对解释

反对解释，又称反面解释、反面推论、反向推论，是指根据刑法条文的正面表述，推导出其反面含义的解释方法。反对解释的逻辑前提是，刑法条文已从正面规定了引起某一法律效果的全部条件（充分必要条件）或者必要条件；如果刑法规定不具备上述逻辑前提，例如，法条所确定的条件只是法律效果的充分条件（而不是充分必要条件或者必要条件），则不得进行反对解释。反对解释不得违反法律的规定，在公法领域适用法无明文规定即禁止，而在私法领域适用法无明文禁止即允许，因此在公法领域进行反对解释的可能性较小，而在私法领域进行反对解释的空间比较大。[①] 反对解释的独特功能价值，在于其不过是一种拒绝类推的表示，[②] 以及其从反面揭示刑法规定不适用之情况，使其含义更加明晰，从而更有利于刑法规定的正确适用。[③]

根据反对解释原理，纯正轻罪犯罪分子所居住的社区强烈反对或者较多的居民反对对其适用缓刑的情形，或者对其适用缓刑将引起所居住的社区感到较大恐慌的情形，应当否定宣告缓刑对所居住的社区没有重大不良影响，依法认定不符合纯正轻罪缓刑适用的一般预防刑实质条件。这里有几个问题值得讨论：其一，所居住的社区的解释问题。到底是应该作狭义的解释，还是作广义的解释？对此，原则上可以作狭义的解释，但是又不能过于机械。例如，犯罪分子所居住的小区以及相邻的

---

① 参见王文胜、周晓晨：《重构法律解释学中的反面解释》，载王利明主编：《判解研究》2007 年第 6 辑，人民法院出版社 2008 年版，第 157 ~ 179 页。

② 参见［德］英格博格·普珀：《法学思维小学堂》，蔡圣伟译，我国台湾地区元照出版公司 2010 年版，第 121 ~ 122 页。

③ 参见李希慧：《刑法解释论》，中国人民公安大学出版社 1995 年版，第 121 页。

小区，都可以解释为社区。刑事政策学认为，社区往往以村镇、街道、住宅小区等为单位，是犯罪行为的重要发生地，也是重要的受害发生地，并且社区历来是社会控制地基本单位，强调社区预防地目的在于形成抵御、制止犯罪地社区氛围和社会心理，消除或限制犯罪机会，使犯罪分子难以作案、难以藏身。社区预防的全局意义在于，以小治安带动大治安。[①] 其二，重大不良影响的解释问题。它是与非重大不良影响相对的概念，所居住社区的一般性反对或者个别人表示反对对其适用缓刑的情形，一般程度的不安感的情形，均不能解释为重大不良影响。其三，对于所居住的社区（居民等）产生误解或者莫名的不安感，但是通过开展进一步的解释说明工作，已经彻底消除或者部分消除误解与不安感的情形，依法可以认定为宣告缓刑对所居住的社区没有重大不良影响。

（二）宣告缓刑对所居住的社区没有重大不良影响的合目的性解释

刑法的合目的性解释，又称刑法的刑事政策合目的性解释、刑法的法社会学解释、刑法的非法学解释、刑法的刑事政策合目的性解释，是指运用（法）社会学、政治学、统计学、经济学、伦理学、刑事政策学等非法学方法来解释刑法，将社会效果等因素的考量引入刑法解释中，以解释刑法规定的具体含义。刑事政策方法的运用，主要是刑事政策学原理、刑事政策价值理念、基本原则与具体规则等的科学应用，具有非常突出的刑法解释特色，它只适用于刑法解释，而原则上不能适用于除刑法外的其他部门法解释。法社会学解释方法以法的社会效果的考量为依据来阐释法律规定的具体含义，是一种注重法律适用的后果审查、效果审查的功能主义立场。需要注意的是，法的社会效果考量，主要是针对法的自由、秩序、效率、公正等四项价值进行价值权衡判断，追求符合特定历史时期社会发展需要的最佳的价值权衡状态。[②]

---

① 参见卢建平主编：《刑事政策学》，中国人民大学出版社 2021 年版，第 262 页。

② 参见魏东：《中国刑法解释学理论体系的本土化构建》，中国社会科学出版社 2023 年版，第 244～247 页。

根据合目的性解释原理，解释论上应适当回应轻罪治理刑事政策的需要，理性设定轻罪刑事司法上非犯罪化、非监禁化的实践规模。法院审判阶段的纯正轻罪缓刑适用规模，必须在实质上符合轻罪治理非监禁化刑事政策实践规模的要求。因此，如果纯正轻罪没有适用泛滥，较大幅度适用缓刑并不严重违背轻罪治理刑事政策合目的性价值目标，应当适当宽松解释宣告缓刑对所居住的社区没有重大不良影响，以利于较大规模地对纯正轻罪犯罪分子适用缓刑，并在实质上符合轻罪治理非监禁化刑事政策实践规模的要求。相应地，如果纯正轻罪适用泛滥，才可以适当严格解释宣告缓刑对所居住的社区没有重大不良影响，以利于适当减少对纯正轻罪犯罪分子适用缓刑，以及实质上符合轻罪治理非监禁化刑事政策实践理性的要求。有观点认为，就社会整体治安形势而言，在社会治安形势稳定、犯罪率较低的时期，则应侧重于特殊预防；在社会治安形势恶化、犯罪率较高的时期，则应侧重于一般预防。① 这是有一定道理的，它对于贯彻轻罪治理政策（非犯罪化与非监禁化）具有参考价值。

（三）宣告缓刑对所居住的社区没有重大不良影响的解释性循环

刑法解释的解释性循环，又称诠释的循环、解释循环性，是指刑法解释活动所具有的解释主体与解释对象之间、各个解释主体之间、作为刑法解释对象的刑法文本与案情事实之间、各种解释方法之间、解释方法与解释结论之间以及解释过程与解释结论之间的互动循环性。② 因此，宣告缓刑对所居住的社区没有重大不良影响等规定必须放置于缓刑适用条件规范体系乃至刑法体系和整个法体系之中来理解，缓刑适用条件的解释同样也必须对照宣告缓刑对所居住的社区没有重大不良影响等具体规定来阐释。

---

① 参见魏东主编：《刑法原理·图解·案例·司考》，中国民主法制出版社2017年版，第243页。

② 参见魏东：《中国刑法解释学理论体系的本土化构建》，中国社会科学出版社2023年版，第183页。

根据解释性循环原理，不能以犯罪情节较轻的代替宣告缓刑对所居住的社区没有重大不良影响，从而简单片面地认定符合缓刑适用的一般预防条件；相应地，不能因为具有部分从重处理、从重处罚情节（否定犯罪情节较轻），而否定宣告缓刑对所居住的社区没有重大不良影响，从而简单片面地认定不符合缓刑适用的一般预防条件，这种解释逻辑不符合循环解释原理，也不符合犯罪情节较轻的、宣告缓刑对所居住的社区没有重大不良影响的规范功能解释论融贯性要求。

前述冉某某危险驾驶案，人民法院注意到冉某某犯轻罪（危险驾驶罪），其血液酒精含量超过 180 毫克/100 毫升的情节，属于《2023 年意见》第十四条所规定的一般不适用缓刑的情形，而没有斟酌考量，冉某某具有找代驾驾驶轿车到冉某某居住的小区大门口这一情节的法律意义（忠诚论），并且《2023 年意见》第十二条规定由他人驾驶至居民小区、停车场等场所短距离接替驾驶停放机动车的，或者为了交由他人驾驶，自居民小区、停车场等场所短距离驶出的等属于可以出罪（比适用缓刑的处理结果更轻）的情形，以及综合全案看，冉某某具有认罪认罚、公诉机关和辩护人均支持对冉某某适用缓刑等细节，人民法院最终对冉某某判处拘役二个月，并处罚金人民币 3000 元，而不对冉某某适用缓刑。从解释性循环论看，人民法院认为冉某某不符合缓刑适用条件的理由可能还值得商榷：其一，冉某某血液酒精含量超过 180 毫克/100 毫升的情节，在功能意义上仅属于纯正轻罪犯罪分子综合刑量条件，而不属于特殊预防刑实质条件，也不属于一般预防刑实质条件，基于缓刑适用条件的预防刑功能论及其解释论融贯性要求，该综合刑量条件无须作为缓刑适用条件进行特别审查（综合刑罚量无须审查论）。其二，冉某某血液酒精含量超过 180 毫克/100 毫升的情节，在功能意义上没有否定有悔罪表现、没有再犯罪的危险这一特殊预防刑实质条件。其三，冉某某血液酒精含量超过 180 毫克/100 毫升的情节，在功能意义上没有否定宣告缓刑对所居住的社区没有重大不良影响这一一般预防刑实质条件。其四，冉某某血液酒精含量超过 180 毫克/100 毫升的情节，在功能意义上并不无否定轻罪治理刑事政策上非犯罪化、非监禁化之意，尤其是考虑冉某某具有找代驾驾驶轿车到所居住小区的大门口这一情节的法律意义，以及缓刑适用条件整体和部分的解释性循环论等因素，不能得出否定宣告缓刑对所居住的社区没有重大不良影响的结论，不能得出误导其他人效仿冉某某先找代驾驾驶轿车到小区大门口后再继续醉驾之类的结论，更不能得出冉某某不符合缓刑适用条件的解释结论。其五，在冉某某仅具有血液酒精含量超过规定的情节这一不利因素的前提下，在冉某某认罪认罚、公诉人和辩护人都支持对其适用缓刑、符合宣告缓刑对所居住的社区没有重大不良影响、人民法院判定其综合刑量仅为二个月拘役等众多有利因素（有利于适用缓刑的因素）的条件下，仍然决定不对冉某某适用缓刑，难以获得刑法解释有效性。

结　语

纯正轻罪缓刑适用条件的解释适用，应当从轻罪治理刑事政策非犯罪化、非监禁化基本立场出发，应从缓刑适用条件的预防刑功能论及其解释论融贯性要求出发，在不影响轻罪治理效果的前提下，应尽量依法作出无罪处理、免除处罚或者缓刑处理，适当惩戒犯罪分子并促使其改过自新，教育警示社会公众，最大限度地实现司法的法律效果、政治效果和社会效果的有机统一。尤其要注意在理解和适用法条的规定时，不能仅仅教条化地、刻板地解读，还要思考法条背后的深层含义以及相应的刑事政策精神。[①] 法理上，纯正轻罪缓刑适用条件的解释适用，应当基于缓刑适用条件的预防刑功能论及其解释论融贯性要求，综合运用综合刑罚量无须审查论、预防刑实质条件和预防刑除外条件论、前提条件限定论、一般预防刑实质条件决定论等，为轻罪治理积累经验，为探索创新提供理论指引。

---

① 郭理蓉：《轻罪刑事政策研究》，中国法制出版社2023年版，第243页。

共同犯罪退赃退赔的实践困境与理论重塑*

庄绪龙**

关键词

共犯　退赃退赔　直接被害人　谋利　致损　主从犯

内容摘要： 退赃退赔本质上并不是一种刑罚方式，而是兼具权利保障与保安处分属性的对物处置方法。在共同犯罪退赃退赔的立场选择上，连带责任说、按份责任说与实际获利说等虽各有特点，但都带有"片面深刻"的弊端，不能单独作为认定的根据。其实，共同犯罪退赃退赔的立场选择，与有无直接被害人、犯罪系谋利还是致损以及主从犯区分等要素密切相关。在共同犯罪退赃退赔的规则设计上，可以采取以下方案。其一，在无直接被害人的共同犯罪场景下，原则上应以实际获利说为根据，不再区分主从犯。其二，在有直接被害人的谋利型共同犯罪中，从犯退赃退赔以实际获利说为准，而主犯则应对全案承担连带责

* 本文系司法部项目《教育矫正理念下完善我国未成年犯罪人非刑罚化处罚措施研究》（项目号：18SFB3017）的阶段性成果。

** 苏州大学王健法学院暨公法研究中心副教授，苏州大学仲英青年学者，法学博士。

任，但可在从犯实际获利范围内向从犯追偿。如果只有主犯，各主犯之间承担连带责任，多退赃退赔主犯可以向其他主犯追偿。其三，在有直接被害人的致损型共同犯罪中，从犯退赔以按份责任说为准，主犯应对全案承担连带责任，但可在按份责任范围内向从犯追偿。如果只有主犯，各主犯之间承担连带责任，多退赃退赔主犯可以向其他主犯追偿。

一、共同犯罪退赃退赔的实践争议

（一）司法判例实况及裁判疑问

案例1：甲、乙共谋采用传销手段进行非法集资。甲先注册成立公司，利用公司平台进行虚假宣传。乙担任公司总经理，负责全国范围内的营销事务。甲、乙二人又招募副总经理、财务总监、市场总监等10余人，以及50余名工作人员，负责公司运营。截至案发时，包括甲、乙等高管、城市负责人、区域经理、业务员在内的涉案人员数量多达1000余人，非法获取传销资金20亿余元。其中，徐某是S市的城市负责人，其所在的S市共吸收资金1.2亿元，尚未退赃数额约4000万元。在该案办理中，公安机关仅将城市负责人层级的徐某抓获，徐某发展的区域经理、业务员等30余人并未纳入刑事追诉程序（以下简称徐某等非法集资案）。

在涉众型经济共同犯罪中，被告人一方涉案人员往往较多，同时被害人（集资参与人）一方涉案人员数量也异常庞大。在这种情势下，被害人一方的追赃挽损诉求如何得到最大限度的满足，在很大程度上依赖于如何准确划分各类涉案人员的退赃退赔责任。[①] 比如，在上述案件

① 参见庄绪龙：《集资犯罪追赃挽损诉求与“法益恢复”方案》，载《政治与法律》2021年第9期。

中，作为城市负责人的徐某，其涉案数额与未退赃数额均比较清晰，但其退赃退赔的数额如何确定？这不仅涉及其经济利益，也与其缓刑与否的判决存在直接关系。本案中，为了争取缓刑的预期判决，徐某及其家属向法院表示其愿意退赃退赔，但同时向司法机关明确提出意见：退赃退赔数额肯定不能以4000万元计算，毕竟1.2亿元的集资数额不是他一个人吸收的，4000万元的损失也不是他一个人造成的，如果要退赃退赔，应当在各共犯人之间按责任大小共同分担。

但是，该案中司法机关仅将城市负责人徐某作为犯罪嫌疑人抓获，徐某管理的区域经理、业务员等30余人并未被纳入刑事程序。在此情形下，该30余人并不理会徐某“共同分担”的要求，徐某退赃退赔的边界和范围，成为棘手问题。

案例2：1993年8月至1995年4月，程某利用担任某实验厂厂长职务之便，与巫某合谋先后将实验厂公款441670元借给巫某，巫某将此款全部用于其个人开办的食府。案发后，巫某经营业务失败，不能足额退赃，只退出79593元。程某为了争取从宽处理，被迫退出赃款366577元。在二人足额退赃后，检察机关作出免予起诉决定书，对二人免予起诉。2004年7月19日，程某向法院提起民事诉讼，要求巫某归还其先前共同犯罪中退赃的366577元（以下简称程某等挪用资金案）。

在该案的处理过程中，由于法检机关的认识存在巨大差异，司法审理程序相对比较复杂。（1）一审法院以“不属于人民法院的受案范围”为由驳回程某起诉。程某不服，提出上诉。（2）二审法院经审理认为，程某退赃的366577元是履行自身的退赃义务，而非替巫某履行退赃义务，且现有证据不能证明程某与巫某之间存在借贷关系，故驳回程某上诉。（3）二审宣判后，程某仍不服，向检察院提出申诉。检察机关经审查认为，该案符合抗诉条件，遂提出抗诉。（4）人民法院受理该抗诉案件后，指令再审。（5）再审法院作出判决：维持二审裁定。[①]

本案中，法院关于共同犯罪中多退赃共犯人能否向其他共犯人追偿的问题，提出了如下裁判立场：共同犯罪一方退赃退赔后与其他共犯之间不产生平等主体之间的民事法律关系，其就退赔金额向其他共犯进行追偿不属于民事诉讼的受理范围，法院受理后应当裁定驳回起诉。

案例3：张某系重庆某公司法定代表人，姚某系该公司的工作人员，刘某系重庆某银行工作人员。张某与刘某先前因存在业务往来而相识。2009年11月底至12月初，张某因公司资金短缺，为了还清公司债务，遂带领姚某与刘某共谋，以偷开信用卡附卡的方式诈骗案外人赵某、李某约400万元。事后，刘某分得好处费20万元，余款全部被张某用于偿还公司债务。2010年1月29日，张某、姚某、刘某三人被抓获。2010年2月1日，刘某主动赔偿400万元给案外人赵某、李某，张某未主动退赔。2010年12月8日，法院判决三人犯信用卡诈骗罪，判处张某有期徒刑十四年；刘某因积极退赔400万元，酌情从轻判处有期徒刑十一年；姚某系从犯，判处有期徒刑五年。2017年1月4日，服刑中的刘某向法院提起民事诉讼，要求判令二被告返回垫付的款项。最终，法院判决张某支付刘某2616426元（以下简称刘某等信用卡诈骗案）。

在该案中，法院认为被告人承担刑事责任后，再就相关权利义务纠纷另行主张民事权利并不冲突。即共同犯罪中各共犯人退赔后在共犯之间产生的追偿问题，是平等权利主体之间关于权利义务的纠纷问题，在性质上属于民事诉讼的受理范围，司法机关不得拒绝裁判。[②]

---

① 本案相关诉讼文书可参见江苏省无锡市崇安区人民法院（2004）崇民一初字第1478号民事裁定书、江苏省无锡市中级人民法院（2005）锡民终字第213号民事判决书、江苏省无锡市中级人民法院（2007）锡民再终字第17号民事裁定书。

② 本案相关诉讼情况可参见重庆市巴南区人民法院（2017）渝0113民初1454号民事判决书以及（2018）渝0113民再2号民事裁定书。

（二）问题意识：共同犯罪退赃的边界如何确定

在共同犯罪中，退赃退赔当然是各共犯人应当承担的法定义务，同时也是影响其量刑以及减刑假释的根据。但与单个人犯罪退赃退赔范围存在明确范围情形不同的是，共同犯罪中各共犯人退赃退赔的边界如何确定？这显然比单个人犯罪的情况复杂。

比如，在案例1中，城市负责人徐某作为涉案人员被公安机关抓获，但其发展的区域经理、业务员并未被纳入追诉程序，那么徐某退赃的范围如何划定？再如，在案例2、案例3中，程某、刘某作为共犯，承担了全部或者大部分的退赃义务，是否有权利向其他同案犯追偿？对此，实践中存在重大争议。

经由上述案例以及法院的判决，可以发现这样的实践难题：在共同犯罪退赃退赔的问题上，应该坚持什么原则？共同犯罪退赃退赔的边界如何确定？司法实践中存在不同立场，已经成为刑事涉案财物处置工作中的“灯下黑”，这也必将严重侵害刑事司法的社会公信力。由此，在理论上探讨共同犯罪退赃退赔的处置立场和应然路径，不仅对被害人与行为人的财产权利保障具有现实意义，也是统一司法裁判路径的内在要求。

二、共同犯罪退赃退赔的学说评议

由上述案例可知，在共同犯罪退赃退赔问题视域，司法实践中的处理比较混乱，连带责任说、独立责任说与获利责任说等观点并立。本部分拟就共同犯罪退赃退赔的不同立场作系统梳理，并在此基础上进行反思。

（一）连带责任说

在共同犯罪退赃退赔问题上，学界与司法实践中的主流观点均主张连带责任说，即各共犯人对于违法所得或者犯罪行为造成损失的总数额，应承担连带责任。[1] 具体而言，一方面，各共犯人在退赃退赔问题上，不必区分主从犯，均应对共同犯罪所产生的退赃退赔数额承担连带责任，即便是从犯或者并未获得任何分赃数额的共犯人，也应对其参与的共同犯罪造成的损失承担连带退赔责任；[2] 另一方面，共同犯罪中各共犯人，其中一人全部退赃退赔，其他人无须再退赃退赔。当然，该说还补充认为，承担连带责任且多退赔的共犯人，可以向其他共犯人进行追偿。在原因论上，囿于事实查明方面的困难，尤其是涉众型经济犯罪的结构复杂性、地域跨度性、资金流向不明确性，以及最大限度地保护被害人权益的考量，连带退赔说是司法实践中的常态。[3] 比如，在郑某与汤某等诈骗案中，法院在判决主文中载明：责令被告人郑某继续退出人民币 120 万元，被告人汤某承担连带责任。[4]

不仅我国实践中如此，域外司法实践也持类似观点。比如，德国联邦最高法院也认为，即便犯罪数额已经确定为 2.2 万欧元，且其中一名被告人分得 0.55 万欧元的赃款，也不影响各共犯人对该犯罪总数额承担连带责任。[5] 阿根廷刑法典第 31 条也规定，犯罪的各方就损害赔偿承担连带责任。

在理论上，连带责任说作为处理共同犯罪退赃退赔问题的主流立场，其理由主要有以下几点。

其一，连带责任说是“部分实行，全部责任”共犯立场的必然结论。在共同犯罪成立与责任追究的根据上，“部分实行，全部责任”的理论逻辑是，各共犯人主观上彼此具有共同犯罪的意思联络，形成了一

---

① 参见马克昌主编：《刑罚通论》，武汉大学出版社 1995 年版，第 746 页；陈子平：《刑法总论》，中国人民大学出版社 2009 年版，第 486 页。

② 参见刘晓峰、卞艳飞：《共同犯罪中各共犯人应当承担连带退赔责任》，载《人民法院报》2018 年 5 月 30 日。

③ 参见梅传强、欧明艳：《共同犯罪违法所得处理研究——以共同犯罪人之间是否负连带责任为焦点》，载《中国人民公安大学学报（社会科学版）》2020 年第 1 期。

④ 参见江苏省镇江市京口区人民法院（2022）苏 1102 刑初 91 号刑事判决书。

⑤ 参见恽纯良：《连带没收——德国联邦最高法院刑事裁判 BGHSt 4StR 215/10 译介》，载林钰雄主编：《没收新制（二）经济刑法的新纪元》，我国台湾地区元照出版公司 2016 年版，第 533 页。

种相互促进的心理动因，且客观上各共犯人之间存在相互利用、补充他人的物理性的因果关联，使自己的行为与其他共犯人的行为在整体上共同制造了危害结果（损失）。[①] 换言之，在“部分实行，全部责任”的立场下，行为人制造了扩张自己行为的因果性，将他人的行为纳入自己行为的因果性中，对最终的危害结果存在不可分割的互联性因果关系。由于各共犯人之间存在相互利用、补充的共犯行为，即便只是分担了一部分实行行为的共犯者，也要对共同的实行行为所导致的全部结果承担责任。在此基础上，既然各共犯人定罪量刑的基础是共同犯罪的数额，那么在退赃退赔时就应当以违法所得数额的总额承担连带责任，即被害人可以主张任一共犯人全额退赃退赔。[②] 德国司法实务界也持类似观点，德国联邦法院在判例中秉持“整体评价”立场，认为各共犯人对犯罪所得具有共同的支配力，为整体损失的形成制造了条件。[③]

其二，连带责任说与民法共同侵权连带责任的立场一致，契合法秩序统一性原则。犯罪是严重侵害法益且为刑法所规制的侵权行为，即犯罪行为属于广义的违法或者侵权行为。那么，在刑事退赃退赔问题上，被害人遭受的损失及弥补诉求就带有民事权利主张的属性。在权利主张和实现的路径上，责令参与共同犯罪的各共犯人承担连带责任，是被害人民事权利实现的应然方式。[④] 在域外司法实务中，也存在类似立场。比如，德国法院认为，对于被害人所实际遭受的损失而言，依据德国民法典第 830 条、第 840 条第 1 项规定，共同犯罪中的各共犯人本来就负

---

① 参见尹晓静：《论片面共同正犯的成立依据——基于“部分实行全部责任”原则的解读》，载《法学》2012 年第 11 期。

② 参见姚坤林、郝绍彬：《刑事退赔后共犯间可行使民事追偿权》，载《人民司法》2020 年第 14 期。

③ 参见恽纯良：《连带没收——德国联邦最高法院刑事裁判 BGHSt 4StR 215/10 译介》，载林钰雄主编：《没收新制（二）经济刑法的新纪元》，我国台湾地区元照出版公司 2016 年版，第 534 页。

④ 参见蔡福华：《刑民关联案件的法理展开》，法律出版社 2022 年版，第 312 页。

有连带债务责任。[①] 葡萄牙刑法典第 129 条甚至直接规定，对犯罪所产生的损失与损害的赔偿，适用民法的规定处理。[②] 故而，在法秩序相统一原则的立场下，在共同犯罪退赃退赔的路径选择上，刑事退赃退赔应与民事共同侵权后承担连带责任的立场保持一致。

其三，连带责任说可以为被害人提供更平稳、更简单的求偿方式。保护被害人的合法利益，是刑法和刑事诉讼法的目的，这是不言而喻的。如果不让各共犯人承担连带责任，而是以按份责任承担退赃退赔义务，那么极有可能导致个别共犯人因缺乏支付能力而损害被害人的合法求偿权利。连带责任的主要立场，就是将个别共犯人给付不能的风险转嫁给其他共犯人。在价值权衡的视角下，要求各共犯人连带承担其中一人给付不能的风险，比要求法益无端受到侵害的被害人独自承担损失的主张，更具道理。[③] 因此，将此债务责任转化到数个共犯人身上共同连带承担，是对被害人权利保障的托底。此言谓之，退赃退赔不是一种刑罚手段，而是一种将经济损失的风险分配给全体行为人的一种选择。当然，对于多退赔的共犯人，依照连带债务内部求偿的规定向其他共犯人行使追偿权。

其四，连带责任说强化了对共同犯罪的威慑。预防犯罪是刑法的重要功能，积极运用退赃退赔的“责任杠杆”，对于共同犯罪也具有威慑价值。连带责任说将退赃退赔义务附加于每一个共犯人，理论上每一个共犯人都有退赃退赔全部损失的义务，这就在事实上增加了每一共犯人的义务负担。[④] 换言之，按照连带责任说立场，人民法院或者被害人有

---

① 参见恽纯良：《连带没收——德国联邦最高法院刑事裁判 BGHSt 4StR 215/10 译介》，载林钰雄主编：《没收新制（二）经济刑法的新纪元》，我国台湾地区元照出版公司 2016 年版，第 552 页。

② 参见《葡萄牙刑法典》，陈志军译，中国人民公安大学出版社 2010 年版，第 63 页。

③ 参见恽纯良：《连带没收——德国联邦最高法院刑事裁判 BGHSt 4StR 215/10 译介》，载林钰雄主编：《没收新制（二）经济刑法的新纪元》，我国台湾地区元照出版公司 2016 年版，第 539 页。

④ 参见何鑫：《刑事违法所得数额的司法认定问题研究——以特别没收为视角》，载《法律适用》2020 年 11 期。

权对任一共犯人主张全部退赃退赔，任一共犯人都有可能为其他共犯人的退赃义务“买单”。这种不确定性的财产执行，对于各潜在共犯人可能会形成心理威慑，使共犯人对承担退赃退赔义务的范围有了一定的预测，这无疑体现了刑法的一般预防效用。①

（二）按份责任说：对连带责任说的质疑

与连带责任说针锋相对的是，实践中还存在一种有力观点，即按份责任说。该说认为，共同犯罪中各共犯人承担退赃退赔的数额是彼此独立的，应根据各共犯人在共同犯罪中的作用、角色、地位等分别确定各共犯人应当退赃退赔的数额，即应对各共犯人的退赃退赔数额科学设置一定的比例，而不能直接令其承担连带责任。② 针对连带责任说的主要理由，按份责任说主要有以下几点回应。

其一，“部分实行，全部责任”的立场，仅仅是共同犯罪不法形态认定时的根据，这与责任层面的罪责自负并不矛盾。在共同犯罪的认定上，坚持以不法为重心、以正犯为重心、以因果性为核心的方法，无疑是科学的。但以不法为重心，只是解决不法层面的共犯认定问题，在责任层面，共同犯罪与单个人犯罪没有区别。③ 在本质上，“部分实行，全部责任”解决的是犯罪形态问题，即共同犯罪是否成立以及在何种范围内成立，而不是对各共犯人具体责任大小问题的明确。④“部分实行，全部责任”是共同犯罪认定中的统摄原则，强调的是各共犯人之间相互利用、补充的犯罪行为以及造成特定犯罪后果等构成要件层面的不法连带，但各共犯人责任不可能相同，更不可能连带。⑤ 应该明确的是，这里的“责任”，仅仅具有提示各共犯人之间不法连带前提下责任承担的

---

① 参见刘媛媛：《共同危险行为法效果之重构——内部比例责任对平均担责的替代》，载《法律科学》2020 年第 5 期。

② 参见马克昌主编：《刑罚通论》，武汉大学出版社 1999 年版，第 746 页。

③ 参见张明楷：《刑法学》，法律出版社 2021 年版，第 497 页。

④ 参见邓光扬：《追缴共同犯罪之违法所得不能一概适用连带责任》，载《法律适用》2018 年第 22 期。

⑤ 参见张明楷：《刑法学》，法律出版社 2021 年版，第 496 页。

范围，而非刑事责任的具体内容。比如，甲、乙二人共谋入户盗窃，乙在户外望风，甲进入户内实施盗窃。甲、乙仅仅在不法意义上成立共同犯罪，但在责任视角，甲、乙的主从犯区分明显带有责任个别抑或责任自负的色彩。在共同犯罪问题上，“部分实行，全部责任”的作用范围仅仅局限于不法层面；在责任层面，各共犯人承担刑事责任的范畴，应该接受不法连带、责任个别原则的检验。实践中也有论者指出，即便各共犯人对被害人连带承担整体责任，但这并不意味着各共犯人内部责任不可区分。① 故而，各共犯人的责任范围（退赃退赔）不会因共同犯罪在不法层面的罪质规定性，否定责任层面的罪责自负原则。

其二，刑事犯罪中的退赃退赔与民事侵权中的连带责任，不能简单等同。在民法上，与个人责任相比，连带责任在性质上属于加重责任，其产生必须有法律的明确规定或者当事人的约定，否则原则上应属于按份责任。② 我国民法典第一百七十八条第三款明确规定，连带责任由法律规定或者当事人约定。在共同犯罪退赃问题上，在我国法律并没有明确规定、各共犯人也没有明确约定的情形下，就不宜轻易判决共犯人承担连带责任，否则将可能面临违反罪刑法定原则的诘难疑问。事实上，刑事程序与民事程序存在本质差异，直接将民事上的连带责任理论移植到刑事程序可能并不合适。对此，有论者指出，退赃退赔与民事诉讼中的连带赔偿责任存在本质区分，刑事中的退赃退赔不属于民事赔偿性质的诉讼，不涉及民事连带责任问题。③

其三，在连带责任说立场下，可能会人为制造追缴总额溢出犯罪所得总额的疑问。按照连带责任说立场，共同犯罪中的每一名共犯人均应对共同犯罪的犯罪所得或者损失的总额承担退赃退赔责任，那么刑事责任承担视角下的犯罪所得与赃款赃物追缴视角下的犯罪所得，可能就会

---

① 参见韩志彤、彭聪：《共犯附带民事赔偿份额的划分》，载《人民司法》2016 年第 32 期。

② 参见王利明、杨立新、王轶、程啸：《民法学》，法律出版社 2020 年版，第 268 页。

③ 参见梅传强、欧明艳：《共同犯罪违法所得处理研究——以共同犯罪人之间是否负连带责任为焦点》，载《中国人民公安大学学报（社会科学版）》2020 年第 1 期。

人为制造“溢出”现象。[①] 比如，甲、乙均系国家工作人员，共同受贿200万元，甲、乙分别分赃150万元与50万元。按照连带责任说的立场，甲、乙均应各自承担200万元的退赃责任。如果甲、乙二人都为了获得从宽处罚，各自积极退赃200万元，那么退赃数额就是400万元。显然，该400万元退赃数额与200万元的犯罪数额相比，溢出了200万元。在连带责任说的立场下，溢出的200万元如何处置可能就无法解释。但如果按照按份责任说，就不存在这个问题。

其四，连带责任说能够“最大限度保护被害人利益”的效果，可能并不乐观。连带责任说始终主张，各共犯人均应对被害人遭受的损失承担连带责任，能够最大限度地保护被害人利益。[②] 这种理由在实践中效果如何？事实上，可能并不乐观。这是因为，在连带责任说的理论下，各共犯人均应对犯罪数额承担全部退赃退赔义务的责任预设，可能会对各共犯人的退赃退赔动力制造障碍，尤其是对于从犯而言，责令其全额退赃退赔，显然是不切实际的。这是因为，在赔偿总额确定的基础上，在连带责任说的理论预设下，各共犯人承担的赔偿数额就可能呈现出一种“此消彼长”的博弈关系，各共犯人之间相互观望、推诿、拖延，往往成为常态，这对于被害人权益保障而言可谓“雪上加霜”。[③] 虽然连带责任说主张，在连带责任制下，多退赔的共犯人事后可以向其他共犯人追偿，但追偿效果无法得到保证。

有鉴于此，针对连带责任说的上述疑问，按份责任说也正成为共同犯罪退赃退赔领域的一种有力学说。[④] 事实上，实践中已有司法机关对此作了有益尝试。比如，在梁某、陈某等5人故意伤害案中，法院认为，5名被告人应共同承担责任。但责任的具体落实方面，法院根据5

---

① 参见万志鹏：《论犯罪所得之没收》，载《法商研究》2018年第3期。

② 参见李长坤：《刑事涉案财物处理制度研究》，上海交通大学出版社2012年版，第103页。

③ 参见韩志彤、彭聪：《共犯附带民事赔偿份额的划分》，载《人民司法》2016年第32期。

④ 参见李长坤：《刑事涉案财物处理制度研究》，上海交通大学出版社2012年版，第102～103页。

人在共同犯罪中的地位、作用及过错程度，对各自应承担的赔偿份额进行了划分：梁某系故意伤害犯罪意图的发起者和教唆者，对雇凶实施故意伤害犯罪及其后果负主要责任，系主犯，应承担民事赔偿责任的50%；其余4人并非犯罪意图的发起者，系从犯，按照其地位、作用分别承担9%~16%的民事赔偿份额。[①] 在本案中，各共犯人按照法院划定的退赔比例，想方设法筹措资金，分别履行了自己的退赔义务，效果显著。[②]

当然，上述按份责任说关于连带责任说的批评，虽存在一定道理，但也面临以下疑问。其一，独立责任说主张对各共犯人的退赃退赔责任作比例化的切割，虽然清晰明确，但面临可能被害人利益无法全额保障的困境。[③] 这是因为，各共犯人退赃退赔能力各不相同，不能保证各共犯人都能在其份额内足额完成退赃退赔义务。在此考量下，连带责任说主张的责任连带与绑定立场，对被害人的利益保障诉求具有“兜底”效用，这是按份责任说所不能比拟的优势。其二，按份责任说声称的按照比例进行责任划分，更多是一种理论上的假设，在实践中可能无法准确确认各共犯人退赃退赔的份额和比例，尤其是在一些共犯人并未分赃的情形下，如何厘清各共犯人的退赃退赔比例并无明确的依据。

（三）实际获利说

在本质上，共同犯罪退赃退赔是行为人对被害人承担的一种特殊之债。在大陆法系国家的民法传统视野下，连带之债与按份之债的类型归纳，是多数人之债责任模式下的主流立场，在我国也是如此，这是毋庸

---

① 参见辽宁省新民市人民法院（2015）新民初字第435号刑事判决书和辽宁省沈阳市中级人民法院（2016）辽01刑终5号刑事裁定书。

② 参见韩志彤、彭聪：《共犯附带民事赔偿份额的划分》，载《人民司法》2016年第32期。

③ 参见李长坤：《刑事涉案财物处理制度研究》，上海交通大学出版社2012年版，第103页。

置疑的结论。[①] 经由上述归纳，在共同犯罪退赃退赔的问题上，连带责任说与按份责任说在观点和理由的阐述上针锋相对且各有利弊，导致司法实践“左右为难”。值得注意的是，不管是连带责任说还是按份责任说，讨论的语境大都是共犯人数较少的传统共同犯罪。近年来，在非法吸收公众存款、集资诈骗、电信诈骗等涉众型经济犯罪领域，实践中逐渐探索出另外一种立场，即实际获利说。所谓实际获利说，是指在共同犯罪中，各共犯人（尤其是从犯）退赃的数额应以实际获得的份额为标准，未从犯罪中获利的，不承担退赔责任。比如，重庆市高级人民法院、重庆市人民检察院、重庆市公安局等联合出台的《关于办理非法集资类刑事案件法律适用问题的会议纪要》（渝高法〔2018〕第186号）第二十四条就规定，追缴或者退赔违法所得不属于民事赔偿诉讼，不涉及民事连带责任的问题，应以行为人实际的违法所得为限；上海市高级人民法院、上海市人民检察院、上海市公安局出台的《关于办理涉众型非法集资犯罪案件的指导意见》（沪高法〔2018〕360号）也明确规定，参与非法集资犯罪的被告人，应对其犯罪行为造成的损失承担赔偿责任……从犯等仅在自己实际获取的违法所得范围内退赔。

可以肯定的是，根据在案证据如果能够确认各共犯人的获利数额，那么在共犯追赃退赔问题上采用实际获利说则更加便于司法执行，司法效率更高。但不可回避的是，该说可能面临以下几点疑问。

其一，各共犯人的实际获利数额可能无法查清。理论上，实际获利说能够在形式上满足各共犯人在退赃退赔时的罪责自负原则，却面临无法查清各共犯人实际取得违法所得数额的客观难题。在共同犯罪中，各共犯人就赃款赃物的分配比例，几乎无法依靠客观证据证实，大多依靠各共犯人的口供，尤其是在现金交易、分配的情形下，口供几乎成为确认共犯人获利数额的唯一根据。但是，各共犯人如果口供不一或者采取攻守同盟、抵抗策略等，可能就无法查证各共犯人的实际获利数额。对此，德国法院在判例中指出，如果退赃退赔数额以实际获利为限，则各

---

① 参见李中原：《多数人之债的类型建构》，载《法学研究》2019年第2期。

共犯人可能拒绝说明赃款的分配比例，来阻碍针对他们每一个人的没收宣告，则立法者有效排除利得的目的就落空了。[①] 我国司法实践也是如此。比如，在一起诈骗案中，甲作为诈骗犯罪的行为人和销赃者，其供述销售价格为300元/吨，销售额为90万元，而收赃方乙则供述销售价格为680元/吨，支付的货款为190余万元，数额差距巨大。该案中，销售的赃物系煤炭、石油焦等大宗物品，在货物已经被消费的情形下，司法机关可能就无法依靠客观证据确定各共犯人的获利数额。

其二，被害人的权利无法保障。司法实践中，犯罪数额与行为人的非法获利数额，往往存在巨大差异。比如，甲、乙二人在承运石油焦时，将其中一部分货物私自占为己有并销赃，但销赃价格远低于市场价格。此时，甲、乙二人的犯罪数额与实际获利数额就存在巨大差异。在这种情形下，如果在退赃问题上采用实际获利说，显然无法保障被害人利益，这无疑是不正义的。另外，在某些纯粹损失型共同犯罪情形下，各共犯人根本没有任何获利，此时又如何根据实际获利说计算退赃退赔数额？又如，在共同故意杀人、故意伤害等人身犯罪以及故意毁坏公私财物罪等情况下，各共犯人在犯罪中并未获利，但对法益主体的权利造成损害，当然承担退赔责任。在此情形下，实际获利说显然无法解释各共犯人退赃退赔的责任承担方式。

经由上述考察和归纳，在共同犯罪退赃退赔问题上，刑法理论界与司法实务界主要存在连带责任说、按份责任说与实际获利说等三种立场。那么，在实践可行性的视角，到底应该采用哪一种观点更为妥当？上述分析已经清晰展现了各种立场观点本身的优劣，并未形成较为统一的共识。即便实践中惯常采用连带责任说立场，但经由实证考察，该种立场也并未发挥实质性作用。[②] 这些问题无疑值得深刻反思。

---

① 参见恽纯良：《连带没收——德国联邦最高法院刑事裁判 BGHSt 4StR 215/10 译介》，载林钰雄主编：《没收新制（二）经济刑法的新纪元》，我国台湾地区元照出版公司2016年版，第534页。

② 参见成越、成延洲：《责令退赔制度中刑民交叉争议的解决》，载《人民司法》2017年第19期。

三、正本清源：共同犯罪退赃退赔的应然考量因素

与个人犯罪相比，共同犯罪退赃退赔面临的处境更为复杂，这是不言而喻的，奢求一种立场或者理论解决所有问题，可能并不现实。在问题解决视域，上述三种学说虽各有道理，但都不是唯一正解。唯有放弃非此即彼的理论分歧，汲取类型化思维的有益启发，准确分析影响共同犯罪退赃退赔的案内案外因素，坚持场景化基础上的理论折中与类型分析，才能科学回应共同犯罪退赃退赔的司法难题。

（一）考量因素之一：退赃退赔的性质与功能

讨论共同犯罪退赃退赔的处置立场，首先必须明确界定退赃退赔的性质与功能，这是问题研究的逻辑起点。理论上，关于退赃退赔的性质和功能，主要存在刑罚说、保安处分说等观点。

1. 刑罚说

刑罚说认为，以追缴和没收为主要内容的退赃退赔，在性质上是一种刑罚措施。[①] 这主要是因为：其一，从退赃退赔的法律依据视角分析，强制要求犯罪人退赃退赔是根据刑法和刑事诉讼法推进的刑事司法措施。在退赃退赔过程中，司法机关行使的是一种公权力，依据公权力确认被害人合法财物遭受损失的范围，再予以发还。因此，这种因犯罪人实施犯罪行为而产生、由代表国家的司法机关通过公权力行使，且由刑事法律规定的责任，理应属于刑事责任的范畴。另外，在立法上，退赃退赔被规定在刑法第四章“刑罚的具体运用”部分，这也说明我国立法将退赃退赔作为一种可能影响量刑的“强制处理方法”。犯罪人退赃退赔是否积极主动，是否足额退赃退赔，直接与其定罪与否及量刑幅度相关联。在域外立法和司法实践中，也存在类似规定。比如，日本刑

---

① 参见［日］大谷实：《刑法讲义总论》，黎宏译，中国人民大学出版社2008年版，第464页；张明楷：《论刑法中的没收》，载《法学家》2012年第3期。

法典第19条即以立法方式明确了“没收属于刑罚措施”。[①] 其二，从退赃退赔的效果视角分析，退赃退赔等强制措施对犯罪人的财产利益具有实质性破坏效用，会使其在经济上产生痛苦，这显然具有一般意义上的刑罚效果。故而，司法机关强令被告人退赃退赔，不仅具有对被害人损失恢复原状的民事权利保障价值，同时兼具刑罚的性质。

2. 保安处分说

理论上一般认为，保安处分是以特别预防为目的，旨在通过矫正、感化、治疗等措施实现对特殊对象的改造，以保全社会的非刑罚措施。[②] 按照这种界定，关于退赃退赔的法律属性，理论上持保安处分说观点的也不在少数。该观点主张，不管刑法对退赃退赔（没收、追缴）作出何种规定，不论是否将其作为财产刑设置，都不影响保安处分的性质。这是因为，不管是对违禁物、犯罪所用之物以及犯罪所得的没收、追缴，还是对被害人财产的返还和退赔，不仅是任何人不得从犯罪中获利的必然要求，也是为了防止行为人利用赃物再次犯罪。

比如，法国学者斯特法尼就曾认为，没收是一项以刑法名义运作的保安处分措施。[③] 意大利刑法学界的主流观点也认可没收财产是对财产的保安处分，并且意大利刑法典第240条明确将没收财产规定为保安处分措施。[④] 另外，克罗地亚刑法典第80条以及土耳其刑法典第54条和第55条将没收实施犯罪的工具、犯罪所得及其收益的内容视为一种保安处分。[⑤] 我国有学者在分析德国、意大利、奥地利等国家的刑法关于

① 参见《日本刑法典》，张明楷译，法律出版社2006年版，第12页。

② 参见［意］杜里奥·帕多瓦尼：《意大利刑法学原理（注评版）》，陈忠林译评，中国人民大学出版社2004年版，第330页；马克昌主编：《刑罚通论》，武汉大学出版社1999年版，第758页。

③ 参见［法］卡斯东·斯特法尼等：《法国刑法总论精义》，罗结珍译，中国政法大学出版社1998年版，第494～504页。

④ 参见［意］杜里奥·帕多瓦尼：《意大利刑法学原理（注评版）》，陈忠林译评，中国人民大学出版社2004年版，第337页。

⑤ 参见《最新意大利刑法典》，黄风译，法律出版社2007年版，第87页；《克罗地亚共和国刑法典》，王立志译，中国人民公安大学出版社2011年版，第33页；《土耳其刑法典》，陈志军译，中国人民公安大学出版社2009年版，第25～26页。

涉案财物处置条款属于保安处分范畴的立场后，也主张我国刑法第六十四条的规定属于保安处分条款。[①]

值得注意的是，理论上还有观点认为，退赃退赔、没收、追缴等涉案财物处置的措施，在性质上不能简单地归入刑罚或者保安处分，而应该从更全面的视角考虑。比如，日本学者大谷实认为，特别没收兼具刑罚与保安处分的双重特征。[②] 德国学者耶塞克和魏根特也认为，没收应分为刑法上的没收与安全上的没收。德国刑法典第 74 条第 1 款第 1 项针对故意犯罪的行为人进行没收，属于刑法上的没收，而第 74 条第 2 款第 2 项，则是保护居民免受危害的没收，属于安全上的没收。[③] 前者具有刑罚的功效，而后者则具有保安处分的属性。

3. 本文立场：兼具权利保障与保安处分属性的二元说

退赃退赔是何种性质的措施，其功能是什么，刑罚说、保安处分说以及立足该两种学说的综合说分别阐释了理由。但笔者认为，上述学说忽视了退赃退赔的基本理由，立场也难免片面。本质上，退赃退赔主要源自以下两个基本理由。

其一，如果犯罪对被害人造成了实际损失，退赃退赔无疑就是修复弥补被害人损失的法定义务。换言之，退赃退赔工作虽然是刑事审判活动的组成部分，但至少在修复被害人权利损失方面，并未否定其民事赔偿的性质。之所以将退赃退赔在刑事审判活动中推进，主要是关于司法效率提升、被害人利益维护的一种制度安排。[④] 在域外也存在类似规定。比如，日本民事诉讼法第 124 条规定，应将没有扣押必要性的赃物返还被害人。德国刑事诉讼法典第 111k 条也规定，在第三人请求权与被害人的财产权利不相矛盾时，赃物应当返还被害人。英国 2002 年犯

---

① 参见徐久生：《保安处分新论》，中国方正出版社 2006 年版，第 57 ~ 58 页。

② 参见［日］大谷实：《刑法总论》，黎宏译，中国人民大学出版社 2008 年版，第 464 页。

③ 参见［德］汉斯·海因里希·耶塞克、托马斯·魏根特：《德国刑法教科书：总论》，徐久生译，中国法制出版社 2001 年版，第 960 ~ 963 页。

④ 参见姚坤林、郝绍彬：《刑事退赔后共犯间可行使民事追偿权》，载《人民司法》2020 年第 14 期。

罪收益追缴法第42条也规定，在刑事没收中，对于法院作出的限制令，任何受到该命令影响的人，都可向刑事法院申请撤销或者变更该限制令。由此可见，强化对被害人权利的保障，是退赃退赔最直接的理由。

其二，如果犯罪没有对被害人造成实际损失，但犯罪人从中谋取了利益，此时勒令其退赃就带有保安处分的属性。这是因为，如果共犯人保有该犯罪所得的利益，可能会利用该赃款赃物再次犯罪。即便其后续未犯罪，但如果不对其犯罪所得利益勒令退赃，将对社会秩序和其他公民法治信念的坚守造成不可逆的效仿效应。

主张退赃退赔是一种刑罚的立场，并未注意到退赃退赔的上述两点基本理由。同样，主张退赃退赔也会产生经济上的痛苦故而带有刑罚效果的观点，混淆了刑罚惩罚与民事义务履行的异同，或者模糊了退赃退赔与罚金、没收财产等财产刑的界限。事实上，我国刑法第六十四条的规定，是对涉案财物处置的一种强制方法，并不是刑罚。[①] 如果说，经济上的痛苦是产生刑罚效果的原因，那么在民事案件中，侵权人或者债务人对债权人承担赔偿责任，也会付出财产上的代价，也会产生“经济上的痛苦”，难道这也可以被认为是具有刑罚效果吗？回答显然是否定的。法国思想家马布利认为，惩罚应该打击的是灵魂而非肉体。[②] 在刑罚惩罚的效果考察上，惩罚只能通过制造精神痛苦以及重塑灵魂才能实现刑罚的改造效果。换言之，刑罚是一种赔偿之外的额外负担，不是应负义务的法定履行。退赃退赔虽然也具有使其产生精神痛苦的功效，但并不是所有精神痛苦都带有刑罚的特性，至少在义务履行的情形下如此。

（二）考量因素之二：主从犯地位及其责任的区分

违法连带性与责任个别化的双层判断是共同犯罪认定的共识。在共同犯罪中，尤其是犯罪集团情形下，首要分子以及主从犯的地位、作用

---

① 参见胡康生、朗胜：《中华人民共和国刑法释义》，法律出版社2004年版，第57页。

② 参见［法］米歇尔·福柯：《规训与惩罚》，刘北成等译，生活·读书·新知三联书店出版社2019年版，第17页。

不可同日而语，在定罪量刑方面，我国刑法作了明确的区分规定：一方面，强调对首要分子与主犯的从重打击；另一方面，对从犯、胁从犯规定了法定的减轻、从轻量刑情节。按此逻辑，在退赃退赔问题上，首要分子、主犯与从犯、胁从犯的地位也应当与定罪量刑的规定保持同频共振。那种认为凡是共同犯罪中的一员就要对全部退赃退赔数额承担责任的观点，没有任何理论根据，也违反比例原则。

目前，在涉众型经济犯罪中，实务界有观点指出，非法集资类犯罪案件中涉案人员的退赃退赔数额应当区别对待，分类处理。① 这主要是因为，一方面，在诸如非法集资类犯罪中，作为低层级的普通业务员（获利通常由提成 + 奖金组成），其从犯地位与作为高级别的主犯、首要分子（获利通常是对集资款的直接占有或者巨额分红），存在本质区别；另一方面，如果主张普通业务员对超出违法所得部分退赃退赔才能被从宽量刑，表面上有利于被害人的损失弥补，却往往“好心帮倒忙”。这是因为，业务员无法在从宽处置的对价中获得预期和认同，本来其可以在获利范围内清退资金，如果司法机关直接让其承担巨额退赃退赔义务，反而可能造成其完全不退的后果，进而导致被害人的损失更难得到及时恢复的不利结局。

（三）考量因素之三：有无具体被害人的整体把握

按照任何人不能从犯罪中获利的要求，退赃退赔是犯罪人必须履行的义务。但赃物退至何处，值得探讨。通常而言，实践中一般作如下处理。一方面，在赃物尚存的情形下，如果存在具体、直接的被害人，赃物经由司法机关追缴清点后及时发还被害人，以保障被害人的财产利益得到及时恢复；如果不存在具体、直接的被害人，赃物经由司法机关追缴清点后直接上缴国库，成为国家所有的财产。另一方面，如果赃物已经灭失或者被善意取得，不管是否存在具体、直接的被害人，犯罪人均

---

① 参见王佳：《非法集资类犯罪案件中应区分行为作用——分类确定退赃退赔责任》，载《检察日报》2022 年 6 月 6 日。

应承担退赔义务。这是因为，对于有直接被害人的情形，被害人的利益不因赃物灭失而免除犯罪人的退赔责任；对于没有直接被害人的情形，国家作为社会管理者和抽象债权人，也有权对各犯罪人因犯罪产生的债务主张清偿。比如，在职务犯罪中，行为人贪污公款用于个人消费，在案发时已经消耗殆尽。虽然职务犯罪并无具体的被害人，但国家作为职务犯罪背后的抽象债权人的地位应当被承认，应勒令犯罪人对其犯罪行为造成的损失进行退赔，否则将会造成惩罚的漏洞。

由此看来，关于退赃退赔的性质，可以在以下两个方面予以归纳：其一，存在直接被害人的情形，不管赃物尚存还是灭失，强调被害人的合法权益得到及时保障，这是退赃退赔工作最本质的要求；其二，不存在直接被害人，不管赃物尚存还是灭失，国家作为抽象债权人的地位，也应得到确立。对于第一种情形，可以将退赃退赔的性质描述为被害人权利保障的必然要求；对于第二种情形，可以将退赃退赔的性质描述为保安处分（赃物尚存）与国家债权人权利实现（赃物灭失）的合并。归纳而言，关于退赃退赔的属性，不应该抽象、笼统的界定，而应该考量赃物尚存与灭失的具体状态，以及是否存在直接被害人等具体要素后，进行综合性判断。

（四）考量因素之四：谋利与致损的类型细分

犯罪是严重侵害社会的行为。犯罪本身所具有的社会危害性特质，在退赃退赔的语境下通常体现为，犯罪人通过犯罪行为谋取了非法利益或者对被害人的合法权利造成了实际损失。换言之，谋利与致损通常是司法机关要求犯罪人退赃退赔的主要理由。通常而言，在侵害被害人权利的视角，谋利与致损是一个问题的两个方面，犯罪人获得非法利益，即意味着被害人遭受损失。在退赃退赔的规则设定层面，犯罪人谋取非法利益与造成他人损失，是否存在区别？笔者认为，这种区别是存在的，也应作为共同犯罪退赃退赔的考量因素。

这是因为，在谋取非法利益的犯罪中，犯罪人退赃退赔的范畴和边界通常限于非法利益本身。例如，甲、乙二人共同盗窃丙 10 万元，假设主犯甲分得8万元，从犯乙分得2万元。此时，在整体上，甲、乙二人退赃的范畴则应以10万元为限，但甲、乙二人分别退赃的数额如何计算，是否应该与获利数额关联挂钩？其二，在造成他人合法利益损失而未获利的犯罪中，犯罪人退赃退赔的范畴显然与非法利益无关，而应以被害人实际遭受的损失为限。如，甲、乙二人共同伤害丙，致丙重伤，治疗费用为10万元。这里，由于甲、乙二人并未分赃，只是造成了丙的重伤与产生10万元治疗费用的结果，此时作为主犯的甲与作为从犯的乙，应该如何承担退赔责任，与获利型犯罪不能完全等同。

四、共同犯罪退赃退赔规则的场景化构建

共同犯罪退赃退赔问题，并不是一个形式上简单的逻辑推理问题，其背后的影响因素较为复杂。不管是连带责任说、按份责任说还是实际获利说，由于其形式逻辑的片面性，均不宜在整体上作为单一判断根据。本文主张，在实质刑法观的立场下，首先应该在明确退赃退赔功能属性的前提下，融合具体被害人之有无、犯罪谋利与致损的区分以及主从犯判断等诸多因素，在不同场景下分层次、分步骤地予以精细化、类型化讨论。

（一）场景一：无直接被害人的谋利型共同犯罪

所谓无直接被害人的谋利型共同犯罪，主要是指各共犯人实施了危害国家安全、公共安全以及社会管理秩序，并且实际谋取了非法利益的犯罪类型。最为典型的是职务犯罪领域的共同犯罪。在职务犯罪的共同犯罪中，各共犯人通常谋取了非法利益，但并不存在直接被害人，国家成为抽象的被害人。此时，如何设计共同犯罪退赃退赔的规则？

比如，甲、乙二人分别利用各自职务共同贪污公款100万元，甲分得赃款80万元，乙分得20万元。对此，甲、乙应当如何承担退赃义务？本文主张，甲、乙各自在非法获利的范围内承担退赃责任即可，即按照实际获利说承担退赃责任即可，不必再强制甲、乙二人承担连带退

赃责任或者按份退赃责任。这是因为，在无直接被害人的谋利型共同犯罪中，由于并不存在直接被害人，被害人利益优先保障的诉求并不存在，故而各共犯人在其所获取非法利益的范围内承担退赃责任，既能满足退赃的保安处分需求，也完全契合任何人不得从犯罪中获利的原则。

当然，上述实际获利说的规则是以各共犯人获利数额之和与损失数额吻合为前提的。如果各共犯人获利数额之和与国家遭受的损失存在差异，如何设计退赃退赔规则？比如，甲、乙二人各自利用职务共同贪污国家救灾物资（价值100万元），后将该救灾物资低价出售他人获得赃款80万元。甲分得赃款60万元，乙分得20万元。此时，如果再按照实际获利说向甲、乙分别追缴60万元和20万元赃款，则无法保障国家作为抽象被害人的合法权益。此时，笔者主张，从犯应按照实际获利说追缴赃款；主犯则应在其实际获利的基础上，承担损失缺口的补充责任。在上例中，应向乙追缴20万元，甲在承担60万元的基础上，仍应对20万元的损失缺口承担退赔义务。如果甲、乙均为主犯，则甲、乙承担连带责任，多退赃的主犯可向其他未退赃、少退赃的主犯追偿。

需要提及的是，在类型区分上，也存在无直接被害人的致损型共同犯罪。比如，二人以上实施的破坏交通工具罪、污染环境罪等，即无直接被害人的致损型共同犯罪。根据我国刑法规定，在无直接被害人的致损型共同犯罪中，通常不存在退赃退赔的问题，或者通常以罚金方式替代即可。我国刑法第一百一十六条规定的破坏交通工具罪，就没有关于退赃退赔的规定；刑法第二百三十八条规定的污染环境罪，也只规定了罚金刑，而没有规定退赃退赔。

（二）场景二：有直接被害人的谋利型共同犯罪

在退赃退赔问题上，优先保障被害人的合法权利是第一要务。有直接被害人的共同犯罪，在类型上又可以细分为谋利型共同犯罪和致损型共同犯罪。对于谋利型共同犯罪，如果各共犯人在分赃范围内全部退赃，那么被害人的权利自然也就能全额保障，这是最理想的结果。如果各共犯人在谋取非法利益后，不能在分赃范围内全部退赃，应结合主从犯的区分原则构建退赃的规则体系。

1. 情形一：共同犯罪中存在主犯、从犯的区别

如上所述，在共同犯罪中，主犯以及从犯的地位、作用相差巨大，那么在定罪量刑与退赃退赔的责任承担方面，也应当充分体现这种差距。尤其在涉众型经济犯罪中，各共犯人的退赃退赔责任更应该明确，不应笼统地以连带责任说或者按份责任说强制从犯（普通业务员）承担远超出其获利数额的数额，否则将明显违反比例原则的基本立场，既不现实，也不合理。①

本文主张，在有直接被害人的谋利型共同犯罪中，如果存在主犯与从犯的区分，退赃退赔应当遵循以下两个规则：其一，从犯尤其是作为普通业务员的从犯，其退赃退赔数额，以其实际获利数额为限，不应以全部损失数额为基础划定比例，强制其退赃退赔，更不应与主犯共同担连带责任；② 其二，主犯的退赃退赔范畴，应在扣除各从犯实际获利数额后的不足范围内，承担连带责任。

2. 情形二：共同犯罪中均为主犯

司法实践中，不少共同犯罪的共犯人均为主犯，并无主从犯之分。本文认为，如果共同犯罪各共犯人均为主犯，那么在有直接被害人的谋利型犯罪中，各主犯之间应该相互承担连带责任。与此同时，多退赃的主犯，按照实际获利数额或者公平责任（如等额责任），可向未退赃的其他主犯追偿。这种安排能够在优先保障被害人权利的前提下，最大限度地彰显公平。在连带责任说视野下，多退赃的主犯向其他未退赃或者少退赃的主犯主张民事追偿权，在理论上基本达成了共识。

（三）场景三：有直接被害人的致损型共同犯罪

与有直接被害人的谋利型共同犯罪相对应，在有直接被害人的致损

---

① 参见任志中、郭冰冰：《非法集资案件中共同犯罪违法所得处置的反思与重构——以共犯之间退赔责任的承担为切入点》，载《法律适用》2022 年第 7 期。

② 司法实践中，如果主犯并未及时归案，从犯的退赃退赔数额仍然以实际获利数额为准，不受主犯是否及时归案事实的影响。

型共同犯罪情形下，各共犯人也应当承担退赃退赔义务。比如，甲、乙二人共同伤害丙，致丙重伤且花费10万元医疗费。该退赔责任如何分担，需要结合退赃退赔的功能以及主从犯的作用等因素分情况讨论。

1. 情形一：共同犯罪中存在主从犯的区别

如上所述，主从犯的地位、作用不可等同视之，应当予以实质性区分。在有直接被害人的致损型共同犯罪中，退赔责任的承担应遵循以下两个原则。

其一，从犯退赔责任的确定，应以按份责任说为依据。即在有直接被害人的致损型共同犯罪情形下，人民法院应根据从犯在共同犯罪中的地位、角色在50%以下的范围内确定退赔义务。这主要是因为，在致损型共同犯罪中，从犯并未获取非法利益，故无法要求其以分赃数额为限承担退赃退赔义务，也不能与主犯共同承担连带责任。因此，人民法院依法合理确定从犯退赔份额，是科学的。其二，主犯退赔责任，应以连带责任为根据。即主犯应对全案退赔数额承担连带责任。当然，如果从犯在按份责任的范围内没有履行退赔义务，主犯承担连带责任后，可在从犯的按份责任范围内向从犯追偿。

2. 情形二：共同犯罪中均为主犯

在有直接被害人的致损型共同犯罪中，如果各共犯人均为主犯，在退赔问题上就相对清晰和简单，在处理方案上，各主犯之间均应对全案退赔数额承担连带责任。当然，多退赔的主犯可根据公平责任向其他主犯追偿。至于在追偿过程中，公平责任如何确定，可以考虑以等额方式合理确定追偿的数额。

五、结论

共同犯罪退赃退赔工作，并非单一的立场选择抑或价值判断问题，也绝不是连带责任说、按份责任说抑或实际获利说之间的理论博弈，而是一种需要场景性考量的类型化区分问题。在类型化区分的过程中，需要在坚持退赃退赔兼具权利保障与保安处分属性的二元说的基础上，系统考量有无直接被害人、谋利与致损以及主从犯等三大影响因素，并在此基础上分门别类地设计相应的处置规则。结合上述论述与思考，本文在最后的结论部分，以表格形式全面展示共同犯罪退赃退赔规则的体系设计（见下表）。

表　共同犯罪退赃退赔规则重塑的体系构建

因素 场景	有无直接被害人	谋利与致损	主从犯	规则设计
场景一	无	谋利	×	各共犯人获利之和等于损失数额：实际获利说
场景二	无	谋利	主从犯并存或均为主犯	各共犯人获利之和小于损失数额：从犯，实际获利说；主犯，实际获利说 + 补充责任。如均为主犯，各主犯，连带责任说 + 多退赔者可向其他未（少）退赃主犯追偿
场景三	无	致损	×	不存在退赃退赔问题，以罚金刑代替即可
场景四	有	谋利	主从犯并存	从犯：实际获利说； 主犯：连带责任说 + 可向未退赃从犯追偿
场景五	有	谋利	均为主犯	连带责任说 + 可向其他未退赃主犯追偿
场景六	有	致损	主从犯并存	从犯：按份责任说； 主犯：连带责任说 + 可向未退赃从犯追偿
场景七	有	致损	均为主犯	连带责任说 + 可向其他未退赃主犯追偿

有组织犯罪涉案财物认定处置公权力运行的路径优化

李　鹏*

关键词

有组织犯罪　涉案财物　认定处置　公权力

内容摘要：涉案财物在刑事诉讼尤其是有组织犯罪司法实践中具有独立且重要的价值，国家公权力对涉案财物的控制、处分等处置行为，对私利（包括被追诉人、被害人甚至案外第三人的财产权利）影响巨大。当前，对涉案财物的规范存在体系性抵牾，对公权与私利的保障供给有失衡平。实践中，相关公权力之间的制约不足，科学用权的理念更新不够及时、彻底，依法用权有失严格，规范用权有失专业。因此，应当全面更新用权主体的执法司法理念，从制约、比例、开放、专业等方面系统提升相关公权力自身的运行功效，并且从法秩序统一性的角度完善优化相关公权力依托的规范体系。

* 中国政法大学刑事司法学院博士研究生，天津市高级人民法院四级高级法官，天津市社会治理研究中心特约研究员。

一、问题的提出

有组织犯罪形成于特定的历史时期和社会治理、经济发展阶段，在公权力盲区或薄弱地带滋生蔓延，并于一定周期内逐渐成型，直至对社会管理秩序和政权安全产生规模性冲击和根源性影响。从历史上看，国家对于黑恶势力等有组织犯罪的打击从未停止，从早期的“严打”“打黑除恶”，再到2018年以来的“扫黑除恶专项斗争”“常态化扫黑除恶斗争”，数次较为集中的惩治行动，体现出极强的政治性、政策性和法律性，对各时期的突出问题进行了有针对性的治理。其间，受传统的“重定罪量刑、轻财产处置”刑事司法理念的影响，加之涉案财物处置领域刑事立法的供给不足，且专项治理过程中办案机关囿于紧迫的时限和有限的力量资源，不得不在多头推进的各项任务中作出差异化的安排，从而导致相关案件中，定罪量刑与财产处置两项应然的核心任务，在兼容与平衡政策性需求时的表现存在差距。在早期社会经济发展较为落后、公民对于权利保障的法治化水平期许较低的情况下，这种差距尚不明显。但是近年来，随着经济社会的发展，有组织犯罪的形态、手段、方式不断升级进化，由传统的“打打杀杀”转变为更多采取软暴力等方式追逐非法经济利益，“以商养黑”“以黑护商”的经济属性日益凸显，相关案件中财产数量之大、价值之高，当事各方对涉案财物处置的关注已经比肩甚至超越被追诉人的定罪与量刑。同时，财物作为有组织犯罪滋生、发展的因果，如何通过全面、准确认定处置涉案财物，实现“打财断血”，摧毁其再犯能力，有效防止“死灰复燃”“常打常有”，同时理顺财产权利关系，平稳修复受损的经济秩序和市场环境，始终如一地守护各类经济主体对规则的信赖、对发展的信心及对合法产权的安全感，理应置于国家治理与社会治理的新时代视角加以审视。现有研究大多集中于当事人及案外人财产权益保障，或独立程序的构建，或涉案财物管理，或先行处置、追缴、没收等具体问题，但对于涉案财物认定处置相关公权力本体关注不够。有鉴于此，笔者尝试在厘清涉案财物的价值与概念的基础上，对相关公权力的内涵与性质予以界定，并分别从规范和实践的视角对当前权力运行状况作出检视，进而提出相应的对策，以期为执法司法机关依法用权、规范用权提供参考。

二、涉案财物的价值厘清与相关公权力的性质界定

（一）由“人”及“物”的司法关注

人类对于生命个体本身与所谓“身外之物”的财产之间的关注和比较，在漫长的历史进程中发生着显著的变化。社会发展落后、经济水平低下、生产生活方式单一的早期社会，涉及流通的财产数量少、种类少、价值低，甚至往往因仅供给人们衣食所需而被忽视其财产属性，权力秩序与安全或者治安秩序是社会秩序的核心内容，犯罪形式多表现为侵犯人身权利的简单暴力犯罪，人们更多关注“以血还血”“以暴制暴”，对于被追诉人生命、身体的惩罚在社会秩序修复中占据主导地位，生命刑、身体刑因而成为刑事司法领域的主要刑罚种类。随着社会发展，人口流动、交往的增加，自由刑逐渐发展成为主要的刑罚方式。但是从本质属性而言，生命（或者身体）与自由依附于“人”，这时期的“物”或者财产，其价值几乎不被执法者纳入考虑范围，尚不具备拿来与“人”进行价值衡量的资格。

直到社会经济发展到一定水平，物质生活极大丰富，财产同时作为手段及目的在人们追求具有更高的衣、食、住、行等资源占有水平的生存状态及更高质量的社会交往、政治活动中，逐渐发挥基础和保障作用。价值决定地位，相应地，人们对财产的占有、使用、收益、处分的权利，即包含物权、债权、股权、知识产权等在内的财产权，成为与生命权、自由权同等重要的人权内容。“在社会中享有财产权的人们，对于那些根据社会的法律是属于他们的财产，就享有这样一种权利，即未经本人的同意，任何人无权从他们那里夺去他们的财产或者其中的任何

一部分。”[1] 当物的权利受到观念的尊重及实在法的保护，对此种权利即财产权的限制或者剥夺自然便成为一种令人痛苦的惩罚。在刑事司法领域，一些国家罚金刑的使用率显著上升，“金钱化的自由刑”正在成为刑罚体系的中心。[2] 随着市场经济的发展，“物”的独立价值属性进一步彰显。

（二）“物”的价值厘清

既然承认“物”在刑事诉讼过程中的独立价值，其概念、内涵、性质及在刑事诉讼中发挥作用的方式等问题，都应在讨论之列。

“涉案财物”并不是一个明确的法定术语，而是一个综合性的概念，其在规范与学理讨论中经常被与“涉案财物”“赃款赃物”等概念混用。刑法第六十四条规定：“犯罪分子违法所得的一切财物，应当予以追缴或者责令退赔；对被害人的合法财产，应当及时返还；违禁品和供犯罪所用的本人财物，应当予以没收。没收的财物和罚金，一律上缴国库，不得挪用和自行处理。”这一规定大致框定了涉案财物的范围：违法所得、违禁品、供犯罪所用的本人财物。2012 年在刑事诉讼法中出现“涉案财物”（本质上与本文讨论的涉案财物相同）的概念，后续在司法解释及大量规范性文件中都有涉及，公安机关、检察机关在分别制定的专门性管理规定中也以“涉案财物”命名。《中共中央办公厅、国务院办公厅关于进一步规范刑事诉讼涉案财物处置工作的意见》（以下简称《财物处置意见》）和反有组织犯罪法中使用了“涉案财物”的概念。整体而言，以上文件中对涉案财物的定义大致相同，基本从广义的层面认为其系与刑事犯罪有关的财物。但是，在具体内涵上存在不同的理解：有的观点认为涉案财物特指前述刑法第六十四条中涉及的违法所得、违禁品和供犯罪所用的本人财物；有观点认为，还应包括可能作

① ［英］约翰·洛克：《政府论》，叶启芳、瞿菊农译，商务印书馆 1996 年版，第 53、86 页。

② 参见张明楷：《外国刑法纲要》，清华大学出版社 2020 年版，第 352 页。

为执行财产刑、退赔被害人而予以保全的被告人合法财产，以及单纯作为证据使用的当事人或案外人的财物；[①] 有观点认为，涉案财物是指司法机关查封、扣押、冻结的与案件有关的财物及其孳息；[②] 有观点认为，还包括尚未查扣在案，需要继续追缴或责令退赔的“待执行之物”；[③] 有观点认为，将非物质性利益纳入范围并不合适；[④] 有观点认为，非实体物及对物的权利应在其列。[⑤] 笔者认为，对于涉案财物的准确界定还需要结合其诉讼功能进行分析。

涉案财物作为独立的诉讼对象，在刑事诉讼进程中发挥着两项重要的作用。其一，涉案财物因其与犯罪行为的相关性，呈现出与定罪或者量刑相关的特定信息，是案件办理的重要证据来源，“物”的证据属性对于解决“人”的定罪量刑具有重要价值。[⑥] 除了在普通刑事案件中对犯罪事实的发生及相关情节起证明作用，涉案财物在一些特殊类型的案件中，作为不可或缺的构成要件，还对罪名的成立起关键作用。刑法第二百九十四条规定了黑社会性质组织的四个特征，其中“经济特征”表述为“有组织地通过违法犯罪活动或者其他手段获取经济利益，具有一定的经济实力，以支持该组织的活动”，这是对有组织犯罪的逐利本质的正确认知，通过涉案财物的审查证成经济实力，是认定有组织犯罪成立的重大证明负担。虽然反有组织犯罪法第二条对于恶势力组织的定义并未明确要求经济特征，但是综合考虑其“为非作恶、欺压群众”“扰乱经济秩序”等表述，在涉恶案件的审理中，涉案财物的证明作用

---

① 参见王勇：《论刑事涉案财物处理程序——基于规范化的分析视角》，载《山东审判》2017 年第 5 期。

② 参见孙国祥：《刑事诉讼涉案财物处理若干问题研究》，载《人民检察》2015 年第 9 期。

③ 参见王勇：《论刑事涉案财物处理程序——基于规范化的分析视角》，载《山东审判》2017 年第 5 期。

④ 参见乔宇：《刑事涉案财物处置程序》，中国法制出版社 2018 年版，第 29 页。

⑤ 参见王勇：《论刑事涉案财物处理程序——基于规范化的分析视角》，载《山东审判》2017 年第 5 期。

⑥ 参见梁健：《刑事涉案财物处置的失范与规范》，载《中国刑事法杂志》2022 年第 5 期。

同样不可小觑。其二，涉案财物以其财产价值在刑事诉讼所涉各类关系、秩序的修复中发挥着特殊的作用。基于“任何人不能从犯罪中获利”的立场，有效剥夺犯罪人从犯罪中获取的财产利益，将具有刑法意义上的违法所得，区分有无被害人、是否足额等情况，分别予以没收、发还被害人或者责令退赔；将违禁品、犯罪工具等予以没收，消除用于再犯的危险；将被追诉人的合法财产用于执行罚金、没收财产等财产刑，或者用于“责令退赔”的实现；等等。在有组织犯罪中，涉案财物处置还具有剥夺犯罪收益、斩断经济诱因的功能。[①] 因此，“物”的价值应基于其功能定位予以全面评价，并界定准确。更为周延的考量是，宜对涉案财物作如下定义：在刑事诉讼过程中可能与案件处理直接或间接相关、受法律规制、具有财产价值的物的总称。[②]

（三）涉案财物处置相关公权力的内涵与性质

刑事涉案财物处置权作为一项国家公权力，通过对财物的控制、处分，直接对被追诉人、被害人甚至案外第三人的财产权利进行干预。干预的过程其实就是公权与私利之间博弈的过程。在检视相关公权力运行中的问题、探讨优化路径之前，需要首先对此项公权力的内涵与性质作出准确理解。对于刑法第六十四条规定的涉案财物处置方式，有观点认为属于刑罚中的财产刑；有观点认为是一种对物保安处分措施；[③] 有观点认为属于刑罚之外的处理方法；[④] 有观点认为具有多元属性，即惩罚性、保安处分性、民事赔偿性。[⑤] 笔者更倾向于多元属性的观点：第一，涉案财物处置不同于财产刑。从立法来看，刑罚中的财产刑仅包括罚金、没收财产两种，无法对涉案财物处置中的追缴、没收、责令退

① 参见熊秋红：《刑事诉讼涉案财物处置程序检视》，载《人民检察》2015 年第 13 期。

② 参见陈卫东：《涉案财物处置程序的完善——以审前程序为视角的分析》，载《法学杂志》2020 年第 3 期。

③ 参见万志鹏：《比较法视野中的保安没收——兼论我国刑法中保安没收的缺陷及其改正》，载《海南大学学报（人文社会科学版）》2011 年第 3 期。

④ 参见周光权：《刑法总论》，中国人民大学出版社 2021 年版，第 437 页。

⑤ 参见陈兴良：《本体刑法学》，中国人民大学出版社 2011 年版，第 569 页。

赔、返还等进行完整评价。财产刑是通过剥夺被追诉人的合法财产实现惩罚效果，而违法所得追缴、没收等指向的是与犯罪有关的财物，包括违禁品、供犯罪所用之物，也因其自身的违法性而与被追诉人合法财产有所区别。第二，涉案财物中除了违禁品等可能威胁社会安全的物品，还包括大量具有财富价值、使用价值，对社会安全并无实质威胁的财物，用静止的观点将其置于个案诉讼中考虑有失妥当，物具有独立属性，而不仅仅是犯罪的手段、工具，其本身亦有被妥善运用并进一步保值增值的动力，保安处分说显然存在局限性。第三，涉案财物处置因财物种类不同，而具有多重性质：违禁品、供犯罪所用之物的没收具有保安处分性质，对于违法所得，其中返还被害人或责令退赔的部分具有民事财产权利救济性质，没收上缴国库的部分则具有国家公法债权性质。①

三、有组织犯罪涉案财物认定处置的规范分析

反有组织犯罪法出台之前，有组织犯罪涉案财物处置相关的法律规范大致可以分为三个部分：第一，刑法领域通用的涉案财物处置规范，比如刑法、刑事诉讼法等法律，《最高人民法院关于适用〈中华人民共和国刑事诉讼法〉的解释》（以下简称《刑诉法解释》）、《最高人民法院关于刑事裁判涉财产部分执行的若干规定》（以下简称《规定》）、以及《人民检察院刑事诉讼规则》《人民检察院刑事诉讼涉案财物管理规定》等司法文件，《公安机关涉案财物管理若干规定》等部门规章以及《财物处置意见》等；第二，历史上打黑除恶时期形成的关于办理涉黑案件的两份座谈会纪要；第三，"扫黑除恶专项斗争"以来最高人民法院、最高人民检察院、公安部、司法部联合发布的《关于办理黑恶势力犯罪案件若干问题的指导意见》及《关于办理黑恶势力刑事案件中财产处置若干问题的意见》（以下简称《意见》）等。以上规定从形式上

① 参见乔宇：《刑事涉案财物处置程序》，中国法制出版社2018年版，第19页。

构建了有组织犯罪涉案财物处置的规范体系，但在实质上仍较为原则、分散，且欠缺系统性、位阶较低。反有组织犯罪法对上述规定进行了有效的吸收、整合，在保持协调统一的基础上，针对实践中惩治有组织犯罪的部分重点问题，作出补充或者特别规定，一定程度上起到了系统集成的作用。现有规范体系体现了对涉案财物独立价值的重视，对相关公权力运行作出规范，对当事人及案外人合法权益予以保障，但是仍存在一些问题。

（一）规范层面对“物”的关注不足

我国宪法第十三条规定“公民的合法的私有财产不受侵犯。国家依照法律规定保护公民的私有财产权和继承权”，赋予了财产权基本权利的地位。2013 年《中共中央关于全面深化改革若干重大问题的决定》、2015 年《财物处置意见》、2016 年《中共中央、国务院关于完善产权保护制度依法保护产权的意见》等文件均进一步强化了在涉案财物处置中保障财产权的理念，对于各有关部门细化政策标准、规范涉案财物处置司法程序和工作流程提出了具体的要求。反有组织犯罪法对有组织犯罪涉案财物处置作出专门规定，对在办理相关案件中贯彻产权保护理念予以强调。从形式上看，财产权似乎在国家立法中确实得到了越来越多的关注。但从实质上比较，立法中对人身和财产的规范供给在一些关键问题上仍存在差距。对于人的处置，罪刑法定、疑罪从无、程序公正等法治理念逐渐深入人心，但对于涉案财物的处置，却缺乏严格规制。[①] 比如，刑事诉讼法总则中只规定了取保候审、监视居住、拘留、逮捕等对人身的强制措施，但未规定对物的强制措施，对涉案财物的搜查、查询、查封、扣押、冻结等措施被设置于第二编第二章“侦查”之中，从性质上属于审前查控措施，侧重于对证据的调查、收集。[②] 同时，从措施的启动条件来看，侦查机关采取涉及人身的逮捕强制措施需要经检

① 参见熊秋红：《刑事诉讼涉案财物处置程序检视》，载《人民检察》2015 年第 13 期。

② 参见乔宇：《刑事涉案财物处置程序》，中国法制出版社 2018 年版，第 75 页。

察院审查批准，但是对于财产的查控措施，侦查机关内部审批即可，自行决定、实施，虽然《财物处置意见》规定“凡查封、扣押、冻结的财物，都应当及时进行审查”，但是审查主体、审查程序并不明确。再如，法律对于刑事案件定罪量刑的法庭调查、辩论等程序作出了明确规定。“扫黑除恶专项斗争”期间，涉黑恶案件庭审中设置涉案财物处置专门法庭调查、辩论环节不乏政策性倡导，反有组织犯罪法第四十四条第二款亦规定：“在审理有组织犯罪案件过程中，应当对与涉案财物的性质、权属有关的事实、证据进行法庭调查、辩论……”但是并未将其设置为专门环节，从而与对被追诉人定罪量刑的法庭调查、辩论相区分。又如，刑事诉讼法及其解释对于当事人对定罪量刑不服的上诉权、申请抗诉权等作了明确规定，但是未规定涉案财物处置的救济权利。虽然刑事诉讼法第四章规定了“犯罪嫌疑人、被告人的近亲属和其他利害关系人或者人民检察院可以提出上诉、抗诉”，但其适用前提在人不在案。反有组织犯罪法第四十九条第二款规定“利害关系人对处理不服的，可以提出申诉或者控告”。无救济则无权利，可见，立法层面对于人身权和财产权的价值评价和实质性保障力度并不均衡。

（二）关于物的规范存在体系性抵牾

因为有组织犯罪涉案财物处置牵涉部门多、程序繁杂，对相关工作的规制难度较大，从规范的角度审视，目前的有组织犯罪涉案财物处置规则体系仍存在不协调之处。

第一，有的规范对制定主体之外的其他机关、部门设置了义务，导致一些较为具体的工作要求在得不到其他部门配合时，无法依照文件进行有效规制。

第二，有的规范在逻辑上难以自洽。比如，关于作为证据使用的实物移送问题，2012 年《刑诉法解释》第三百六十二条、2021 年《刑诉法解释》第四百四十条均表述为“应当随案移送”，但是刑事诉讼法第二百四十五条第二款中另有表述“对不宜移送的，应当将其清单、照片或者其他证明文件随案移送”，对照而言，规范对于“应当移送”的把握并不一致，适用中容易引发争议。

第三，有些关键问题经过规范层面的突破以及实践层面的尝试后，没有在上位规范中予以明确。比如，对于债券、股票、基金份额等财产的先行处置，2012 年《刑诉法解释》规定需要“经权利人申请”，《财物处置意见》及 2021 年《刑诉法解释》均为“经权利人同意或者申请”，反有组织犯罪法又调整为“经权利人申请”，但实践中此类财产面临价值巨大波动时，如果权利人不申请，办案单位就无法依职权启动处置程序，可能导致财产价值严重贬损的后果。又如，关于当事人及利害关系人对于涉案财物处置结果的救济权利，刑事诉讼法仅在特别程序中规定了上诉、抗诉权利；《规定》第十五条主要涉及执行异议、审判监督程序的救济方式；《财物处置意见》第十二条明确了上诉权和申请抗诉权；2021 年《刑诉法解释》第二百七十九条赋予案外人听取意见、必要时通知出庭的权利；反有组织犯罪法第四十九条对利害关系人提供的救济途径是申诉、控告；《财物处置意见》中极具前瞻性的规定实际难以在程序救济中得以援引。

（三）涉案财物规范对公权与私权的保障供给有失衡平

第一，反有组织犯罪法第四十条规定公安司法机关可以全面调查涉嫌有组织犯罪的组织及其成员的财产状况。这里的全面调查制度填补了之前对调查犯罪嫌疑人、被告人合法财产的规定空白，也赋予了办案机关更宽泛的公权力。第二，反有组织犯罪法第四十五条第二款规定，涉案财产因无法找到、灭失或者与其他合法财产混合且不可分割而无法追缴、没收时，可以追缴、没收其他等值财产或者混合财产中的等值部分。由此建立的等值财产追缴、没收制度是对传统追缴、没收制度的突破，公权力在此领域的作用发挥从追求物归原主、恢复原状扩展为对被追诉人财产的惩罚性剥夺。第三，反有组织犯罪法第四十五条第三款规定，有证据证明高度可能属于黑社会性质组织犯罪的违法所得及其孳息、收益，被告人不能说明合法来源的，应当予以追缴、没收。该条款是对传统刑事涉案财物证明的突破，一方面，将对违法所得的证明标准从排除合理怀疑降低至高度盖然性；另一方面，将举证责任倒置，从公诉机关转嫁至被告人承担。第四，反有组织犯罪法第四十六条从法律层面扩大了涉案财物追缴、没收的范围，将第三人财产、间接收益一并列入，从而使涉案私有财产关系更为复杂。

四、有组织犯罪涉案财物认定、处置的实践检视

传统理论认为，刑事诉讼以解决被告人的刑事责任为目的而展开，其系“对犯罪行为是否成立作一决定，并且要确定对有罪之判决应判以何种适当的刑罚的活动”①。因此，刑事诉讼司法实践中普遍存在“重人身权、轻财产权”“重定罪量刑、轻财产处置”的观念，办案机关往往将工作重心放在收集与被追诉人行为定性及罪轻、罪重情节有关的证据上，即使涉及，也仅将涉案财物作为服务于定罪量刑的证据对待，而忽视对涉案财物自身的证明，在裁判结果中不作处理或者笼统、不当处理。这种将财产作为人的附属的观念显然已经过时。尤其在一些特殊类型的案件中，比如，有组织犯罪案件，往往涉案人数众多、财物种类繁多、价值高昂、权属复杂，无论是漏甄漏判还是错甄错处，都会导致司法实践在惩罚犯罪和保障人权之间的兼顾失衡，财产的认定和处置难度远远大于普通刑事案件，甚至比同案的定罪量刑工作更为棘手。从公权力运行的视角而言，当前有组织犯罪涉案财物认定处置司法实践中，仍存在以下问题。

（一）涉案财物处置相关公权之间制约不足

我国在刑事诉讼中尚未全面确立司法审查原则，实行行政审批与审判“双轨制”的涉案财物处置模式，② 这种传统的制度设计是职权主义

① ［德］克劳思·罗科信：《刑事诉讼法》，吴丽琪译，法律出版社2003年版，第7页。

② 参见方柏兴：《论刑事诉讼中的“对物之诉”——一种以涉案财物处置为中心的裁判理论》，载《华东政法大学学报》2017年第5期。

视角的，过于依赖公权力在准确认定、处置涉案财物方面发挥的作用，忽视了通过对各方参与权的配置可以达成的有效制约。而相关公权力的主体是多元的，主体之间权力界限不甚明晰，规范层面对于财物移送、保管、认定、处置等程序的衔接不畅，有些时候主体之间不得不从规避风险的角度，对相关事项作出模糊、笼统的处理，导致对涉案财物的无效止争。总体而言，侦查、检察、审判机关呈现出“谁保管谁负责”“各自为战”、制约不足的局面：审前程序中，侦查机关对物采取查封、扣押、冻结等控制性措施，采用的是内部行政审批制，自我授权、自我决定、自我实施，易造成对利益各方财产权利的不当侵犯。侦查机关、检察机关对于不宜保管、价格变动较大的财物等采取的发还、变价等处分性措施，缺乏有效的监督约束，容易导致错误处分，而且先行处置的既定事实对后续审判中定罪量刑产生一定干扰；审判程序中，法院对于涉案财物的实体处置不够具体，对于侦查机关、检察机关审前处置行为的评价不够明确，对于审判中涉案财物审查的程序安排不够充分；在执行程序中，大量未随案移送的涉案财物因主要由侦查机关负责执行，相关工作同样不受司法审查约束。

（二）科学用权的理念更新不够及时、彻底

有组织犯罪涉案人数众多，企业化特征日益突出，财产权利交互更为复杂，加之周期性惩治活动的强政策性介入，办案机关往往“重打击、轻保护”，在“打财断血”“黑财清底”的过程中容易出现超范围查扣、“一扣到底”等情况，忽视了对公民财产权的保护及相关权利的救济，尤其是在一些涉及民营企业家犯罪的案件中，产权保护和服务经济社会发展大局的意识尚显不足，涉案财物处置公权与私权之间的衡平需要引起关注。

（三）依法用权有失严格

虽然前文已述，涉案财物认定处置相关规范仍存在供给不足、内部冲突等情况，但客观而言，实践中出现的绝大多数问题，其实是因为部分办案机关行使相关权力时有法不依、依法不严。比如，基于刑事诉讼证明责任的匹配原则及有组织犯罪案件的特殊性，《意见》第十一条规定，移送审查起诉、提起公诉时，一般应当对采取措施的涉案财物提出处理意见建议。反有组织犯罪法第四十四条规定，移送审查起诉、提起公诉时，应当对涉案财物提出处理意见。个别案件在提起公诉时，财产性证据仍在收集整理过程中，对财产的处理意见尚无法明确呈现在起诉书中。涉案财物证据收集、移送的进度较慢，辩护人需要多次阅卷，法院需要多次开庭，针对财产事项的法庭调查难以集中开展，控辩双方的意见较为分散，影响庭审实效，不利于准确认定财产事实。

（四）规范用权有失专业

当前司法实践中，办案机关依法、准确认定处置涉案财物的专业化、规范化水平有待进一步提升，问题集中体现在以下几个方面。

第一，关于涉案财物保管。没有集中统一的保管机构或者平台，多头保管、分别保管导致涉案财物较为混乱无序；相关工作规范不够完善，比如，对于实物证据，尤其是作案工具等的保管期限，对于除枪支弹药、毒品、淫秽物品之外的违禁品的销毁流程等缺乏具体指引；对于涉及当事人及家属正常居住的不动产，汽车、轮船等价值较高的交通工具，股票、债券、期货等涉及保值增值问题的财产如何妥善保管，仍处于个案研究、一事一议的层面，汽车等财物历经冗长的诉讼周期后大幅贬值的情况较为常见。

第二，关于涉案财物移送。移送材料过于简单，只有清单，缺少查封手续、照片、权属证明等，对于金银珠宝、古玩字画等特殊财产没有鉴定材料，无法判断其真伪、价值；财产清单制作不规范，对于现金，只登记币种、金额，不登记面值；对于银行卡，只登记发卡行名称，不区分卡的种类；对于手机、电脑等财物，只登记数量或者仅具体到品牌，不登记具体型号，不查明权属，难以准确没收或者发还。

第三，关于涉案财物裁判。裁判文书对涉案财物的认定、处置仍有失规范，一定程度上影响了执行质效。比如，有的裁判文书判项表述不统一，根据刑法第六十四条相关规定，返还被害人合法财产时，具体是适用追缴还是责令退赔，缺乏统一的理解认识，存在判项表述笼统、不明确、不合理的问题。有的表述为“继续追缴被告人占有的被害人合法财产，依法发还被害人”，而如果在将来涉案财物执行过程中发现被犯罪分子占有的被害人合法财产已经灭失，该判项将无法执行。同时，如果执行部门发现了黑恶分子的案外财产，却因该财产并非违法所得，不符合文书判项表述而无法用于发还被害人。又如，有的裁判文书判项不甚明确，有的表述为“对涉案赃款继续予以追缴”，但追缴数额不明确，有的表述为“没收个人部分财产”，但具体财物、金额不明确，有的表述为“责令退赔违法所得发还被害人”，但未提供被害人名单，或仅提供被害人名单，但各被害人具体金额不明确。

五、有组织犯罪涉案财物认定处置公权力运行的路径优化

（一）全面更新用权主体的执法司法理念

如前文所述，“物”与“人”代表的不同权利形态需要同等强度的保护，“人财并重”理应成为社会生活及执法司法层面的正确导向，如果没有建立起正确的价值体系，规章制度乃至于立法的努力或者实践的探索都将仅具有技术意义。

刑事诉讼过程中，涉案财物能否得到妥善处理，既关乎刑事追诉的有效性问题，也关乎宪法所重视的公民财产权保护问题。因此，刑事涉案财物处置应当在追诉犯罪和保护财产权之间进行合理的价值平衡，不能顾此失彼。[①] 即使仍有相当一部分观点坚持认为生命或自由比财产利益更为重要，但是在很多情况下，从当事各方的视角出发，生命、自由不一定比财产利益来得更直接、现实，相关方对财产利益的实现或者救

---

① 参见陈卫东：《涉案财物处置程序的完善——以审前程序为视角的分析》，载《法学杂志》2020 年第 3 期。

济的需求可能更为迫切。笔者在近年来办理的刑事案件中发现，越来越多的当事人及利害关系人对于涉案财物处置的结果表现出远超被追诉人定罪量刑情况的关注，相当数量的被害人在接到刑事诉讼程序性通知时，明确表示不需要参加庭审、不需要送达裁判文书，只想知道涉案财物何时能返还或者退赔并实际执行到位。甚至在一些杀人、抢劫、重伤害等案情重大、矛盾尖锐、涉及死刑适用、几乎不具备调解空间的案件中，当事各方对于经济赔偿、补偿、调解表现出越来越积极的意愿。笔者认为，刑事诉讼中，要将涉案财物处置置于与定罪量刑同等的高度考量。

（二）系统提升相关公权自身的运行功效

第一，涉案财物处置的各项公权应在相互制约中实现有效运转。需要关注两个方面。

其一，是关于司法审查。现代法治国家的典型特征和核心要素是司法审查原则的确立。[①] 刑事诉讼中的司法审查，是指由法院对侦查、公诉机关实施的涉及公民权利的剥夺或限制的诉讼行为的正当性、合法性进行审查，从而实现侦控权、裁判权之间的有效制约。刑事诉讼领域集中体现了公权与私权的冲突，基于司法最终裁决原则、控审分离原则及程序正义理念的司法审查不仅可以防止侦控机关的权力滥用，也为公民权利救济提供路径，有利于实现惩罚犯罪与保障人权相统一。因此，在涉案财物处置中全面建立司法审查制度，是贯彻以审判为中心的题中应有之义。当然，考虑到有组织犯罪案件对于财物查控、处置效率的较高需求，目前通过发挥各级扫黑办平台统筹下的案件会商、提前介入等机制作用，加强对涉案财物处置行为的审查与规范可作权宜之计。同时，人民法院应当在裁判文书中对侦查、检察机关审前处置行为予以确认或者纠正，以行使事实上已有的事后审查权力。

① 参见万毅：《刑事诉讼中被追诉人财产权保障问题研究》，载《政法论坛》2007 年第 4 期。

其二，关于涉案财物的证明。证据裁判原则是刑事诉讼的基本原则，牢固的证据是有组织犯罪案件涉案财物认定和处置工作的基础。有组织犯罪案件中诸多关于财物处置的问题，归根结底是证据问题，相关公权的制约关键也在于证据。有组织犯罪案件的涉案财物权属、来源、性质错综复杂，合法行为与非法行为相互交织，个人财产与家庭财产混同，财产转移、挂靠、设置他项权等，证据的收集、整理难度极大，应重点关注以下方面。（1）严格落实反有组织犯罪法第四十四条将《意见》第十一条中“一般应当”修改为“应当”的立法精神，在相关案件中加强立案审查，对检察机关未提出明确处理意见的，通知三日内补送，未按期补送的，要求书面说明理由；刑事审判部门应及时结合书面说明审阅卷宗，认为理由不成立的，通知检察机关三日内补送，未补送的，提请同级扫黑办协调处理并报上级法院；刑事审判部门向被告人、辩护人送达起诉书副本时，财产处理意见一并送达。（2）涉案财物证据独立成卷。刑事司法实践中，涉案财物相关证据往往与全案其他证据混为一谈，零散杂乱，针对有组织犯罪案件证据材料庞杂的情况，应建立涉案财物证据独立成卷制度，公安机关对涉案财物相关的证据材料单独立卷，系统整理，便于后续办案机关对涉案财物证据进行审查，及时开展续封、续冻等工作。（3）妥善适用证明标准。反有组织犯罪法第四十五条采用的“高度可能”证明标准，是应对有组织犯罪高度隐蔽、财物取证困难的有力举措。但是由于这种刑事推定实际上减轻了控方的证明责任，极易导致滥用，其运用应受到严格限制。首先，严格依照反有组织犯罪法的规定，将其适用范围限定于黑社会性质组织罪，而不能延伸至涉恶及其他犯罪；其次，对于财产认定证明标准降低的前提是定罪量刑事实仍适用“排除合理怀疑”标准得以查清；再次，对于控方举证责任的让利理应惠及辩方。公诉机关对达到高度可能性标准承担举证责任的同时，被告人基于财产并非有组织犯罪所得而进行反驳，并对此承担举证责任，考虑诉讼能力的差异，此时的举证应仅需达到优势证据标准即可。

第二，涉案财物处置的公权力行使应当有理有度。公法领域，约束公权、保障私权是比例原则的核心，国家公权力机关为达成目标所采取的手段与该手段所损害的公民权利之间应具有平衡性，[①] 确保国家公共利益实现的最小私利代价。涉案财物处置同样应当遵循比例原则，这是罪责刑相适应原则在涉案财物处置中的具体运用。比例原则要求，涉案财物处置必须与案件情况相适应，措施控制在必要限度之内。惩罚犯罪的手段必须同犯罪的严重程度和怀疑的强弱程度以及所涉及的宪法权益存在相当的比例关系。[②] 有组织犯罪牵涉面广、财物繁多、利益冲突尖锐，相关处置既要依法实现对经济实力的剥夺，也要注重保护公民的合法财产权，把握好涉黑关联性企业和合法企业、涉黑财产和企业合法经营财产的界限。[③] 具体来说，应注意以下几个方面：其一，准确把握“全面调查”。反有组织犯罪法第四十条规定的“全面调查”赋予了办案机关更宽泛的权力，但其规范要旨更在于通过查清财产状况，实现对涉案财物的精准查控、处置。一方面，要用好法律武器，对涉嫌有组织犯罪组织及其成员的所有合法财产与非法财产进行调查，包括但不限于银行资产，如存款、理财产品、购买国债等；证券、期货、基金、保险资产（保险资产中尤其注意储蓄型分红型保险）；公司股权（要注意代持股权的情况，对涉案或关联企业的股东出资、来源、分红等情况进行专项审计，及时固定证据）；土地、房屋资产；车辆等动产（要注意使用他人名义或以单位名义购买车辆的情况）；债权；无产权土地、房产（主要是由于一些地区的历史遗留问题导致部分土地、房产无产权登记信息，需要去所在地的街道办或者居委会查询底单，以核实资产权属）。另一方面，要以此为基础，合理界定涉案财物的查控范围，尽可能缩小前期程序性控制与最终实体性处置的范围差距，使诉讼目的的实现与对私权的干涉成本合乎比例。其二，审慎界定处置范围。反有组织犯

---

① 参见蒋红珍：《比例原则适用的范式转型》，载《中国社会科学》2021 年第 4 期；冯文杰：《比例原则视野下犯罪工具没收的实质解释》，载《法学家》2022 年 2 期。

② 参见熊秋红：《刑事诉讼涉案财物处置程序检视》，载《人民检察》2015 年第 13 期。

③ 参见陈卫东：《涉案财物处置程序的完善——以审前程序为视角的分析》，载《法学杂志》2020 年第 3 期。

罪法第四十一条关于区分违法所得与合法财产等规定一定程度上体现了比例原则的要求，实践中应以犯罪的社会危害性为基础，全面、充分考虑财物与犯罪的关联程度、关联方式、价值大小及处置可能造成的影响，尤其是对于涉企业的有组织犯罪，还应客观地认定企业与犯罪的关联度，对企业资金的来源、性质等予以谦抑的评价，防止“一黑俱黑”。

第三，涉案财物处置的公权力应避免封闭化运转。实践中，同一涉案财物可能存在多种权利形态或多个权利主体，因此，涉案财物处置工作干预的私权是开放的，既包括被追诉人、被害人，也可能包括与案件处理存在法律上利害关系人的案外第三人，利害关系人的权利主张直接关系涉案财物的认定和处置，具有独立的诉讼价值，故相关公权力的行使应以妥当的方式向其开放，并对其以独立的地位参与程序作出回应。有组织犯罪往往牵涉复杂的案外财产关系，有必要给予利害关系人和被害人同等水平的权益保护。具体而言。其一，《刑诉法解释》第六百一十六条对“利害关系人”的范围界定由原来的“主张所有权的人”扩展至“主张权利的自然人和单位”，有组织犯罪案件办理过程中，应深刻领会立法精神，对案件牵涉的财产性利害关系作出全面、客观的判断。其二，应从利害关系人知情权入手，保障其对于涉案财物处置程序的实质性参与。公安司法机关在对有组织犯罪涉案财物采取查封、扣押、冻结等保全性措施或者没收、返还等处分性措施时，应当告知利害关系人。公诉机关应以书面形式，将涉财指控内容通知到利害关系人，并告知案件情况、财物特征、权利申报方式、时间、地点等，利害关系人较多、暂时无法确定的，应通过媒体等途径以合理方式公告通知。其三，审判阶段应赋予利害关系人相对独立的诉讼地位。鉴于目前我国刑事诉讼中利害关系人的诉讼地位与被害人、被追诉人等尚无法对等，反有组织犯罪法第四十九条对于利害关系人的意见也仅要求办案机关听取意见、依法处理。从可行性出发，一方面，审判阶段可以通知利害关系人参加庭前会议并提交书面意见、证据材料，不到场或中途退出的，询问意见并记录在案，必要时可以通知其出庭，判决后向其送达裁判文书；另一方面，对于利害关系人的参与事项范围也应予以限制，限定于涉案财物处置侵害其财产权益的情况，避免范围不当扩大，利害关系人随意置喙被追诉人刑事责任问题。其四，利害关系人的救济权利仍有拓展空间。目前虽然在刑事诉讼法特别程序以及《财物处置意见》中存在对利害关系人上诉、申请抗诉的赋权，但是反有组织犯罪法第四十九条仅为其提供了申诉或控告的途径，利害关系人在有组织犯罪案件中缺少法定的上诉权、请求抗诉权，权利难以得到有效救济。应当在下一阶段的立法工作中予以考虑，探索赋予利害关系人仅就其涉财产权益事项提出上诉的有限上诉权。

第四，涉案财物处置的公权力应在更高的专业化水准运行。除去健全完善的规范制度设计，涉案财物处置工作对于各相关部门的执法司法能力水平有着很高的要求。毕竟，站在私权的视角，其有时并不需要特殊的保护，而更依赖成熟、稳定、可预期的公权干预。涉案财物处置涉及的公权力部门、人员较多，权力行使的能力水平不一，难以实现有序的处置效果。

比如，前文提及的财物保管移送问题。有组织犯罪案件中，公安司法机关依法对涉案财物进行查控后，均面临后续妥善保管问题，并由此承担相应责任，以降低或避免财物贬值、毁损的风险。同时，涉案财物基于其证据属性及财产属性，必然涉及三机关之间移送流转的情况。解决移送问题的关键在由谁保管、如何保管。党的十八届四中全会提出建立跨部门的统一的刑事诉讼涉案财物集中管理平台，鉴于有组织犯罪涉案财物数量之巨、保管难度之大、分头保管耗费资源之多、移送风险之大，“集中保管”实属优选。第一，借鉴非法集资等涉众型经济犯罪案件中在各级设立专门的协调机构，按照“三统两分”工作原则进行处置的做法，充分发挥中央及地方扫黑办的作用，牵头推进平台的建设及应用。第二，建立清单移送和实物保管相分离的制度，查控的涉案财物均由集中保管平台统一保管，不再相互移送流转。对于集中保管的物品，如果依照规定不需要移送实物的，随案移送清单等材料可以纳入

“随案移送”的情形。[①] 犯罪工具等实物证据，开庭时需要出示的，可由举证方向平台借出使用。第三，设立专门的保管场所和账户，配备专门的保管人员。第四，引进国际通行的固定资产管理条形码技术，实行信息化管理，[②] 加强信息公开，建立涉案财物清单网上公开查询制度，保障当事人及利害关系人知情权。第五，涉案财物的上缴、退赔、拍卖，可由集中保管平台实施，进一步减少相关程序内耗，提高涉案财物处置质效。第六，由集中保管平台统一负责涉案经营性资产代管、托管工作，平台制定委托程序，择优从具备资质的机构或者公司中选择作为代管方或托管方，监督其经营管理行为，避免资产流失或者大幅贬值，在部分经营性资产经法定程序认定属涉黑财产时，也可及时启动处置程序，依法追缴、没收。第七，应进一步明确集中保管平台的保管责任，对于其未尽到保管义务而导致涉案财物受损的，权利人应有权申请国家赔偿或者在服务外包的情况下由第三方公司承担相应责任。

同时，鉴于司法裁判对于涉案财物认定和处置发挥着终局性作用，司法权力对专业化、规范化的需求更高，笔者以人民法院为例，对优化路径予以展开。

首先，应当突出庭前准备工作。有组织犯罪涉案财物处置涉及不同业务领域，政策性、操作性要求高，情况复杂。人民法院应突出庭前准备工作在涉案财物处置中的作用。一是制作涉案财物审查报告，对当事人、证人关于财产来源、性质、用途、权属、价值的言词证据，权属证明、资金注入凭据、财产购买凭证等书证，评估鉴定意见等证据进行梳理；对新发现的涉案财物采取相应保全措施；对不宜保管的财产或者财产性权利，依照法定程序先行处置。二是就涉案财物组织部门会商，由刑事审判部门牵头，召集民事、执行、行政等部门共同研讨，理顺法律关系，商议处置方法；对需要上级机关协调或有关单位配合的托管、代

---

① 参见李少平主编：《最高人民法院关于适用〈中华人民共和国刑事诉讼法〉的解释理解与适用》，人民法院出版社 2021 年版，第 465 页。

② 参见程建：《刑事诉讼涉案财物集中管理的实证调研和制度构想》，载《上海政法学院学报》2013 年第 2 期。

管等问题，提出协商方案；对权属明确的被害人合法财产，依法及时返还。三是适时召开庭前会议，对涉案财物证据单独示证，引导控辩双方就相关证据发表意见，询问是否申请调取或提供新的财产证据。

其次，有必要设置相对独立的庭审环节。根据《刑诉法解释》第二百七十九条、《意见》第十三条、反有组织犯罪法第四十四条的规定，有组织犯罪案件庭审中，涉案财物情况应作为法庭调查、法庭辩论的必要内容。但是相关规定并未对涉案财物调查、辩论部分的专门性予以明确，实践中公诉机关往往与定罪量刑部分一体进行，或者将各财物情况视作定罪量刑的证据穿插示证，这种合并模式下控方难以实现对涉案财物的高质量指控，相应地辩方无法进行集中、有力的抗辩，利害关系人更无法有效参与，在低质量的控辩对抗及案外异议兼顾下，法院难以对涉案财物作出精准认定和处置。因此，可以探索在有组织犯罪案件庭审中就涉案财物事宜设置相对独立的法庭调查、辩论环节，以与定罪量刑部分有效区分。一方面，便于控辩双方明确争议焦点，充分举证、质证，有针对性地发表意见，有利于维护被告人合法权利、保障案外人利益；另一方面，可以促进侦控机关更加重视财产事实的调查取证，帮助审判人员更全面、详尽地审查与认定财产事实，切实提高裁判的准确性、权威性、可执行性。

再次，需要规范、准确作出裁判处置。裁判文书是审判活动的重要载体，是社会层面对诉讼活动作出评价的直接依据。裁判文书应当对涉案财物处置作出明确结论，对侦控机关先行处置的合法性作出评价，对尚未到案的涉案财物作出是否继续追缴的裁判。[①] 有组织犯罪涉案财物庞杂，在有限篇幅的裁判文书中逐一作出分析、判断确有困难，但是至少需要作出规范的判项，并且使每个财产判项明确、具体、可执行。人民法院应本着认定事实准确、证据充分、说理透彻、文字简练的原则制作文书：一是在宣判之前已经被司法机关依法处理的财产（如发还被害

① 参见王爱立等主编：《反有组织犯罪法释义与适用》，中国民主法制出版社2022年版，第257页。

人)，应在判决书的事实、证据部分予以表述或者确认。二是当控辩双方对财产处置方式争议较大时，应充分论证，积极回应辩论意见，释法析理，消除各方疑惑。三是对检察机关在法定期限内未补充的涉案财物证据，或经补充仍不能查清的涉案财物事实，应在判决书中写明。生效后检察机关移送的财产作为执行线索移送执行部门处理。四是财产或者有关当事人人数较多，不宜在正文中详细列明的，应概括叙述，另附清单写明名称、金额、数量、存放地点及处理方式等，既能保持判决书主体的完整性、简洁性，又能有效指导执行工作。

最后，应当进一步提升司法能力水平。涉案财物认定和处置涉及刑事、民事、行政、执行等多领域业务，沿用目前审判队伍的分工配置，法院审理相关案件的难度较大，且容易因处置不当损害当事人合法权益或者影响企业正常经营，虽然可以在个案中通过组织部门会商等方式予以解决，但是在常态化开展扫黑除恶斗争的背景下，加强有组织犯罪审判团队建设更具长远意义，可以借鉴参照未成年审判、环境资源审判等成功经验，探索建立有组织犯罪审判专业合议庭、专门审判庭，吸纳相关部门审判力量。探索推行有组织犯罪案件集中管辖，提升涉案财物处置的专业化水平。加强相关调研、指导、培训，将其纳入法官职前培训、日常轮训，作为重点内容科学安排师资力量，编制相关法律法规文件汇编，不断提升审判能力水平，确保依法、全面、准确认定处置涉案财物。

（三）完善优化相关公权力依托的规范体系

法秩序的统一性是指法规范的集合作为不包含自相矛盾的统一体而有效地发挥作用。[①] 对于不同法域中的同一或相近的事项，由于受到法律制定或者实施的时间先后等因素的影响，规范、逻辑甚至是价值的冲

① 参见［日］京藤哲久：《法秩序的统一性与违法判断的相对性》，王释锋译，载《苏州大学学报（法学版）》2020 年第 1 期。

突不可避免。[1] 刑事涉案财物处置的法秩序不仅涉及刑事、民事等不同部门法规范，还体现在同一部门法领域内效力位阶不同的规范性文件之间。有组织犯罪牵涉的关系更为复杂，需要从法秩序的层面对具体规范予以协调，同时在既有规范与待修复的秩序之间不断进行利益衡量，并寻求尝试与突破。

第一，通过加强配套规范体系建设优化秩序间的衔接。在反有组织犯罪法的框架下，各相关单位应对有组织犯罪涉案财物认定和处置相关的规范文件进行梳理整合，打通各环节规范衔接中的“梗阻”，确保财物认定处置顺畅合规。在此基础上进一步制定实施办法、细化政策法规、规范工作流程，在相关程序的细化过程中，重点关注涉案财物范围的界定、压实证明责任、细化独立程序、保障利害关系人权益及配置有效救济等方面。

第二，以反有组织犯罪法约束相关法律规范的解释，使其遵守法律解释的基本原则，不能脱离法律文本的限制和违背法律规定的基本精神，尤其警惕在涉案财物认定和处置中“重打击、轻保护”的陈旧观念，深入理解和把握中央关于在法治轨道上常态化推进扫黑除恶斗争的精神，以产权保护理念为主线，构建新时期办理有组织犯罪案件财产权保护规则和权利救济机制。

第三，审慎平衡不同部门法之间的秩序。笔者认为，在办理有组织犯罪案件过程中，要审慎适用善意取得制度，不能完全站在刑事或者民事法律关系一方进行处理，而要考虑刑事法秩序与民事法秩序之间的平衡，对所有权保护和交易安全进行利益衡量：一是尽量将善意取得的适用范围限制在金钱、无记名证券等强流通属性的财物或者规范商业渠道、大宗商品交易；二是注意种类物与特定物的区分，对特定物适用善意取得应更加慎重；三是在一些涉及被害人系弱势群体等特殊案件中，深入研判适用善意取得可能产生的社会效果，不宜简单追缴、没收。

---

① 参见赵恒：《法秩序统一性视野下袭警罪的司法适用》，载《法学》2022 年第 12 期。

六、结语

有组织犯罪牵涉的财产利益错综复杂，办案机关需要站在推进国家治理体系和治理能力现代化的角度，着眼于社会经济发展大局，进一步转变执法司法理念，妥善行使相关公权力，直面涉案财物认定处置实践中存在的重点难点问题，坚持以审判为中心，不断优化相关程序衔接，依法尊重和保障各方合法权益，减少对生产生活、营商环境的负面影响，积极回应社会关切，充分发挥财物处置对于整体办案效果的重要作用，推动实现惩治有组织犯罪、保护产权秩序、促进经济社会发展的有机统一。

【判例研究】

非法充值与盗窃债权

柏浪涛[*]

关键词

非法充值　盗窃罪　盗窃财产性利益　增设债权　转移占有

内容摘要： 非法充值是凭空为自己增设债权，为他人增添债务，构成盗窃罪。其理由在于，第一，财产犯罪的法益既不是所有权，也不是占有，而是权利正常行使所蕴含的经济利益。饭后逃避餐费行为侵害了当场实现债权所蕴含的经济利益，构成盗窃罪。在当场拿走商店商品的盗窃案中，行为对象是财物，法益侵害（财产损失）是对价利益。财产犯罪的行为对象与法益需要清晰界分。第二，盗窃电、网络信号等犯罪不存在转移占有。转移占有只是取得型财产犯罪的常见类型，不是唯一类型。第三，非法增设债权属于侵害权益型不当得利，具有违法性，

* 华东师范大学法学院教授、博士生导师，法学博士。

构成盗窃罪，属于非转移占有型盗窃罪。这是因为债权属于请求权，可以“无中生有”。这种盗窃罪不存在行为对象，增设的债权属于行为滋生之“利益”。第四，仅有非法充值行为，不具有需罚性。后续使用行为导致实际财产损失，属于客观处罚条件，而非既遂条件。

一、问题的提出

实务中，行为人利用技术手段非法向充值卡充值的案件很多，处理起来非常棘手。例如，电影卡充值案。游某是甲电影放映公司技术部门的技术人员。该技术部门负责开发、维护电影充值卡的充值系统及软硬件设备。游某在工作期间掌握了电影卡充值系统的相关技术。游某辞职时，一并带走了相关设备。游某利用掌握的技术，使用这些设备，对过期作废的 43 张甲公司电影卡非法充值，每张充值 2000 元，使这些卡能够在甲公司的影院正常使用。该电影卡不记名、不挂失，没有密码。此后，游某对电影卡贩卖人员王某谎称自己是甲公司的工作人员，有许多价格优惠的电影卡，以每张 1500 元的价格出售给王某。王某不知游某的非法充值行为，误以为游某利用职务便利获得便宜的电影卡。王某购入再加价出售给观影人员。观影人员不知非法充值行为，误以为王某通过关系获得较便宜的电影卡。观影人员用该电影卡在取票机上兑换电影票，然后观看电影。甲公司电影票房款损失 39900 元。①

对于游某的行为该如何处理？法院判处游某构成盗窃罪。法院可能的参考依据是《最高人民法院关于审理扰乱电信市场管理秩序案件具体应用法律若干问题的解释》（以下简称《审理电信案件解释》），其中第七条规定：“将电信卡非法充值后使用，造成电信资费损失数额较大的，依照刑法第二百六十四条的规定，以盗窃罪定罪处罚。”问题是，该盗窃罪的行为对象是什么？是电信公司的电信信号还是资费？行为方式是

① 参见彭东主编：《刑事司法指南》（总第 56 集），法律出版社 2013 年版，第 206 ~ 215 页。

非法充值行为还是使用行为？行为方式是否符合盗窃罪所要求的转移占有？所有这些问题均挑战盗窃罪的传统构成要件，对此需要深入研究。

二、传统观点的辨析

（一）诈骗罪的观点论证

该观点认为游某的行为构成诈骗罪。第一项可能的理由是，游某冒充甲公司的工作人员，欺骗了王某。然而，虽然游某欺骗了王某，但是王某并没有基于认识错误而处分财物，王某没有遭受财产损失。因此，游某对王某并不构成诈骗罪。第二项可能的理由是，游某欺骗了甲公司。然而，虽然甲公司遭受了财产损失，但是游某对甲公司没有实施欺骗行为。游某的行为是在甲公司不知情的情况下实施的。第三项可能的理由是，游某构成新型的三角诈骗，被骗人是王某，被害人是甲公司。新型三角诈骗的观点认为，成立传统的三角诈骗，要求被骗人处分的是被害人的财物，而成立新型的三角诈骗，不要求被骗人处分的是被害人的财物，也可以处分自己的财物，只要使被害人遭受财产损失即可。[①] 在电影卡充值案中，被骗人王某处分的是自己的财物，而甲公司遭受了财产损失，所以游某构成新型三角诈骗。然而，第一，新型三角诈骗的观点不符合诈骗罪属于自损型犯罪的属性。诈骗罪是典型的自损型犯罪。[②] 盗窃罪是他人损害型犯罪。诈骗罪的处分财物要件，不仅将认识错误与财产损失连接起来，而且确保了诈骗罪的自损属性，如此才能区分诈骗罪与盗窃罪。[③] 当然，主张构成新型三角诈骗的观点可以主张放弃诈骗罪的自损属性，然而，这会使新型三角诈骗与盗窃罪的间接正犯无法区分。第二，退一步讲，即使采取新型三角诈骗的观点，游某也不

① 参见张明楷：《三角诈骗的类型》，载《法学评论》2017 年第 1 期。

② Vgl. Klaus Tiedemann, Leipziger Kommentar zum StGB, 12. Aufl., § 263, Rn. 5.

③ 参见［德］约翰内斯·韦塞尔斯、托马斯·希伦坎普、扬·舒尔：《德国刑法分论 侵犯财产价值的犯罪》，赵冠男译，法律出版社 2023 年版，第 472 页。

构成新型三角诈骗。这是因为，新型三角诈骗的观点虽然放弃了被骗人处分被害人财物的要求，但是没有放弃被骗人处分财物与被害人遭受损失之间应具有因果关系的要求。然而，被骗人王某处分自己的财物与甲公司遭受损失之间不具有因果关系。主张构成新型三角诈骗的观点可能认为，王某若不出售这种非法充值的电影卡，则甲公司不会遭受损失。但是，王某的出售行为已经是后续行为。在判断游某是否构成诈骗罪时，判断的是王某处分自己的财物给游某的行为，即王某向游某支付货款的行为。该行为与甲公司遭受财产损失之间不具有因果关系。

（二）盗窃罪间接正犯的观点分析

该观点认为，游某构成盗窃罪的间接正犯。理由是，游某欺骗王某，使王某客观上盗窃了甲公司的电影票。具体而言，不知情的王某出售电影卡给不知情的观影人员，观影人员如同拿着虚假的钥匙打开甲公司存票房间，取走电影票。游某利用欺骗手段，对王某、观影人员实施了支配力，因此构成盗窃罪的间接正犯。[①] 然而，该观点值得商榷。

成立盗窃罪的间接正犯，要求被利用人实施客观的盗窃行为，即将他人占有的财物通过平和手段转移为自己占有。例如，干洗店老板甲欺骗店员乙："丙让我们去他家院子取衣服，让我们干洗，你去他家院子取一下。"乙不知情而照办，取走丙的衣服，交给甲。乙客观上将丙占有的财物转移为自己占有。甲构成盗窃罪的间接正犯。由于乙没有处分丙的财物的权利或地位，所以甲不构成三角诈骗。然而，在电影卡充值案中，被利用人观影人员是用电影充值卡在取票机上兑换的电影票。这一环节不属于盗窃电影票。

正常的电影充值卡相当于一个债权凭证。卡主在甲公司柜台充值，将一笔资金譬如1000元支付给甲公司，甲公司为卡主充值，电影卡中显示有1000元。生活中称这1000元为余额或资金，实际上这1000元是

---

① 参见彭东主编：《刑事司法指南》（总第56集），法律出版社2013年版，第212～213页。

卡主享有的针对甲公司的债权，类似于银行卡里的存款债权。这种债权的特点是卡主可以自由地即时实现债权。因此，这笔债权类似于一笔资金储存在卡里。用卡里储存一笔资金来表达这种债权，意味着这种债权被实体化。卡主用电影充值卡兑换电影票，在民事法律关系上属于买卖关系，卡主用电影充值卡里的资金购买电影票。该交易之所以被称为兑换电影票，是因为卡主是通过实现债权而购买的电影票，即卡主通过减少一笔债权换取一张电影票，甲公司通过支付一张电影票减少一笔债务。

不难发现，在电影卡充值案中，观影人员用电影充值卡兑换电影票，属于等价交换。这一环节中，甲公司并未遭受财产损失。甲公司虽然损失了一张电影票，但是同时减少了一笔债务。可能有观点认为，观影人员的电影卡里的资金或债权是非法获取的，以此换取电影票，那么甲公司损失的就是电影票。然而，观影人员持该电影卡兑换电影票时，甲公司无权拒绝兑换。这是因为，一方面，观影人员不知道非法充值的行为，属于善意第三人；另一方面，这种电影卡不记名、不挂失、没有密码，没有身份属性。这意味着，甲公司不审核电影卡的持卡人身份。换言之，观影人员的电影卡里的债权在观影人员与甲公司之间是有效的。基于此，观影人员用该债权换取甲公司的电影票属于等价交换，观影人员并没有凭空得利，甲公司在这个环节没有实际损失，该环节不能评价为观影人员客观上盗窃了电影票。因此，游某不构成盗窃罪的间接正犯。

追根溯源，造成甲公司实际损失的原因在于，观影人员的电影卡里多了一笔针对甲公司的债权，甲公司多了一笔必须偿还的债务。而造成这种权利义务状态的始作俑者是游某。游某的非法充值行为为自己或后续持卡人增设了一笔针对甲公司的债权，为甲公司增设了一笔债务。所以，真正要评价和处罚的是游某的非法充值行为，而非后续让第三人兑现电影票的行为。

（三）司法解释的观点剖析

对游某以盗窃罪论处的另一理由是《审理电信案件解释》第七条

规定，将电信卡非法充值后使用，造成电信资费损失数额较大的，依照刑法第二百六十四条的规定，以盗窃罪定罪处罚。例如，甲有一张电信卡，甲采取技术手段非法充值2000元，即不需要向电信公司支付钱款，使卡中增加了余额2000元，然后使用该电信卡打电话，之后，电信公司会从甲的电信卡余额中扣掉相应资费。该司法解释认为甲构成盗窃罪，可能的依据是，行为人使用电信卡造成电信资费损失，所以构成盗窃罪；如果行为人没有使用电信卡，没有造成电信资费损失，则不构成盗窃罪（以下简称使用行为说）。然而，这种看法值得推敲。

第一，使用行为说认为，甲构成盗窃罪的依据是使用行为，而不是非法充值行为。然而，如前文所述，甲的使用行为是等价交换的过程。甲享用了通话服务，向电信公司支付了通话费，即通过减少余额支付通话费。电信卡中的余额是持卡人针对电信公司的债权。该债权的实现不需要密码，可以自由实现。任何人捡到这张电信卡，都可以用来打电话，电信公司在此不设置障碍。这表明，只要电信卡中有余额，电信公司就背负必须偿还的债务，偿还的方式是提供通话服务。持卡人使用余额打电话，电信公司虽然提供了通话服务，但是同时减少了针对卡主的债务。在这个环节中，电信公司没有财产损失。

第二，使用行为说可能认为，在使用环节，电信公司遭受了资费损失，所以行为人构成盗窃罪，参考依据是《审理电信案件解释》第8条的规定，即盗用他人公共信息网络上网账号、密码上网，造成他人电信资费损失数额较大的，依照刑法第二百六十四条的规定，以盗窃罪定罪处罚。然而，该条与第七条规定的情形完全不同。例如，甲先盗取其甲邻居上网账号、密码，然后使用该账号、密码上网，使用了网络信号流量，由此邻居需要向电信公司多支付资费。[①] 第一，甲盗窃的对象不是资费本身，因为甲并没有盗窃邻居的资金，邻居的资金支付给了电信公司。第二，甲盗窃了上网账号、密码，但该盗窃行为本身不构成盗窃

① 当然，如果邻居与电信公司之间的协议是包月协议，即无论邻居使用多少流量，资费不变，那么邻居不会有资费损失。

罪。这是因为虚拟字符要成为刑法保护的财产，需要具有可管理性和经济价值。例如，普通的QQ号码、电子邮箱账号、微博账号等，虽然具有可管理性，但不具有经济价值，因此不能成为刑法保护的财产；Q币、数字货币等具有经济价值，因此可以成为刑法保护的财产；家庭上网账号、密码本身不具有经济价值，因此不能成为刑法保护的财产。如果电信公司内部的宽带账号具有经济价值，则可以成为刑法保护的财产。①

在上述盗用网络案中，甲构成盗窃罪，盗窃对象是网络信号及流量本身。网络信号属于无体物，但具有可管理性和经济价值，是刑法保护的财产。这如同电信信号、电一样，是无体物，但属于刑法上的财产。有观点认为，一个物品要成为刑法上的财产，需要具有转移可能性。②要求转移可能性，是因为取得型财产犯罪均要求转移占有。然而，对于网络信号、电等无体物，无法要求其具有转移可能性。盗窃这些无体物，不存在将他人占有的网络信号转移为自己占有。严格来讲，针对这些无体物，无法盗窃，只能盗用。盗用有体物，没有非法占有目的中的排除意思，但具有返还意思的，不构成盗窃罪。但是，盗用这类无体物应构成盗窃罪。对其中的"非法占有目的"要件需要重新解释，亦即不能要求具有排除意思，只要求利用意思。由此可见，盗用这类无体物，实际上不符合盗窃罪的传统构成要件行为"转移占有"，只能视为一种新型的盗窃罪的构成要件行为类型。

第三，使用行为说可能认为，上述电信卡非法充值案中，行为人构成盗窃罪的参考依据是刑法第二百六十五条规定，即以牟利为目的，盗接他人通信线路、复制他人电信码号或者明知是盗接、复制的电信设备、设施而使用的，依照刑法第二百六十四条的规定定罪处罚。实际上该条规定与《审理电信案件解释》第八条规定性质相同，行为人都是盗用他人的电信信号、网络信号，构成盗窃罪。类似的案件还有，乙的

① 参见广东省广州市中级人民法院（2016）粤01刑终1513号刑事裁定书。

② 参见张明楷：《刑法学》，法律出版社2021年版，第1219页。

手机可以先打电话，月底来付费；甲趁乙不注意，用乙的手机打电话，使乙多支付话费。这类盗窃罪不存在转移占有的问题。有观点将刑法第二百六十五条规定视为法律拟制性质的特殊规定。[①] 不过，也可以认为该条规定创设了一种新型的盗窃罪的构成要件行为类型。

第四，使用行为说可能认为，刑法第二百六十五条中，行为人的使用行为造成电信公司资费损失，所以盗窃的对象是电信公司的资费。然而，资费是针对行为人所使用的电话信号流量的收费，这是电信公司提供通话服务后享有的债权。一方面，根据行为与行为对象同时存在的原理，如果认为盗窃的对象是资费（债权），那么，在实施盗窃行为时，便应存在行为对象资费（债权）。然而，资费（债权）是在行为人打完电话后才产生的。另一方面，即使在行为时存在资费（债权），行为人的打电话行为也没有将电信公司的资费（债权）转移为自己占有。概言之，刑法第二百六十五条中，盗窃罪的对象不是电信公司的资费。

不过，实务中有种情形是盗窃话费。例如，甲给自己的手机充值2000元，乙盗窃了甲的手机，并且使用手机打电话，花掉了2000元的话费。乙盗窃手机构成盗窃罪。乙打电话，花掉2000元话费，也构成盗窃罪。这里的话费实际上是甲针对电信公司的债权，可称为余额。乙打电话，花掉甲手机卡中的余额，实际上是盗窃了甲的债权。其特点是，在甲不知情的情况下，直接实现或兑现了债权。与此类似的是盗划存折资金案。例如，王某通过技术手段，将李某存折账户资金盗划到自己账户。李某账户资金实际是针对银行的存款债权。王某的行为属于将李某享有的债权转移为自己享有，构成盗窃罪。[②] 该案与上述盗打电话案貌似有重大区别，前者存在对债权的转移占有，而后者不存在对债权的转移占有。实际上，二者不存在本质区别。后者实际上是将两步并作

---

① 参见张明楷：《刑法的私塾（之三）》，北京大学出版社2022年版，第455页。

② 如果王某先窃取李某的信用卡网上银行账户、密码，然后使用这些信息资料，通过网络盗划李某的账户资金，那么，根据2018年11月28日《最高人民法院、最高人民检察院关于办理妨害信用卡管理刑事案件具体应用法律若干问题的解释》第五条的规定，王某构成信用卡诈骗罪。不过，该规定只能被视为特殊规定。

一步。具体而言，第一步是，乙先将甲针对电信公司的债权转移为自己占有，第二步是乙使用该债权、实现该债权。在盗打电话案中，乙盗打电话，花掉甲手机卡的余额（债权），实际上是将两步并作一步，与盗划存折资金案没有本质区别。即在盗打电话案中，乙的行为貌似不符合盗窃罪要求的转移占有要件，但仍构成盗窃罪。

实际上，刑法第二百六十五条中的“盗接他人通信线路而使用”类似于盗接邻居家的电线而使用。例如，甲从邻居乙院内的电线上，偷偷接了一根电线，拉到自己家，然后使用电器，导致乙多交电费，产生电费损失。甲构成盗窃罪，盗窃对象是乙的电，而不是乙的电费。换言之，乙有电费损失，但不意味着甲盗窃的是乙的电费。如果甲从街道上的电线接线盗用，该街道电线属于电力公司，那么盗窃对象便是电力公司的电。甲给电力公司造成的电费损失，只是衡量盗用电的一种损失计算方法。

不过有种情形中，行为对象不是电，而是电费。例如，甲的用电方式是，先用电，月底根据电表计量支付电费。甲在使用过程中，在电表上安装某种非法设备，导致电表运转很慢，实际使用了 5000 度电，但只显示 1000 度电。电力公司收取电费时，甲向收费员展示电表计数，收费员以为甲只使用了 1000 度电，收取了 1000 度电相应电费。生活中人们称甲的行为属于“盗电”行为。实际上，甲并没有盗“电”，即甲并没有从他人的电线上偷接一根电线盗用。甲在电表上安装非法设备，让电表运转很慢，并非减少用电，效果仅仅是使计算用电量的数值变小，目的在于欺骗收费员，使其产生认识错误，进而少收取电费。这是一种诈骗行为，骗免电费。电费属于电力公司针对用户的债权，所以甲的行为属于骗免债权，诈骗财产性利益，构成诈骗罪。

第五，使用行为说可能认为，刑法第一百九十六条第三款规定的盗窃信用卡并使用的，依照刑法第二百六十四条的规定定罪处罚，其中以盗窃罪论处的依据不是盗窃行为，而是使用行为，[1] 基于相同考虑，《审理电信案件解释》第七条规定的对电信卡非法充值后使用，以盗窃

① 参见张明楷：《诈骗犯罪论》，法律出版社 2021 年版，第 889 ~ 890 页。

罪论处，该结论的依据也应是使用行为。然而，银行卡、信用卡的使用规则是记名、挂失、有密码。盗窃一张存有3000元的银行卡，无法对卡里的资金自由、排他地支配，所以盗窃到这张银行卡不等于盗窃到价值3000元的财物。而普通型盗窃罪要求行为对象是价值数额较大的财物，所以盗窃一张存有3000元的银行卡不构成盗窃罪。如果进而使用，实际支配、处分了卡里的资金，在ATM机上取款，则构成盗窃罪。盗窃信用卡并使用，以盗窃罪论处的依据不是盗窃行为，而是使用行为。不难看出，刑法第一百九十六条第三款规定的原理与对电信卡非法充值并使用完全不同。

归纳言之，《审理电信案件解释》第七条规定的对电信卡非法充值后使用，以盗窃罪论处，该结论的依据不是使用行为，因为该行为属于等价交换，电信公司在这一环节没有财产损失。因此，行为人构成盗窃罪，依据的只能是非法充值行为，即为自己增设针对电信公司的债权，使电信公司背负债务。然而，非法充值行为不存在转移占有的问题，而且在盗窃时尚不存在债权。该行为类型与传统的盗窃罪构成要件严重不符。有观点认为，应当维护盗窃罪转移占有的要求，即使由此导致处罚漏洞，也是能接受的，因为刑法保护财产法益本来就具有片段性，没必要一网打尽。① 然而，《审理电信案件解释》第七条规定此类非法充值行为构成盗窃罪。这表明该行为具有刑事可罚性。解释学的任务是为该结论提供合理依据。

要得出非法充值行为构成盗窃罪的结论，需要论证四个问题：(1) 基于债权的经济利益可以成为盗窃罪的保护法益；(2) 盗窃罪的构成要件行为不要求转移占有；(3) 凭空为自己增设债权，为他人增设债务，属于通过盗窃行为侵害了他人的经济利益；(4) 实施这种盗窃行为时，不需要行为对象的存在。下文第三部分论证前两个问题，第四部分论证后两个问题。

---

① 参见徐凌波：《置换二维码行为与财产犯罪的成立》，载《国家检察官学院学报》2018年第2期。

三、债权与法益的关系

债权是一种财产性利益。财产性利益成为财产犯罪的行为对象，应受刑法保护，已经基本达成共识。[①] 不过，在具体各罪中，债权是否值得保护，需要具体分析。

（一）处分行为必要说的辨析

该说认为，在债权人具有处分行为的罪名中，债权能够成为该罪的行为对象，债务人有可能构成相应犯罪，否则债务人不构成财产犯罪（以下简称处分行为必要说）。[②] 第一，债权人具有处分行为的罪名主要有诈骗罪、敲诈勒索罪、抢劫罪等。（1）骗免过路费案：甲将汽车伪装成军车，骗免高速公路过路费。（2）强免车费案：甲乘坐出租车，到达目的地后，司机要求甲支付乘车费。甲拿出刀威胁司机。司机被迫放弃主张债权，让甲离开。处分行为必要说认为，在这两个案件中，债权人有处分行为，即收费员基于认识错误处分了债权，司机被迫放弃了债权，所以行为人构成诈骗罪、抢劫罪，属于诈骗债权、抢劫债权，也可称为诈骗财产性利益、抢劫财产性利益。[③] 第二，债权人没有处分行为的罪名主要有盗窃罪、抢夺罪。（3）逃掉餐费案：甲带着支付餐费的意思，在某餐厅吃完饭，在买单时，甲发现餐费有2000元，此时产生逃单意图，悄悄溜掉。（4）逃掉过路费案：甲驾车行驶到收费站，产生逃费意图，驾车撞掉横杆，逃离现场。撞掉横杆的行为对他人人身产生了危险。处分行为必要说认为，这两类案件中，债权人没有处分债权的行为，所以行为人不构成盗窃罪和抢夺罪。[④]

---

① 参见黎宏：《论盗窃财产性利益》，载《清华法学》2013年第6期；李强：《财产犯中财产性利益的界定》，载《法学》2017年第12期。

② 参见张明楷：《论盗窃财产性利益》，载《中外法学》2016年第6期。

③ 参见张明楷：《刑法学》，法律出版社2021年版，第1271页。

④ 参见张明楷：《论盗窃财产性利益》，载《中外法学》2016年第6期。

然而，将处分行为作为区分标准，难以一以贯之。例如，将强免车费案改造一下：甲乘坐出租车，到达目的地后，司机要求甲支付乘车费。甲直接将司机砸晕，然后离开。在此，司机被直接砸晕，没有处分行为。按照处分行为必要说，甲不构成抢劫罪，不属于抢劫财产性利益。然而，该案与强免车费案没有本质区别，在结论上不应有所区别，否则意味着告诉犯罪分子，以后要想免除车费，不要以暴力相威胁，而是直接使用暴力，将债权人打晕，由此可以逃避抢劫罪。在日本，抢劫罪不要求被害人有处分行为，属于有力观点。① 又如，甲在餐厅用餐后，才产生不想支付餐费的意图，不是偷偷溜掉，而是欺骗餐厅老板，其明天来付餐费。老板相信，便让甲离开。此后甲没有支付餐费。该案与骗免过路费案不同，后者中，收费员有处分行为，即免掉过路费。而该案中，老板没有处分行为，没有免掉餐费，只是答应可以延迟支付餐费。按照处分行为必要说的区分标准，该案中甲不构成诈骗罪。然而，处分行为必要说又认为甲构成诈骗罪。② 可见，处分行为说无法逻辑自洽。

处分行为说的基本理念是，侵犯债权的行为要构成抢劫罪、诈骗罪、盗窃罪等，就必须遵守其构成要件行为的要求，即转移占有，要么行为人转移占有，要么被害人处分占有。例如，在盗划存折资金案中，王某通过技术手段，将李某存折账户资金盗划到自己账户。王某构成盗窃罪，属于盗窃债权，是因为王某将李某针对银行的债权转移为自己占有或享有。而逃掉餐费案、逃掉过路费案中，行为人没有将债权转移为自己占有，所以不能构成盗窃罪、抢夺罪。

然而，这些取得型财产犯罪的构成要件行为要求转移占有，是针对所有权、有体物建构起来的要求。③ 第一，针对无体物，如电、电信信号、网络信号等，即便构成盗窃罪，也已经无法要求转移占有。第二，

---

① 参见［日］大塚仁：《刑法概说（各论）》，冯军译，中国人民大学出版社2003年版，第249～250页。

② 参见张明楷：《刑法学》，法律出版社2021年版，第1318页。

③ 参见刘明祥：《论窃取财产性利益》，载《政治与法律》2019年第8期。

所有权属于支配权。针对支配权，可以要求对所支配的财物实施转移占有。但是，债权是请求权。请求权只是一种利益，不存在所支配的财物。针对请求权，无法要求实施转移占有，除非该债权已经被实体化了。针对债权，需要重新认识财产犯罪的构成要件行为。其中，首要问题是财产犯罪保护法益的内涵界定问题。

（二）权利说与占有说的反思

关于财产犯罪的保护法益，历来有权利说与占有说两种观点。这两种观点均值得反思。本文认为，财产犯罪的保护法益是经济利益（以下简称经济利益说）。

1. 权利说的问题

例如，甲带着非法占有目的，从乙家院子盗窃了乙的摩托车。权利说认为，甲侵犯的法益是乙对摩托车的所有权。但是，虽然乙失去了摩托车，但是在民法上，乙并没有丧失所有权。又如，在骗免过路费案中，权利说认为，司机侵犯的法益是收费站的债权。然而在民法上，收费站并没有丧失对司机的债权。权利侵害说的缺点在于，侵害是指某个东西被损害或被夺走，承载权利的对象可以被侵害，但权利本身不能被侵害，因为在法律上被害人的权利并没有丧失。①

因此，财产犯罪的保护法益不是权利，而是一种经济利益，这种经济利益就是权利的正常行使。所有权、债权的正常行使对所有权人、债权人而言就是一种经济利益。② 例如，甲盗窃乙的摩托车，甲侵犯了乙对所有权正常行使的经济利益。又如，骗免过路费案中，司机侵犯了收费站对债权的正常行使的经济利益。简言之，权利不能被侵害，能被侵害的是经济利益。

2. 占有说的问题

例如，盗窃赃车案，乙盗窃了丙的摩托车，甲又从乙处盗窃了这辆

① 参见张明楷：《法益初论》，商务印书馆2021年版，第21页。

② 需要指出的是，本文主张经济利益说，并不意味着本文赞成经济财产说。本文赞成法律与经济的财产说，经济利益说中的经济利益应被法秩序所承认。

摩托车。占有说认为，甲构成盗窃罪，因为甲侵犯了乙对摩托车的平稳占有。① 问题是，乙对摩托车的非法占有为何受刑法保护？占有说的回答是，为了维护稳定的财产秩序，不允许“黑吃黑”。然而，当论及保护财产秩序时，已经将保护客体上升为秩序法益、社会法益。而社会法益属于超个人法益，应以个人法益为基础。质言之，占有说还是没有回答，就个人法益而言，刑法为何要保护乙的非法占有。对此，用经济利益说可以很好地解释这个问题。具体而言，针对车主，乙负有归还车辆的义务。针对第三人，乙享有向车主归还车辆的权利。该权利的行使蕴含一种经济利益，即若不归还，则必须赔偿车主经济损失。这种经济利益值得刑法保护。

同理，在普通的盗窃案中，甲盗窃乙的汽车，甲侵犯乙的法益不是所有权，而是所有权的正常行使这一经济利益，而占有只是乙正常行使所有权的条件而已。破坏乙的占有，是侵犯其经济利益的一种手段。正因如此，破坏占有成为盗窃罪的构成要件行为中的一个环节。就此而言，占有只是盗窃罪的构成要件要素。②

（三）经济利益说的阐释应用

1. 财产损失与行为对象的界分

在相互给付的案件中，财产损失与行为对象这两个概念容易被混淆。

第一，诈骗罪的场合。例如，用假币买衣服案中，甲用假币购买衣服，商家将衣服交给甲，收到假币。传统看法认为，商家的财产损失体现在失去了衣服。实际上，财产损失是指法益侵害，财产损失中的财产是指法益，不是指行为对象财物。衣服只是甲实施诈骗罪的行为对象。甲实施诈骗罪的行为对象包括人（商家）和物（衣服）。商家损失的不是衣服，因为商家的交易目的就是出售衣服，出售衣服符合商家的交易

---

① 参见周光权：《刑法各论》，中国人民大学出版社2021年版，第99~102页。

② 参见车浩：《占有不是财产犯罪的法益》，载《法律科学》2015年第3期。

目的。商家损失的是商品的对价利益。而对价利益是该起诈骗罪的保护法益。对价利益是指实现债权这一经济利益。甲用假币支付货款，侵害了商家实现债权这一经济利益。当然，在民法上，商家并未丧失债权。商家的损失体现在，无法当场行使债权或实现债权。而当场实现债权就是一种经济利益。在计算这种经济利益的损失时，可以参考商品的价值，因为二者要符合等价交换的规则。

第二，盗窃罪的场合。例如，盗窃奶茶案中，甲在街边的奶茶店购买奶茶，站在柜台里的店员将奶茶递给甲，指示甲扫码付款。甲拿着奶茶拔腿就跑。店员摇头叹气，没有追赶。暂不考虑数额大小，甲构成盗窃罪，而非抢夺罪，这是因为成立抢夺罪，要求行为对物暴力，对财物占有人的人身具有危险。甲的行为是平和手段，属于公开盗窃。[①] 传统看法认为，店员的财产损失体现在失去了奶茶。然而，店员的交易目的就是出售奶茶，出售奶茶符合店员的交易目的，所以店员的财产损失不是失去了奶茶，而是未能获得商品的对价利益。甲实施盗窃罪的行为对象是奶茶，制造的法益侵害即店员的财产损失是店员无法当场实现债权。就此而言，侵犯行为对象与侵害法益是有所不同的。

不过，当债权被实体化时，可以成为财产犯罪的行为对象。在盗划存折资金案中，王某盗划李某存折中的资金。该资金属于针对银行的存款债权。这种债权已经被实体化，即具有支配权的特征，所以能够成为财产犯罪的行为对象。但是即便如此，王某制造的法益侵害及李某遭受的财产损失，不是李某丧失了债权。在民法上，李某不会丧失针对银行的债权。李某的损失体现在无法实现该债权。正常实现债权就是一种经济利益。李某损失的就是这种经济利益。概言之，该案中，王某盗窃的对象是存款债权，侵害的法益是债权正常实现这一经济利益。

需要指出的是，盗窃或诈骗债权或财产性利益的表述容易引起歧义，需要厘清。第一种表达含义是，行为对象是债权，并被称为财产性

---

① 关于盗窃罪与抢夺罪的区分，以及盗窃罪的手段不要求秘密性，参见张明楷：《盗窃与抢夺的界限》，载《法学家》2006 年第 2 期。

利益。[1] 第二种表达含义是，行为所侵害的法益是债权的正常实现这一经济利益。在盗划存折资金案、骗免过路费案中，行为对象是债权，侵害的法益是债权的正常行使。在用假币买衣服案、盗窃奶茶案中，行为对象是财物（衣服、奶茶），侵害的法益是债权的正常行使。

2. 经济利益（债权正常行使）的界定

处分行为说认为，在逃掉餐费案、逃掉过路费案中，针对行为人的逃避债务，如果给行为人定盗窃罪、抢夺罪，那么一切逃避债务的行为都要定盗窃罪、抢夺罪，这显然不当地扩大了处罚范围，[2] 然而这种质疑值得商榷。

上文已经论证，在相互给付的许多案件中，行为人侵害的法益是债权的正常行使。这里的正常行使，是指根据交易规则，债务人必须当场给付，债权人有权当场实现债权。这种当场实现债权本身就是一种经济利益。欺骗债权人延缓履行债务，可构成诈骗罪。[3] 这是因为，延缓履行债务会导致债权的财产性价值减少。[4] 可见，这种当场实现债权所蕴含的经济利益值得刑法保护。

处分行为说担心由此会过分扩大处罚范围。对此，通过比较会发现，贷款者故意不还银行贷款、夫妻离异后一方应当支付子女抚养费却逃避支付、用人单位拒不支付劳动报酬、甲代为保管乙的财物后拒不返还等，这些负有给付义务的场合，均有一个共同特征，即根据交易规则，不存在必须当场给付。换言之，债权人在此不享有当场实现债权这一经济利益，所以这些逃避债务的行为不构成盗窃罪。有观点认为，上述情形的共同特征是，行为人侵入了权利人的控制领域或支配空间。[5]

---

① 参见黎宏、陈少青：《论财产犯中的财产性利益》，载《交大法学》2022 年第 5 期。

② 参见张明楷：《论盗窃财产性利益》，载《中外法学》2016 年第 6 期。

③ 参见［日］山口厚：《刑法各论》，王昭武译，中国人民大学出版社 2011 年版，第 291 ~ 292 页。

④ 参见［日］西田典之：《日本刑法各论》，刘明祥、王昭武译，中国人民大学出版社 2007 年版，第 148 页。

⑤ 参见王骏：《财产性利益盗窃的客观构造》，载《政治与法律》2021 年第 3 期；王琦：《逃费行为应当构成盗窃罪》，载《法学评论》2020 年第 2 期。

不难看出，这种观点是按照支配权的理念建构的。然而，债权本质上是请求权，而非支配权。

综上所述，通过盗窃行为侵犯当场实现债权这一经济利益，要构成盗窃罪，需要具备两项条件。第一，仅限于相互给付的场合。如果是单方给付，则逃避给付义务不构成盗窃罪。第二，交易规则是在一方交付了商品或提供了服务后，相对方负有当场给付对价的义务，债权人享有当场实现债权的利益。

四、非法充值与增设债权

上文论证了逃掉餐费案中，行为人的逃费行为构成盗窃罪。这表明，侵犯基于债权的经济利益，要成立盗窃罪，不要求具备转移占有要件，转移占有只是盗窃罪的行为类型之一，不是唯一的行为类型。这是因为债权属于请求权，与所有权有所不同。所有权是绝对权、对世权，体现绝对的法律关系，其基础性权能是占有，体现出对财物的支配性、控制性，如此才能实现其他权能，如收益、处分等。① 而债权作为请求权，是要求他人作为或不作为的权利，体现了相对的法律关系，其不需要占有这一基础条件，② 所以侵害债权的正常行使，并不需要转移占有。

（一）增设债权与增添债务

在电影卡充值案中，游某为自己在每张电影卡上增设了2000元的债权，为甲公司增添了2000元的债务。该结论在民法上是成立的。游某增设债权属于不当得利。根据发生原因的不同，不当得利分为给付型

---

① 参见［德］赫尔穆特·科勒：《德国民法总论》，刘洋译，北京大学出版社2022年版，第414页；［德］本德·吕特斯、阿斯特丽德·施塔德勒：《德国民法总论》，于馨淼、张姝译，法律出版社2017年版，第56页。

② 参见［德］迪特尔·梅迪库斯：《德国债法总论》，杜景林、卢谌译，法律出版社2004年版，第16~17页。

不当得利和非给付型不当得利。[①] 游某增设债权属于非给付型不当得利。非给付型不当得利包括许多类型，其中最主要的是权益侵害型不当得利，包括无权利人的消费、让与和设定负担。[②] 游某增设债权属于权益侵害型不当得利，即游某的行为给甲公司增添债务，侵害了甲公司的经济权益。一方面，该行为方式缺乏法律上的原因，具有民法上的违法性；另一方面，该取得债权行为缺乏正当性。[③]

（二）行为对象的地位

在电影卡充值案中，游某非法充值行为要构成财产犯罪，遇到的另一个障碍是，没有行为对象譬如财物或债权。这是因为，游某是为自己凭空增设债权。这一点与盗划存折资金案有所不同。后者中，行为人将他人存折中的存款债权转移占有。而游某的非法充值行为不仅不存在转移占有，甚至不存在破坏占有，只存在建立自己的债权。有观点认为，财产性利益要被刑法保护，必须具有既存性，即在行为时便已经存在。[④]

然而，行为时不存在行为对象，这种现象并不违反犯罪论原理。并非每个犯罪都需要存在行为对象。例如，脱逃罪，偷越国（边）境罪，组织、领导、参加恐怖组织罪等，不存在行为对象。[⑤] 同理，在电影卡充值案中，虽然不存在行为对象，但存在行为孳生之物，即对游某而言是债权，对甲公司而言是债务。造成这种现象的根本原因在于，债权不是支配权，而是一种请求权。非法充值行为就是从无到有产生一项债权。

---

① 参见王泽鉴：《民法思维——请求权基础理论体系》，北京大学出版社2009年版，第111页。

② 参见［德］迪特尔·梅迪库斯：《请求权基础》，陈卫佐、田士永、王洪亮、张双根译，法律出版社2012年版，第203页。

③ 参见王泽鉴：《不当得利》，北京大学出版社2015年版，第140~141页。

④ 参见邓毅丞：《财产性利益的界定标准体系重构——以利益转移罪的认定为中心》，载《当代法学》2022年第5期。

⑤ 参见张明楷：《刑法学》，法律出版社2021年版，第211页。

通过以上逐一论证，可以认为，非法充值的案件中，行为人通过平和手段，为自己增设债权，侵害他人的经济利益，构成盗窃罪。盗窃罪的构成要件行为类型包括两种。第一种是转移占有型。第二种是非转移占有型，包括两种情形，一是盗用电、电信信号、网络信号等无体物，二是非法增设债权。

（三）使用行为是客观处罚条件

一个行为成立犯罪并不意味着必然接受刑罚处罚。行为的可罚性与需罚性存在区别。基于刑事政策的考量，有些行为虽然成立犯罪，但刑法为其设置了客观处罚条件，满足了客观处罚条件，才予以实际处罚。[①] 例如，刑法第二百零一条第四款规定："有第一款行为，经税务机关依法下达追缴通知后，补缴应纳税款，缴纳滞纳金，已受行政处罚的，不予追究刑事责任；但是，五年内因逃避缴纳税款受过刑事处罚或者被税务机关给予二次以上行政处罚的除外。"该款规定便是客观处罚条件。[②] 又如，刑法第一百九十六条第二款规定："前款所称恶意透支，是指持卡人以非法占有为目的，超过规定限额或者规定期限透支，并且经发卡银行催收后仍不归还的行为。"其中，"并且经发卡银行催收后仍不归还的行为"属于客观处罚条件。[③]

基于此，可以对《审理电信案件解释》第七条作新的解释。该条考虑宽严相济的刑事政策，设置了客观处罚条件，即使用行为"造成电信资费损失数额较大"。满足该条件，该盗窃行为才需要予以实际处罚。同理，在电影卡充值案中，游某的非法充值行为未给甲公司造成实际损失，不应予以实际处罚；后续使用行为导致甲公司遭受实际损失，应予

---

① Vgl. Urs Kindhäuser, Till Zimmermann, Strafrecht Allgemeiner Teil, 9. Aufl., 2020, §6 Rn. 13.

② 参见柏浪涛：《构成要件符合性与客观处罚条件的判断》，载《法学研究》2012 年第 6 期。

③ 参见张明楷：《恶意透支型信用卡诈骗罪的客观处罚条件——〈刑法〉第 196 条第 2 款的理解与适用》，载《现代法学》2019 年第 2 期。

以实际处罚。

可能有人认为，游某尚未给甲公司造成实际损失，应构成盗窃罪未遂；若造成实际损失，则构成盗窃罪既遂，即造成实际损失是既遂条件，而非客观处罚条件。对这种观点需要予以澄清。第一，单就财产损失的形态而言，财产损失包括可能的财产损失（财产损失的危险）和实际的财产损失。使他人背负债务，在形态上需要具体评价。如果界定为无债务的平衡的财产状态，那么，使他人背负债务就是实际的财产损失。如果界定为实际的给付，那么使他人背负债务只是可能的财产损失，他人履行了债务，才算是实际的财产损失。第二，既遂结果与客观处罚条件的区别在于，既遂结果能够直接归属于构成要件行为，而客观处罚条件是构成要件之外的一个条件。[①] 在电影卡充值案中，游某的构成要件行为只有非法充值行为。甲公司要遭受财产损失，需要游某或第三人使用该电影卡去兑换电影票，并且甲公司做出给付行为。而该使用行为与给付行为独立于构成要件行为之外，具有自我管辖特征。不可否认，没有非法充值行为，就不会有甲公司的实际损失，但这只是满足了条件关系。在结果归属的论证上，由于使用行为与给付行为不是构成要件行为，因此甲公司的实际损失不能归属于构成要件行为即非法充值行为。该实际损失不能被视为既遂结果，只能被视为客观处罚条件。

---

① 参见柏浪涛：《构成要件符合性与客观处罚条件的判断》，载《法学研究》2012 年第 6 期。

刑事之“重”与行政之“轻”

——生产、销售有毒、有害食品罪的入罪矛盾与化解

赵冠男*

关键词

生产、销售有毒、有害食品罪　明知　刑事不法　行政不法

内容摘要：在生产、销售有毒、有害食品罪的司法实践中，存在刑事之“重”与行政之“轻”的矛盾。以实际案件为例，化解这一矛盾的路径在于：关于对有毒、有害的非食品原料的认定，应坚持实质判断；严格限制“明知”的司法推定，允许“明知”推定的推翻，关注违法性认识缺失的出罪功能；如无法证实有毒、有害或者明知，则只能考虑认定生产、销售伪劣产品罪；在从严打击的政策背景下，应合理认定从犯和适用缓刑。

本文以一则简单但常见的减肥药类有毒、有害食品案为例，剖析入

* 湖南师范大学法学院副教授，法学博士。

罪链条上的薄弱节点，以期对司法实务中准确认定该类犯罪，提供些许参考。

一、案件事实与焦点问题

> 2020年底，A创立“唯美嗖”品牌，委托某生物科技有限公司代工生产减肥压片糖果。为获取更强减肥效果提升糖果销量，A又联系B生产该糖果的“加强版”，该“加强版”糖果根据某生物科技有限公司生产的糖果仿制，并掺入有毒、有害非食品原料呋塞米。两个版本的糖果生产后，A通过微信发展销售代理商，建立销售网络，将糖果销往各地。2021年8月至2022年6月，被告人Z明知A通过微信销售的加强版“唯美嗖”减肥药中掺有有毒、有害成分，仍通过微信购买并销售给他人。其间，销售减肥药数量共计6482粒，销售金额共计人民币324100元。经某市质量检验检测研究院检测，从B所经营公司以及A的放货仓库搜查并扣押的“唯美嗖”糖果，均检测出呋塞米成分。

据此，司法机关认定，被告人Z构成我国刑法第一百四十四条规定的销售有毒、有害食品罪。根据《最高人民法院、最高人民检察院关于办理危害食品安全刑事案件适用法律若干问题的解释》（法释〔2021〕24号）（以下简称《解释》）第七条之规定，“生产、销售金额二十万元以上不满五十万元的”，“应当认定为刑法第一百四十四条规定的‘其他严重情节’”，对于Z适用的法定刑区间为“五年以上十年以下有期徒刑”。此外，秉持食品安全刑事案件惩处从严的刑事政策，《解释》第二十二条第一款第一句规定：“对实施本解释规定之犯罪的犯罪分子，应当依照刑法规定的条件，严格适用缓刑、免予刑事处罚。”即便被告人具有自首、认罪认罚、退赃退赔等多项从轻、减轻情节，司法机关也难以对其缓免刑处理。

然而，上述认定与判决可能存在的主要问题和争议在于：一则，对于我国刑法第一百四十四条规定的有毒、有害的非食品原料应当如何判断？非食品原料与有毒、有害二者之间是何种关系？二则，特别是对于销售者来说，明知掺有有毒、有害的非食品原料的食品应当如何判断？在证明上，推定明知应达到何种程度？三则，对于食品安全类刑事案件的从严政策应当如何把握？应当如何适用宽严相济的刑事政策，对数被告人予以区别对待？以下分而述之。

二、明知推定之严格限制

（一）明知认定的实践逻辑

关于生产、销售有毒、有害食品罪之主观明知与故意的认定，根据《解释》第十条之规定，“刑法第一百四十四条规定的‘明知’，应当综合行为人的认知能力、食品质量、进货或者销售的渠道及价格等主、客观因素进行认定。具有下列情形之一的，可以认定为刑法第一百四十四条规定的‘明知’，但存在相反证据并经查证属实的除外：（一）长期从事相关食品、食用农产品生产、种植、养殖、销售、运输、贮存行业，不依法履行保障食品安全义务的；（二）没有合法有效的购货凭证，且不能提供或者拒不提供销售的相关食品来源的；（三）以明显低于市场价格进货或者销售且无合理原因的；（四）在有关部门发出禁令或者食品安全预警的情况下继续销售的；（五）因实施危害食品安全行为受过行政处罚或者刑事处罚，又实施同种行为的；（六）其他足以认定行为人明知的情形。”

在实际案件中，特别是对于作为下线代理的销售人员，一般不存在《解释》第十条所明确列举的五种情形，而只能适用兜底规定，通过推定方式对主观明知和故意予以认定。例如，在Z销售有毒、有害食品一案中，据以认定Z对其销售的减肥药系有毒、有害食品具有明知的逻辑在于：在Z代理销售过程中，曾有顾客向其咨询过，食用减肥药后出现尿多、头晕、恶心等症状。Z通过网络搜索，意识到其所代理销售的减肥药中含有利尿剂（呋塞米）的可能性。司法机关认为，在此之后的销售过程中，Z具有了销售有毒、有害食品的明知与故意。而司法机关认定明知的依据主要是：被告人“因为上家说过这些减肥产品不能吃多了”，所以在做微商后，自己就不再食用该减肥产品。鉴于被告人明知长期食用该减肥产品对身体有害，对外销售时也反复强调每天要按照服用方法少量食用，足以认定其具有销售有毒、有害食品的主观明知。可见，在实际案件中，下线销售人员通常并不具有对于减肥药中添加成分（如呋塞米、西布曲明等）的主观明知，而只能由间接事实（如顾客反馈、网络搜索、上家告知）推定其明知。

（二）明知推定的反证

实践案例中的推定明知，实际上可被反证和推翻。就此，《解释》第十条也明文规定，“存在相反证据并经查证属实的除外”。而在具体案件中，司法机关往往对于相反证据重视不够，导致明知认定的模糊与武断。

在Z销售有毒、有害食品一案中，根据Z的供述：在顾客向其反馈尿多、恶心、头晕等不良反应后，其也只能向A询问情况。但是，其一，A向其表示，一定的不良症状是食用减肥药之后的正常反应，对人体没有伤害。其二，A向减肥压片糖果的生产厂家某生物科技有限公司进行了咨询，对方回复涉案减肥糖果系由其正常生产。其三，在Z的询问下，A还向其提供了减肥糖果的检测报告，证明减肥药的成分合法。另外，据A的供述：其一，A所销售、Z所代理的压片糖果分为所谓的普通版和加强版两个版本。其中，普通版系由某生物科技有限公司生产，每个批次都有出厂检测报告，成分合法；而加强版系由B所经营公司生产，并无检测报告，成分违法。其二，代理收到的普通版和加强版的减肥产品的外观完全相同，事实上难以区分两个版本的差异。A也从未向下线代理商告知两个版本之间的区别。其三，为了让下线代理商认可加强版减肥产品的安全性，A让他人伪造了一份产品成分和解析，并发给了下线代理商。

对照Z与A的相关供述，鉴于正常生产的减肥糖果不含有毒、有害的非食品原料，此后，A为了提升减肥效果，另行联系了B，仿照原版减肥糖果进行生产，并添加了呋塞米；两个版本的减肥糖果包装完全相同，且A有意对下线代理商进行了隐瞒；为了回应顾客及代理商提出的疑虑，A又根据普通版的减肥糖果，伪造了一份关于糖果成分的检测报告；Z通过与生产厂家核实，确定了减肥糖果及其检测报告的真实性。可见，司法机关通过Z的网络检索，推定其根据检索结果具有了关于减肥糖果中可能含有利尿剂的主观明知，但这只是明知与故意推定的正向方面；从反面来看，实质上，Z作为减肥糖果的下线代理商，已经尽到了理性人或一般人所能尽到的最大可能的注意和谨慎义务，来核实产品的来源和成分。

（三）限制明知推定的实践做法

实际上，在司法实践的类似案件中，关于下线代理商主观明知的认定及处罚范围的划定，存在限制明知推定的谦抑做法。

以唐某生产销售有毒、有害减肥咖啡案为例，在该案中，某地公安机关接到群众匿名举报，怀疑减肥咖啡中含有西布曲明或酚酞成分。公安机关将生产、销售有毒、有害减肥咖啡的唐某和齐某抓获，同时将减肥咖啡一级代理商李某抓获。在该案中，司法机关对不同犯罪主体的明知认定进行了区分：生产者为达到理想中期待的产品效果，从而在生产过程中添加有毒、有害原料，应当是“明知”的；但对于下游代理商（如代理商李某）而言，其只是单纯销售产品，消费者根据服用产品后的实际感受给代理商进行反馈，如饱腹感、不想吃东西、不想喝水等，至于为什么会产生这种感受，代理商或许会告诉消费者这是减肥过程中正常的生理反应，代理商也可能会和上线进行联系询问造成此种现象的原因，但上线作为生产者一般不会告诉下线代理商减肥咖啡原材料里面的秘密。因此，下线代理商对于减肥咖啡里面具体含有什么原料，以及该种原料是否有毒有害，主观上并不一定明知。有的代理商可能通过电视、网络、报刊等渠道听说过西布曲明等物质的名称，但是仅仅通过这种方式并不能判断出下线代理商主观上的故意。[1] 客观而论，上述限制明知推定，综合考察正反证据，谦抑划定处罚范围的实践做法，是较为合理和值得肯定的。

三、主从犯认定的标准

在上下线生产、销售有毒、有害食品罪的案件中，关于共同犯罪的认定及主从犯的区分，具有重要作用。一方面，如果下线代理商能够认定从犯，可对其从轻、减轻处罚；另一方面，根据《解释》第二十一条之规定，犯生产、销售不符合安全标准的食品罪，生产、销售有毒、有害食品罪，一般应当依法判处生产、销售金额二倍以上的罚金，与此同时，共同犯罪的，对各共同犯罪人合计判处的罚金一般应当在生产、销售金额的二倍以上。据此，如能认定共同犯罪，可在数共犯人之间进行罚金的分割与合计。

笔者认为，在上下线代理关系中，存在成立共同犯罪的空间，而且下线代理商一般应认定为从犯。司法实践中，虽然存在法院否定下线代理商从犯身份的判决，其理由主要在于，上线与下线之间的销售→购买→再销售的行为过程，特别是上线的销售与下线的再销售环节是相互独立的，并无成立共同犯罪的空间，也就无从认定主从犯。然而，具体案件中，上下线关系以及代理模式存在较大不同。

以 Z 销售有毒、有害食品罪一案为例，根据 Z 和 A 的供述，能够认定的主要事实包括：一则，就代理减肥产品的过程而言，系由 A 主动提议，由其确定代理模式、调整代理价格等，Z 作为代理商并无决定权；二则，Z 作为下线代理商，并非从 A 处出资购入减肥产品，再对外销售，Z 自始至终从未见过减肥产品的实物，二人之间并非上下线之间的销售→购买→再销售关系；三则，对于减肥产品的销售而言，Z 主要

---

① 参见梁胜波、张瑞央：《生产有毒有害食品案件的特点及办理的重点和难点——以唐某生产销售有毒有害减肥咖啡案为例》，载《河北公安警察职业学院学报》2022 年第 1 期。

负责减肥产品的广告推广，消费者联系Z后，Z需将购买信息发给A，由A直接向消费者发货，Z所起到的实际作用，主要为销售和交易的中介和促成。总之，在A与Z（下线代理商）对外销售减肥产品的过程中，真正的销售和交易过程事实上只发生了一次，这是一个完整的、不可分割的行为过程，二人之间应当认定为共犯；在此过程中，Z作为代理商主要负责产品的宣传和消费者的招揽，起到了次要和辅助的作用，根据我国刑法第二十七条之规定，应认定为从犯。

四、宣告缓刑的考量

司法实践对于食品安全类刑事案件的惩处，体现了从严态势。根据《解释》第二十二条之规定："对实施本解释规定之犯罪的犯罪分子，应当依照刑法规定的条件，严格适用缓刑、免予刑事处罚。……"相应地，在实践中，即便被告人具有自首、坦白、认罪认罚、退赃退赔、立功、从犯、偶犯、初犯等从宽情节，即便法院最终仅判处三年以下甚或数月的有期徒刑，但司法机关在决定是否对被追诉人适用缓刑的问题上，仍然持较为谨慎的态度。

笼统谈及缓刑与否或多少，实际上并无意义，而在具体案件中裁判者自有其理性决策。根据学者对于生产、销售有毒、有害食品案件量刑情况的大样本实证考察，[①]在食品安全犯罪从严量刑的背景下，司法实践中的总体量刑情况实际趋轻。

有观点认为，鉴于实际的司法判决结果与《解释》的相关规定之间存在差异与背离，应当进一步贯彻司法解释的从严要求，降低缓刑判决的比例。对此，笔者持保留意见。理由在于：其一，司法解释虽然设定了严格适用的明确要求，但事实上，并非缓刑率高就必然意味着适用不严格。换句话说，倘若除去司法解释的从严要求，或许该类案件的缓

---

① 参见章桦：《食品安全犯罪的量刑特征与模型构建——基于2067例裁判的实证考察》，载《法学》2018年第10期。

刑适用比率将会更高。其二，在具体案件中，特别是存在上下线代理关系且涉案人数众多的生产、销售有毒、有害食品案件中，诸被告人的角色和地位实际上差异悬殊。对此，倘若“一刀切”地排除不予起诉、定罪免刑及缓刑的适用可能，明显更不合理。其三，必须承认的是，不论是食品的范围，还是有毒、有害的判定，抑或是明知的推定，在司法实践中均存在一定程度上的泛化趋势，刑事不法之“重”与行政不法之“轻”之间的矛盾也由此而生。

网络隔空强奸（预备）案的教义学分析

——以情节恶劣为视角

吴情树*

关键词

网络隔空强奸　犯罪未遂　犯罪预备　情节恶劣

内容摘要：2023年6月1日起施行的《最高人民法院、最高人民检察院关于办理强奸、猥亵未成年人刑事案件适用法律若干问题的解释》第二条第七项所规定的对“被害人身体隐私部位制作视频、照片等影像资料”只能是行为人在实施强奸或者奸淫的过程中所掌握的，或者行为人以此胁迫对被害人实施强奸、奸淫的，才能以此认定情节恶劣。即使是致使影像资料向多人传播，暴露被害人身份的情形，也要求与强奸罪存在直接关联性。相反，如果对被害人身体隐私部位制作视频、照片等影像资料是行为人在实施强奸预备过程所掌握或者形成的，或者为了报复目的等非奸淫意图而实施该行为，或者与强奸罪没有直接

* 华侨大学法学院副教授，法学博士。

关联，那么即使行为人有实施散布或者传播对被害人身体隐私部位制作的视频、照片等影像资料的行为，也不应认定为强奸罪情节恶劣的情形，可以根据行为的性质认定构成强制猥亵罪或者侮辱妇女罪，如此才符合罪责刑相适应原则，实现个案的刑罚公正。

一、问题的提出

2022年9月，被告人吴某某（男，案发时年满15周岁未满16周岁，在校学生）通过朋友介绍添加被害人柯某甲（女，案发时刚满14周岁，在校学生）的微信，后二人网恋。2022年10月13日，被告人吴某某让被害人柯某甲拍摄6张裸露胸部、脸部的照片供其观看，柯某甲便用手机在家厕所拍摄了6张胸部、脸部照片传给吴某某。[①] 第二天，被告人又找被害人要下半身的裸照，被害人就以母亲的身份说现在以学习为重的理由推脱。被告人说“你别装了”，并跟被害人说周六晚上出去见她，跟她发生性关系。被害人说“不行”。之后，被告人以“在网上传播被害人裸照”为手段，威胁被害人出来。在讯问和庭审中，被告人辩解说：“威胁她出来不是为了发生性关系，约她出来只是吃饭看电影，但到了晚上也可能会发生性关系。”但被告人的要求遭到被害人柯某甲的拒绝。柯某甲在微信中回了一句“随便”，并迅速拉黑了被告人，但没有报警。2022年10月15日晚上，被告人吴某某指使王某、许某、魏某将被害人柯某甲的上述照片在网络上传播、售卖，且传播照片时附注“××08”或“××中学”等信息，王某、许某将上述照片加以扩散，有十几个同学看到该照片，致被害人柯某甲的个人隐私信息暴露，给被害人柯某甲正常的学习、生活带来负面影响。于是，柯某甲报

---

① 关于这个情节，被告人一直辩解说是被害人自愿拍摄的。而被害人则强调说，“是我回家的时候，他又找我要上半身的裸照给他看，我不想发裸照给他就拒绝他，被告人说不发裸照给他看，就要找人来打我，我当时害怕，就在家里的厕所按照吴某某的要求拍了6张照片”，还强调其同学刘某某站在旁边也听到了这话。根据这些证据，一审、二审法院均认定系被告人强迫被害人拍照并传给他。

警。但自始至终，吴某某与柯某甲从未线下见过面。

2023年5月6日，在一审中，公诉机关以吴某某涉嫌强奸罪（未遂）向法院提起公诉，并建议量刑有期徒刑一年。2023年6月1日，《最高人民法院、最高人民检察院关于办理强奸、猥亵未成年人刑事案件适用法律若干问题的解释》（以下简称《解释》）施行后，公诉机关于2023年6月14日变更起诉，认定吴某某属于情节恶劣的强奸罪（未遂），同时，量刑建议变更为三年至四年有期徒刑，一审法院以吴某某犯强奸罪未遂，判处有期徒刑四年六个月。① 吴某某不服，提起上诉。②

二审法院经审理，改判吴某某犯强奸罪（预备），同时认为，吴某某通过非法获取可辨识被害人的身体隐私部位照片，并将包含前述身体隐私部位照片的聊天记录制作成可转发的影像资料，以此胁迫被害人与其发生性关系。在遭到拒绝后，为报复被害人而将前述影像资料向多人转发，并指使他人在网络上以出售、转发等方式进行传播，传播过程中又附有指向性较为明确的文字，致使被害人身份暴露。被告人吴某某的行为已符合《解释》第二条第七项规定的“强奸妇女、奸淫幼女情节恶劣”的情形，最后改判有期徒刑四年。③

按照刑法理论界的通说观点，犯罪预备只需要符合修正的犯罪构成，而不需要符合基本的犯罪构成。④ 因此，要论证本案被告人的行为构成强奸罪预备，不需要论证“被告人吴某某以传播非法获取的被害人身体隐私部位照片相威胁的行为是否属于足以引起未成年被害人恐惧心

---

① 参见福建省晋江市人民法院（2023）闽0582刑初862号刑事判决书。

② 为了表述方便和统一，本文不区分被告人和上诉人，全部统一采用被告人的表述。

③ 参见福建省泉州市中级人民法院（2023）闽05刑终1261号刑事判决书。

④ 所谓修正的犯罪构成，是指以基本犯的犯罪构成为前提，为适应犯罪行为的各种不同犯罪形态，而对基本的犯罪构成加以某些修改变更的犯罪构成，包括犯罪的停止形态和共犯形态的犯罪构成。参见刑法学编写组：《刑法学（上册·总论）》，高等教育出版社2019年版，第97页。但张明楷教授并不赞同将犯罪的构成要件分为基本的构成要件和修正的构成要件，认为这容易使人误认为只有未遂犯、共犯的构成要件是“正确的构成要件”；也容易使人通过对通常的构成要件理论进行修正来处理未遂犯与共犯理论。因此，建议使用“未遂犯的构成要件”“预备犯的构成要件”等概念。参见张明楷：《刑法学》，法律出版社2021年版，第152页。

理使之不敢反抗的胁迫手段”，而只需论证被告人吴某某主观上欲强行与被害人发生性关系，为奸淫妇女制造条件而采取以传播非法获取的被害人身体隐私部位照片相威胁的手段的行为符合强奸罪预备犯的构成要件。至于这种手段是否属于足以引起未成年被害人恐惧心理使之不敢反抗的胁迫手段，则是判断是否属于着手实施强奸罪实行行为的内容，而不属于犯罪预备行为的内容。

本文探讨的是，本案是否属于强奸罪中的情节恶劣？尤其是在认定属于强奸罪（预备）的情况下，是否也属于强奸罪中情节恶劣的加重情形，从而适用十年以上有期徒刑、无期徒刑或者死刑的法定刑？

二、强奸罪中“情节恶劣”的解释

长期以来，为了保护妇女、幼女的性自主权和身心健康，我国对性侵案件，尤其是针对未成年人的性侵案件一直保持一种高压、严厉打击的态势。例如，面对司法实践中出现的新问题，2021 年 3 月 1 日起施行的刑法修正案（十一）第二十七条在刑法第二百三十六条之后，专门增设了负有照护职责人员性侵罪，以弥补强奸罪规定的不足；同时，在第二百三十六条增设了奸淫不满十周岁的幼女或者造成幼女伤害的加重情形。

在我国刑法中，有些犯罪将情节严重或者情节恶劣作为入罪的罪量要素，有些犯罪则是将其作为法定刑升格的量刑情节。根据刑法第二百三十六条第三款的规定：“强奸妇女、奸淫幼女，有下列情形之一的，处十年以上有期徒刑、无期徒刑或者死刑：（一）强奸妇女、奸淫幼女情节恶劣的……”显然，在强奸罪中，情节恶劣是强奸罪法定刑升格的情形之一。“人们通常将‘情节恶劣’与行为人动机卑鄙、主观恶性深这类主观方面的、偏重伦理评价的因素联系在一起，导致‘情节恶劣’的评价主观化、伦理化。”[①] 可见，情节恶劣本身就是一个规范性的构

① 陈洪兵：《“情节严重”的解释误区及立法反思》，载《湖南大学学报（社会科学版）》2019 年第 3 期。

成要件要素或者综合的量刑情节，既可以体现行为不法程度的增加，也可以体现对行为人谴责非难程度的提升，是一个综合客观与主观的入罪要素或者量刑要素，判断过程充满了主观价值评判色彩。因此，如何认定情节恶劣一直属于司法实践中争议很大的问题，以至于长期以来，司法解释或者司法文件一直未作出权威性的解释。

尽管如此，根据刑法同类解释规则，刑法第二百三十六条第三款第一项所规定的情节恶劣应该与其他法定刑升格情形作相当解释，即只有当强奸的主体人数、强奸的对象、手段、场所以及造成的危害后果与其他五种法定刑升格的情形相当，超过了强奸罪基本犯的构成要件范围，适用强奸罪的第一档刑罚不足以处罚，又不能归入其他五种情形①的情况下，才能认定属于情节恶劣。

例如，张明楷教授指出："情节恶劣，包括了以上列举之外的恶劣情节，如在公共场所劫持妇女后实施强奸行为的，聚众强奸妇女、奸淫幼女但不构成轮奸的，多次强奸同一妇女或者多次奸淫同一幼女，在强奸妇女、幼女的过程中即时向外传播强奸过程的。"②

有观点认为可以从以下几个方面来把握："（1）选择特定犯罪对象实施强奸，被害人不具有一般人的反抗能力或者反抗能力极弱，如强奸无辨认能力的精神病人，强奸行动不便的孕妇，强奸身患重病、无法抵抗的患者；（2）在公共场所公然劫持被害人后实施强奸，对抗社会意图明显；（3）采用残忍的暴力手段或者在强奸过程中以十分下流的手段肆意蹂躏等损害被害人身心健康的方式实施强奸，如强奸被害人过程中施以凌辱、虐待等；（4）长期多次对同一被害人进行强奸，即行为人在某段相对较长时期内连续多次反复强奸同一人，通常有'霸占'被害人为自己性工具的意图；（5）其他具有相当危害程度的情形。"例

① 根据刑法第二百三十六条第三款的规定，强奸罪其他五种法定刑升格情形分别是：……（二）强奸妇女、奸淫幼女多人的；（三）在公共场所当众强奸妇女、奸淫幼女的；（四）二人以上轮奸的；（五）奸淫不满十周岁的幼女或者造成幼女伤害的；（六）致使被害人重伤、死亡或者造成其他严重后果的。

② 张明楷：《刑法学》，法律出版社2021年版，第1142页。

如，《刑事审判参考》第983号案例指出，对未成年人负有特殊职责的人员、与未成年人有共同家庭生活关系的人员、国家工作人员利用职务便利强奸未成年人，造成未成年被害人轻伤、怀孕、感染性病等后果等，或者如《刑事审判参考》第1437号案例指出的，利用教师身份多次奸淫不满12周岁的幼女，属于奸淫幼女情节恶劣。[①]

为了明确情节恶劣的含义和情形，统一全国司法机关对强奸案件的裁判尺度，自2023年6月1日起施行的《解释》第二条规定："强奸已满十四周岁的未成年女性或者奸淫幼女，具有下列情形之一的，应当认定为刑法第二百三十六条第三款第一项规定的'强奸妇女、奸淫幼女情节恶劣'：（一）负有特殊职责的人员多次实施强奸、奸淫的；（二）有严重摧残、凌辱行为的；（三）非法拘禁或者利用毒品诱骗、控制被害人的；（四）多次利用其他未成年人诱骗、介绍、胁迫被害人的；（五）长期实施强奸、奸淫的；（六）奸淫精神发育迟滞的被害人致使怀孕的；（七）对强奸、奸淫过程或者被害人身体隐私部位制作视频、照片等影像资料，以此胁迫对被害人实施强奸、奸淫，或者致使影像资料向多人传播，暴露被害人身份的；（八）其他情节恶劣的情形。"

可以看出，《解释》第二条旨在明确强奸未成年女性、奸淫幼女情节恶劣加重处罚条款的认定标准。鉴于相关情节的加重法定刑起点刑，即十年有期徒刑，最高直至死刑，故在列举加重情形时，必须综合考虑主体特殊身份、手段、持续时间、特殊对象、对被害人造成的危害及影响等因素予以列举，确保罪责刑相适应，罚当其罪、刑足制罪。[②] 但不管如何解释情节恶劣，上述各种情形都仅仅针对着手实施线下强奸实行行为的案件，因为强奸罪与强制猥亵罪不同，在网络上是不可能发生实际的奸淫行为的，但可以发生实际的强制猥亵行为。因此，对于本案，被告人与被害人未线下见过面，也未着手实施足以压制被害人反抗的暴

① 喻海松：《实务刑法评注》，北京大学出版社2022年版，第987～988页。

② 何莉、赵俊甫：《〈最高人民法院、最高人民检察院关于办理强奸、猥亵未成年人刑事案件适用法律若干问题的解释〉的理解与适用》，载《中国应用法学》2023年第3期。

力、威胁行为，仅仅是通过微信发一下威胁信息的预备行为，并事后散布、传播对被害人身体隐私部位制作视频、照片等影像资料的案件能否适用上述《解释》第二条第七项的规定，认定属于强奸罪中的情节恶劣，确实存在值得研究的价值。

笔者认为，只有完整地理解刑法第二百三十六条第三款的规定，并结合《解释》的规定，才能准确理解情节恶劣的含义及其适用范围。因此，不管是对被害人身体隐私部位制作视频、照片等影像资料的行为，还是造成致使影像资料向多人传播，暴露被害人身份的的结果，都要求必须发生在行为人着手实施强奸或者奸淫的过程中，且与强奸罪有着直接的关联或者因果关系，或者散布、传播的行为本身是为了实现强奸或者奸淫。

为此，有观点认为：《解释》第二条第七项旨在严惩强奸并拍摄影像资料以此胁迫被害人或者加以扩散的行为。在信息网络时代，拍摄被害人隐私影像资料并以此胁迫对被害人强奸的，危害更大，影响恶劣；而扩散相关影像资料会给被害人精神带来二次伤害，对被害人名誉的负面影响更难消除，危害性不亚于刑法第二百三十六条第三款第三项规定的“在公共场所当众强奸”。[①] 这说明扩散和传播被害人隐私影像资料的行为都必须发生在着手实施强奸或者奸淫的实行行为过程中，是在行为人实施强奸犯罪过程中形成和掌握的隐私影像资料，或者本身就是以散播隐私影像资料为要挟来实施强奸而成为强奸罪的手段行为，即必须与强奸有直接的关联性，否则，很容易造成罪责刑不相适应。例如，如果连被害人都没有见到，根本没有当场实施强奸行为的机会，隐私影像资料也不是拍摄强奸过程的资料，传播的目的更不是强奸，那么，就不能认定构成强奸妇女、幼女“情节恶劣”。

---

① 何莉、赵俊甫：《〈最高人民法院、最高人民检察院关于办理强奸、猥亵未成年人刑事案件适用法律若干问题的解释〉的理解与适用》，载《中国应用法学》2023 年第 3 期。

三、关于本案处理方法的选择

2013年10月23日最高人民法院、最高人民检察院、公安部、司法部联合发布的《关于依法惩治性侵害未成年人犯罪的意见》第四条规定：对于未成年人实施性侵害未成年人犯罪的，应当坚持双向保护原则，在依法保护未成年被害人的合法权益时，也要依法保护未成年犯罪嫌疑人、未成年被告人的合法权益。

笔者认为，关于本案的处理主要有两种方案可供选择。

（一）采取分割主义的评价方法，将被告人前后两个行为分开评价

从本案事实来看，被告人实际上实施了两个性质不同的核心行为：第一个是以胁迫手段获得裸照（如上所述，这一情节存在争议），并以网络传播裸照为由威胁被害人出来约会，如果可能的话，再进一步与之发生性关系；第二个行为，是因被对方拒绝而约会不成，就以报复为目的客观上实际传播了裸照的行为。

如上所述，第一个行为，由于只是双方网络上的言语行为，并没有对被害人构成具体、现实而又紧迫的危险，不可能认定构成强奸罪未遂，只是一种犯意表示，顶多是一种犯罪预备行为。由于犯罪预备一般不可罚，也不能对被告人动用刑罚处罚。而如果只评价第二个行为，由于治安管理处罚法也有规定“散布他人隐私”或者“猥亵他人”的行政违法行为，由于本案被告人只传播了6张被害人裸照，扩散范围还有限，只构成治安管理处罚法上的行政不法行为，但因被告人已满14周岁，可以给予治安处罚，但不构成强制猥亵、侮辱妇女罪。因此，如果采取这种分割主义的裁判方法，实在难以认定被告人的行为构成犯罪并予以刑罚处罚，二审法院应该宣告被告人无罪。

（二）采取整体主义的评价方法，将被告人前后两个行为统一评价

这种整体主义的评价方法又有两种处理方案：第一种方案，将被告

人前后两个行为当成一个整体，认定构成强奸罪预备，并将第二个传播行为作为普通的量刑情节考虑；[①] 而第二种方案，即把前面的行为评价吸收为后面强制猥亵、侮辱妇女的组成部分，但因被告人不满 16 周岁，对该行为不负刑事责任，其行为并不构成强制猥亵、侮辱妇女罪，只能宣告无罪。权衡之下，第一种方案较为妥当，本案可以认定构成强奸罪预备，但不能认定属于“情节恶劣”的强奸罪，不能适用十年以上有期徒刑的法定刑，但可以适当提高量刑起点，以保证考虑犯罪预备和犯罪嫌疑人未成年两个法定的可以从轻、减轻处罚情节之后，量刑不至于过轻。

总之，既然二审法院已经改判认定被告人的行为构成强奸罪预备，这说明被告人的行为对被害人性自主权的法益仅仅造成抽象的危险，并不具备强奸罪基本犯的构成要件，失去了适用“情节恶劣”的前提和基础，不能因为被告人事后有实施“致使影像资料向多人传播，暴露被害人身份”的行为，就认定本案属于强奸罪中的“情节恶劣”，从而适用十年以上有期徒刑的法定刑。这样的认定思维，不管如何考虑被告人具有可以从轻或者减轻处罚的量刑情节，自然都会导致量刑过重。因此，只有选择适用强奸罪基本犯第一档的法定刑，同时考虑被告人在犯罪时是一位刚刚满 15 周岁未满 16 周岁的未成年人，又属于犯罪预备，坚持上述《关于依法惩治性侵害未成年人犯罪的意见》的双向保护原则，而不能只坚持保护未成年被害人的合法权益，而不依法保护未成年犯罪嫌疑人、未成年被告人的合法权益，如此，才能实现罪刑相适应。可见，二审法院虽将本案从犯罪未遂改判为犯罪预备值得赞许，但似乎还应大胆向前一步，即意识到犯罪未遂与犯罪预备在处罚上存在着较大的差别。[②]

---

① 本文认为，虽然被告人不满 16 周岁，其传播裸照的行为不能认定构成侮辱妇女罪，但可以作为一种不法行为，当作酌情从重处罚的量刑情节。

② 根据刑法第二十二条的规定，对于预备犯，可以比照既遂犯从轻、减轻处罚或者免除处罚。而根据刑法第二十三条的规定，对于未遂犯，可以比照既遂犯从轻或者减轻处罚。虽然预备犯只增加可以免除处罚的规定，但在司法实践中，对于同样犯罪的犯罪预备与犯罪未遂的不同犯罪停止形态，在刑罚处罚上还是存在着很大的差异。

【域外传译】

法益关系错误说在解释论上的意义

［日］山口厚（著）* 王昭武（译）**

关键词

被害人的同意 法益关系的错误 监禁罪 侵入住宅罪 准强奸罪 诈骗罪

内容摘要：有关被害人的同意或者承诺的效力，宜采取法益关系错误说。该说认为，在通过欺骗而获得同意进而侵害了法益的场合，只有因欺骗而产生的错误能够被称为法益关系的错误，基于同意的法益侵害才有可能构成犯罪，因为这里根本就不存在针对所引起的法益侵害的同意或者承诺。该说通过法益相关性这种客观标准对通说即重大错误说中所谓重大的错误进行了限定。法益关系的错误具体是指下述情形：(1) 在

* 日本东京大学与早稻田大学名誉教授、日本刑法学会前理事长、日本最高裁判所前大法官。

** 云南大学法学院教授、博士生导师，日本同志社大学法学博士。

监禁罪中，是指有关场所上的移动自由的处分目的的错误；（2）就侵入住宅罪而言，是指针对认可进入的对象的错误；（3）在准强奸罪（准强制性交罪）中，是指针对性行为本身的错误以及针对性行为的对方的错误；（4）在诈骗罪中，是指针对为诈骗罪的成立奠定基础的法益侵害的错误。

引言

在法益主体针对法益侵害给予了同意或者承诺的场合，不成立犯罪，这被称为被害人的同意或者承诺。在该场合下，由于针对构成要件该当行为的违法性被否定，或者构成要件该当性本身已经被否定，就不能肯定犯罪的成立。成为本文之研究对象的，不是这种被害人的同意或者承诺的体系性定位，而是这样一个问题：基于通过欺骗而获得的同意进而引起了法益侵害的场合下犯罪的成立与否，以及如何理解这种场合下的犯罪的成立要件。针对该问题，近年来呈现出各种各样的观点与主张，可以说，在深化研究的同时，也因此处于进一步加剧了理解上的混乱的状态。

笔者曾经认为法益关系错误说是正确的，进而支持该说。该说认为，在通过欺骗而获得同意进而引起了法益侵害的场合，在所谓若没有欺骗想必就不会同意之时，同意是无效的，因此，不是直接认为欺骗行为人成立犯罪，而是在因欺骗而产生的错误能够被称为法益关系的错误（与法益相关的错误）的场合，基于同意的法益侵害就有可能构成犯罪。① 这种观点不认为因欺骗而产生的错误都是重要的，而试图通过客观标准来对此加以限制，尽管可能属于学界的少数说，但得到了有力的倡导。法益关系错误说是作为针对判例、多数说所采取的观点的反命题而得到主张的。近年来，学界积极地展开了针对该说的反对说的批判，

① 参见山口厚『問題探求 刑法総論』（有斐閣 1998 年）75 頁以下、山口厚『刑法総論』（有斐閣 2001 年）144 頁以下。

学界就此问题的研究情况也由此极尽复杂。在这种情况下，本文基于支持法益关系错误说的立场，思考该说的理论根据，试图通过明确这一点，消解理论研究上的混乱状态，并重新显示法益关系错误说在解释论上的意义。

一、法益关系错误说的根据

法益关系错误说是为了对抗下述观点而倡导的：在基于通过欺骗获得的同意而引起了法益侵害的场合，与同意处于条件关系的错误就属于重大的错误，基于该错误作出的同意是无效的，不能承认同意的效果（在本文中，将这种由判例①与多数说②所采取的观点称为重大错误说）。③ 针对如果没有欺骗想必不会同意的场合，重大错误说广泛地否定基于错误的同意的效力；相反，法益关系错误说则认为，如果错误与所引起的法益侵害没有关系，即便该错误属于（与同意具有条件关系）重大的错误，也与是否成立犯罪没有关系，仍然有可能承认同意的效果。即在探讨基于错误的同意的效果这一问题之际，可以说，与重大错误说相比，法益关系错误说进一步限制了同意的效果被否定的范围，因为在同意的效果被否定这种意义上，法益关系错误说还通过法益相关性这种客观标准来对所谓重大的错误进行限定。之所以如此，法益关系错误说是基于这样的认识：在所有如果没有欺骗想必不会同意的场合，如果否定同意的效果进而肯定犯罪的成立，会造成过度的犯罪化。例如，

---

① 参见最判昭和33年11月21日刑集12巻15号3519頁〔假装相约自杀案〕。

② 例如，大塚仁『刑法概説　総論〔第3版〕』（有斐閣1997年）401頁、大谷實『刑法講義総論〔新版〕』（成文堂2000年）274頁、井田良「被害者の同意」『現代刑事法』14号（2000年）87頁以下。

③ 参见山中敬一「被害者の同意における意思の欠缺」『関西大学法学論集』33巻3・4・5号（1983年）271頁以下、佐伯仁志「被害者の錯誤について」『神戸法学年報』1号（1985年）51頁以下。近年来对“基于欺骗的被害人的同意”进行探讨的论文，参见上嶌一高「被害者の同意」『法学教室』270号（2003年）50頁以下・272号（2003年）76頁以下、森永真綱「被害者の承諾における欺罔・錯誤（1）（2・完）」『関西大学法学論集』52巻3号（2002年）199頁以下、53巻1号（2003年）204頁以下。

未成年人谎报年龄，支付货款之后，购买了禁止向未成年人销售的物品的，如果以如果知道年龄就不会销售为由，针对购买了物品的未成年人，肯定其成立诈骗罪，我们不会认为这种结论是妥当的。为此，学界有观点认为，此类场合下不存在财产上的损失，从而试图以此为理由来否定诈骗罪的成立。[①] 但如后文所述，在诈骗罪中，财产上的损失并不属于独立的成立要件。这种场合下，能够否定诈骗罪之成立的，就只能是从法益相关性的视角，对就财物之交付为法益侵害性奠定基础的错误要件进行限定，正是在为这种处罚限定奠定基础这一点上，法益关系错误说具有重要的意义。

在论述法益关系错误说的理论根据之前，作为其前提，还有必要对犯罪的成立因被害人的同意或者承诺而被否定的根据予以确认。从结论上来说，被害人的同意或者承诺得以否定犯罪成立的根据就在于，因被害人的同意或者承诺，侵害性从所发生的法益侵害中丧失。即符合法益主体的意思的法益侵害是一种形容上的矛盾，在此情形下，即便财物等发生了物理上的损毁，也不能说那属于法益侵害。例如：（1）未经同意随意剪断他人头发的，可能成立暴行罪，[②] 但在理发店理发时，就不能认定理发师的剪发行为存在任何的法益侵害性；（2）剥夺他人的场所移动的自由的，可能成立监禁罪，但让乘客搭乘从东京前往札幌的班机的行为，显然也不能认定存在任何的法益侵害性。因此，在被害人的同意或者承诺的场合，[③] 与其说是针对构成要件该当行为阻却了违法性，在此之前倒不如说，已经不能肯定存在构成要件该当性。

在被害人的同意或者承诺的场合，与法益的需保护性丧失了这种解释相比，上述解释更有优势。这是因为，同意或者承诺的对象不是针对法益的所有侵害，而是有可能将其限定于具备一定强度的侵害。

按照关于被害人的同意或者承诺的上述理解，要承认同意或者承诺

---

① 参见西田典之『刑法各論〔第2版〕』（弘文堂2002年）201頁。

② 参见大判明治45年6月20日刑録18輯896頁。

③ 在这种场合下，“被害人”实质上不是犯罪被害人。

的效果，就需要对所引起的法益侵害存在认识或者预见（并且，至少承认且甘愿接受了这一点）。若非如此，所引起的法益侵害就不会丧失侵害性（在所引起的法益侵害中，侵害性就没有被丧失）。这样，在对侵害给予了同意或者承诺的法益主体，对所引起的法益侵害不具备完全的认识或者预见的场合，无外乎是能认定法益关系的错误的情形。在此意义上，所谓法益关系的错误，更为精确的表述就是法益侵害关系的错误（与法益侵害相关的错误）。

另外，在能认定存在法益关系的错误的场合，有必要确认的是，这里根本就不存在针对所引起的法益侵害的同意或者承诺，而不是说，虽然存在同意或者承诺，但由于不能自由地给予同意或者承诺因而无效。亦即，在不能承认同意的效果的场合，存在两种情形：（1）不存在同意的情形；（2）虽然存在同意，但该同意无效的情形。能够认定存在法益关系的错误的情形是第一种情形而非第二种情形。在法益主体基于一定的判断材料给予了同意或者承诺的场合，在即便该同意或者承诺受到了欺骗行为人的操纵，但并非由此产生了意思的压制状态之时，就可以说，仍然是自由地给予了同意或者承诺，不能将基于错误的同意或者承诺都作为不自由的同意或者承诺，进而认定为无效。在承认这一点（将基于错误的同意或者承诺都作为不自由的同意或者承诺，进而认定为无效）的场合，即便是在错误与同意或者承诺不具有条件关系之时，也难免会认为同意或者承诺不是自由的，进而被认定为无效，但这是不妥当的。①

下面想探讨何种情形下能认定存在法益关系的错误。对法益关系错误说持反对态度的观点存在狭窄地理解法益关系的错误，进而批判按照法益关系错误说无法得出正确的解决路径的倾向。其作为探讨法益关系错误说妥当与否的前提，无疑首先有必要正确认识。

---

① 不过，对于要求犯罪的成立，如果要求存在“没有行为，就不会有结果”这种条件关系，那么，即便没有欺骗行为或者错误，但也有可能以存在同意为理由，否定犯罪的成立。但是，法益主体不是因为受到欺骗而自己陷入错误之中，如果知情者施加了侵害，想必也要成立犯罪。

第一，在就成为侵害对象的法益的价值，或者就针对该法益的侵害程度，法益主体不存在正确的认识的场合，就不能承认，对于引起该法益侵害，法益主体给予了同意或者承诺。在就成为损毁对象的财物的价值存在错误的场合（被欺骗是赝品而同意损坏画作，但实际上是真迹的情形等），或者就成为侵害对象的法益的价值没有错误，但就侵害的程度存在错误的场合（虽然同意让木制的球落在自己脚上，但实际落下的是铁球，因而身负重伤的情形等），就不能认定存在针对实际发生的法益侵害的同意或者承诺。问题在于，关系生命或者身体之时，例如：（1）就生命剩下的时间欺骗被害人，得到其同意之后杀害被害人或者让其产生自杀的意思的；（2）就缺乏紧迫性的手术的必要性欺骗被害人，让其同意接受手术的。以上两种情形就分别需要探讨是否成立同意杀人罪或者参与自杀罪、伤害罪。在第一种场合下，针对就生命的长短肯定法益侵害性这一点持批判态度的观点，是源于这样的疑问：难道可以承认人的生命价值之间存在差异吗？的确，根据人的生命所剩时间的长短，承认针对人的区别或者差别，这是存在问题的，但这里并没有出现批判态度所担心的这种问题，因而禁止区别对待这种规范性考虑是不适于这里的，因此，可以就生命所剩时间的长短肯定法益侵害性。而且，在第二种场合下，人的身体的各个部位独立地属于保护对象，但其整体也属于保护对象，在欺骗被害人说为了身体整体的健康而有必要实施手术之时，在与身体整体的健康的关系上所具有的针对身体的个别的侵袭的意义，就会有所不同（在与有关整体的健康的优越利益的关系上，身体的部分性的利益或者价值就受到限制），因此，在这种场合也可以肯定法益（侵害）相关性。

第二，在法益的保护价值随着法律上的评价而改变的场合，针对为这种评价奠定基础的事实受到欺骗之时，就能认定针对法益侵害的侵害性存在错误，因此，能认定属于法益关系的错误。例如，（1）（在装作属于法令行为的场合）假装是合法的搜查令，向对方出示假的搜查令，得到对方的同意之后进入对方家中的，由于主人面对合法的搜查令是无法拒绝行为人进入家中的，因此，既然主人是想到自己针对行为人进入家中这一点不存在承诺权（拒绝权）而给予了同意，就属于针对进入的承诺权的法律价值陷入了错误（明明存在承诺权，却认为自己不存在承诺权），因而能认定存在法益关系的错误。（2）（在装作存在紧急避险或者正当防卫状况的场合）给主人打电话，欺骗对方说，他饲养的猛兽逃出来了，很可能危及他人，从而得到其同意之后捕杀了猛兽的，如果真的存在这种状况，捕杀猛兽就属于紧急避险（或者正当防卫），进而不管有无主人的同意，都可以由此而被正当化，为此，能认定存在法益关系的错误。即，在上述场合，法益主体仅仅存在这样的认识：对方侵害的是，价值在法律上被低估（降低评价），或者在法律上不存在价值的价值，因此，不能认定对实际被引起的法益侵害给予了同意或者承诺。

第三，最大的问题在于，针对处分法益的利益或者动机受到欺骗，进而陷入错误的，能否认定存在法益关系的错误？可以说，一直以来，法益关系错误说在结论上存在否定这一点的倾向。这是否源于法益关系错误说的内在逻辑，就会成为问题。如果针对处分法益的利益或者动机也一般能肯定法益相关性，那么，在结论上，判例、多数说所采取的重大错误说也能受到法益关系错误说的支持。

处分法益的利益或者动机事关处分法益的目的，也事关处分法益的自由的事实前提。因此，从作为事关处分法益的自由的错误，处分法益的自由成为法益的构成要素这一视角来看，有关处分法益的利益或者动机的错误，能否也可以说是法益关系的错误呢？我们当然无法否定，至少是存在这种观点所适合的法益、保护这种法益的构成要件，但问题在于，能够全盘承认这一点吗？或者反过来说，即便作为保护的对象能承认处分法益的自由，对此就没有任何限制吗？这一点会成为问题。

首先，要实现财产、自由等一定的目的，针对预定要处分财产或者自由等的法益，作为实现处分的对象或者目的的手段而具有意义的法益，我们能够想到，处分法益的自由当然属于保护的对象，因此，处分法益的目的的错误就属于法益关系的错误。例如，在场所上移动的自由（自由转换地点的自由），也是不移动的自由，对这种自由的处分本身也会成为自由的内容，因此，可以说，针对处分的目的受到欺骗而陷入错误的场合，存在法益关系的错误。例如，欺骗心理学专业的某学生说，是为了共同参与封闭环境下的人的心理活动实验，该学生本人也试图从中收集论文数据，于是同意一周时间被隔离在密室，但行为人的目的完全是给该学生造成痛苦，在这种情形下，由于该学生针对场所上移动的处分自由陷入了错误，行为人应成立监禁罪。在财产的场合，由于财产作为实现一定目的的手段具有重要意义，因此，也能够做同样的考虑。这一点从下面的情形应成立诈骗罪就显而易见：就反对给付的内容受到欺骗，将自己的财产交付给对方的，对方要成立诈骗罪。

反之，针对其本身就属于自我目的的生命，这些就并不妥当。那意味着，即便实际上存在为了一定的目的而处分生命的事实，那种处分的自由也不会成为刑法上的保护对象。例如，无论出于何种理由而实施，在与本人之外的其他人的关系上，自杀都是违法的，自杀的自由不属于保护的对象。这一点体现于，即便组织他人自杀也不会构成强要罪等，而且，促进他人自杀的行为作为参与自杀罪而成为处罚的对象。这样，由于处分生命的自由不属于保护的对象，针对处分生命的动机而受到欺骗的场合，就不能认定存在法益关系的错误。

问题在于如何处理针对身体的欺骗。就身体而言，由于刑法没有想到对身体的处分，因此，这种处分的自由基本不会成为刑法上的保护对象，这种想法也是完全有可能成立的。可以说，按照法益关系错误说，一直以来是采取了这种限定性理解的。然而，本文认为，针对身体也并非没有肯定处分的自由的余地。例如，谎称用于制作假发需要购买头发，从而让对方同意剪掉头发，但剪掉头发之后，又拒绝支付报酬的，承认存在处分头发这种身体的一部分的自由，也并非不可能，因此，就有可能会认为，可以成立暴行罪。但问题在于，如何处理针对重大的伤害或者针对存在生命危险的伤害的同意的情形。例如，谎称孩子生病，急需进行活体肝移植或者肾移植，而让对方同意摘取部分肝脏或者肾脏的，就身体而言，在事关生命的场合，从保护生命的视角不承认处分的自由，这种观点也是有可能的。这一点体现于，就同意伤害而言，在伤害程度严重或者事关生命的场合，尽管存在同意，但也有观点主张，从保护生命的角度来看，应成立伤害罪。[①] 这种观点是完全有可能成立的，将这种观点适用于这里，就重大伤害或者存在生命危险的伤害而言，即便有可能通过后述针对紧急状态等的欺骗而否定同意的有效性（在上述例子中，想必是可以肯定这一点的），但既然对伤害本身存在认识，即便对处分的目的存在错误，也不能将这种情形认定为法益关系的错误（同意是存在的）。这样，在针对伤害的同意的场合，从保护生命的视角而否定同意的效果，一方面，会出现针对同意伤害的肯定具有可罚性的观点，[②] 另一方面，作为处分的自由被否定的结果，尽管存在针对处分目的的错误，但会被视为存在同意（至于同意的效果则另当别论）。

三、法益关系错误说的适用

就法益关系错误说的具体适用，下面想以若干案件为对象进行具体探讨。

首先，需要讨论的是有关是否成立杀人罪的案件。这里涉及的问题是，谎称会追随自杀而让对方自杀的案件。判例与多数说所采取的重大错误说认为，在如果不实施欺骗就不会产生自杀的念头的场合，被害人表达的意思是不符合真实意思的、存在重大瑕疵的意思，因而应否定其有效性。[③] 但是，按照法益关系错误说，处分生命的自由不受到保护，因此，既然是针对自己死亡的意思，就不存在法益关系的错误，应成立

---

① 参见平野龍一『刑法総論Ⅱ』（有斐閣 1975 年）254 頁、大谷實『刑法講義総論〔新版〕』（成文堂 2000 年）273 頁、堀内捷三『刑法総論』（有斐閣 2000 年）176 頁。有关笔者本人的观点，参见山口厚『刑法総論』（有斐閣 2001 年）149 頁（完全有可能从保护生命的视角，肯定针对同意伤害的违法性，但对于取得同意之后引起了伤害者而言，则缺少正犯性的要件，不成立伤害罪）。

② 本文虽认为是有可能采取这种观点的，但并不认为，因为这样就可以以伤害罪来处罚。参见山口厚『刑法総論』（有斐閣 2001 年）149 頁。

③ 参见最判昭和 33 年 11 月 21 日刑集 12 卷 15 号 3519 頁〔假装相约自杀案〕。

同意杀人罪。

其次，需要讨论的是有关是否成立监禁罪的案件。例如，行为人就目的地进行欺骗，在A地让X上车，然后朝着B地的方向疾驶而去，X察觉受骗之后要求停车，但行为人并未停车而是继续疾驶，直至在C地，X终于找到机会逃出车外。对此，最高裁判所昭和33年（1958年）3月19日决定就A地至C地，判定成立监禁罪。[①] 是否成立监禁罪，是以不能下车这一点作为问题的，有关将自己置于不能自由下车的状态是因受到欺骗的场合，是可以将有关场所上的移动自由的处分目的的错误理解为法益关系的错误，进而肯定判例的结论的。又如，隐瞒强奸的目的，让某女性乘车，将其带至犯罪现场，但该女性至此一直没有察觉到行为人的强奸意图，因而也没有提出下车的要求的，[②] 在这种情形下，只要能谓为，针对处于无法下车的状态，即乘上疾驶的汽车是因受到了欺骗，也并非不可能成立监禁罪。

就侵入住宅罪而言，只要将该罪的保护法益理解为认可谁进入的自由，那么，针对认可进入的对象的错误就属于法益关系的错误。但是，这里成为问题的是，对于许可进入对象的理解。对于隐瞒进入住宅的目的，取得同意之后进入的情形，判例广泛地肯定成立侵入住宅罪。[③] 这里，在行使许可谁进入这一自由时，不仅是成为许可对象的人的同一性，判例还承认，也可以考虑对方隐瞒的目的，但对于这一点，是存在疑问的。以外部无法判明的情况为理由，并且甚至连这种内心的意图并未显现出来（并且，任何问题都还没有发生）的场合，也要以这种情况为理由，肯定成立侵入住宅罪，明显就是过度的犯罪化。在本文看

① 参见最決昭和33年3月19日刑集12巻4号636頁。

② 对于该案，广岛高等裁判所昭和51年（1976年）9月21日判决判定成立监禁罪（参见広島高判昭和51年9月21日刑月8巻9·10号380頁）。

③ 参见最判昭和23年5月20日刑集2巻5号489頁、最大判昭和24年7月22日刑集3巻8号1363頁等。并且，针对出于违法目的的进入，广泛肯定成立侵入住宅罪，参见東京地判昭和44年9月1日刑月1巻9号865頁、大阪地判昭和46年1月30日刑月3巻1号59頁、東京高判昭和48年3月27日東高刑時報24巻3号41頁、東京高判平成5年2月1日判時1476号163頁、仙台高判平成6年3月31日判時1513号175頁等。

来，由于刑法规定了不退出罪，因此，只要在其隐藏的目的显现出来的阶段，再考虑是否成立不退出罪的问题即可。

在准强奸罪（准强制性交罪等）中，基于通过欺骗所取得的同意而实施的奸淫，作为让其不能抗拒，或者乘其处于该状态而实施奸淫的情形，会成为问题。在该罪中，由于与特定的对象实施性行为的自由受到保护，因此，针对性行为本身的错误，以及针对性行为的对方的错误都属于法益关系的错误。因此，第一，在针对性器官的插入没有认识的场合，[①] 就属于法益关系的错误；并且，谎称是为了治病而实施奸淫的，由于对属于奸淫行为的意义缺少认识，因而也并非不可能理解为法益关系的错误。[②] 第二，因为认错人而实施了性行为的，也属于法益关系的错误。[③]

---

① 参见大判大正15年6月25日刑集5卷285頁。

② 对此，判例（裁判例）认为，虽然存在对奸淫行为的认识，但由于处于难以抵抗的状态，因而应肯定成立准强奸罪。参见名古屋地判昭和53年7月28日刑月12卷7号709頁、東京高判昭和56年1月27日刑月13卷1·2号50頁等。判例的这种态度想必是基于这种理解：既然对生殖器的插入存在认识，就无法否定对作为奸淫行为的意义的认识。

③ 参见広島高判昭和33年12月24日高刑集11卷10号701頁。